EaSy Sweater

Pullover stricken
ohne Maschenprobe

by Sylvie Rasch

stiebner

Inhalt

Techniken

Sonstiges

Modelle

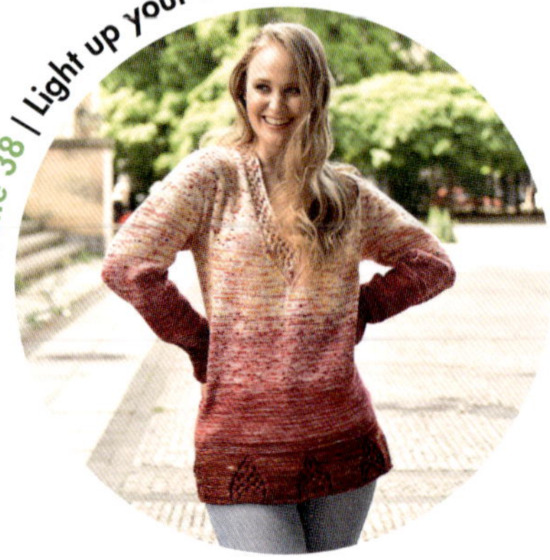

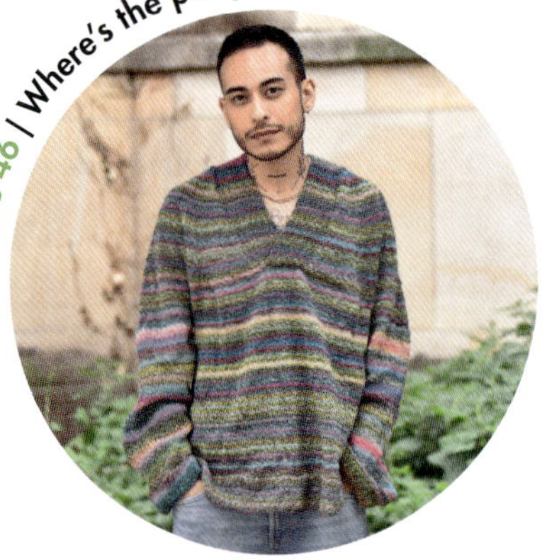

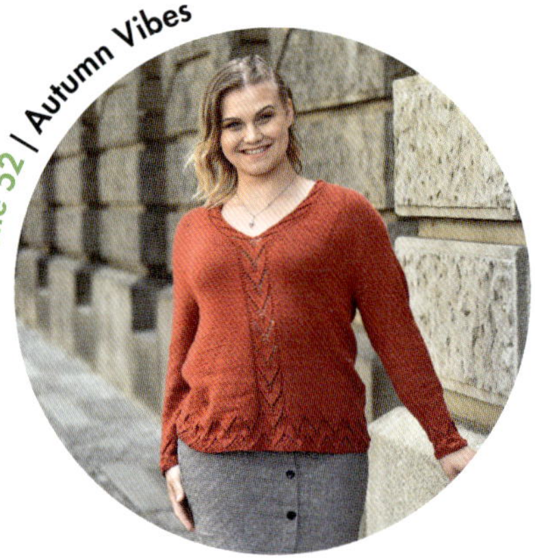

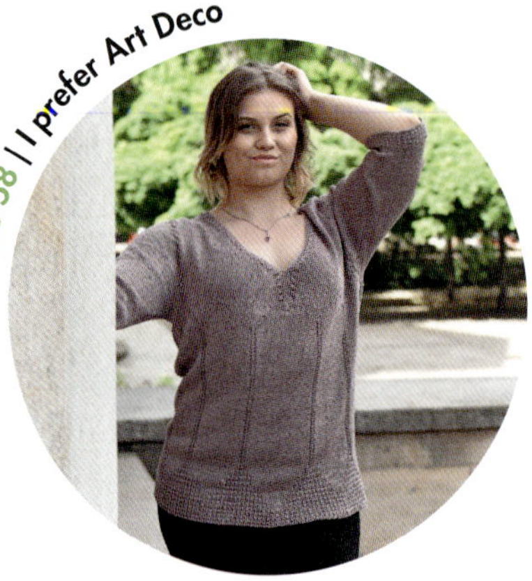

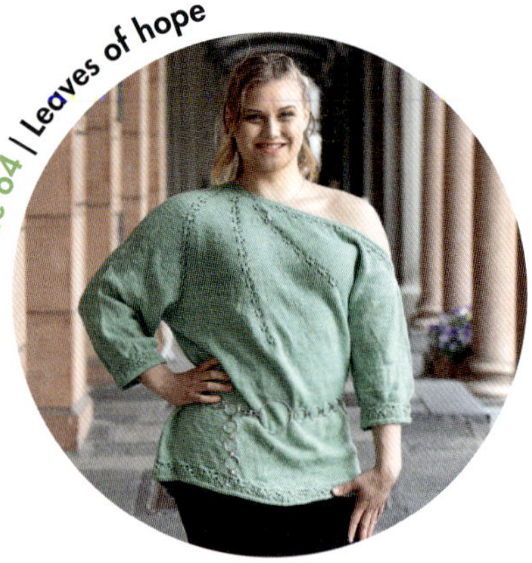

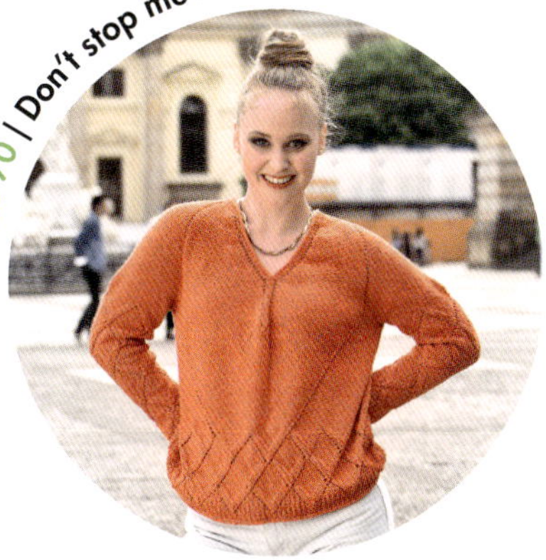

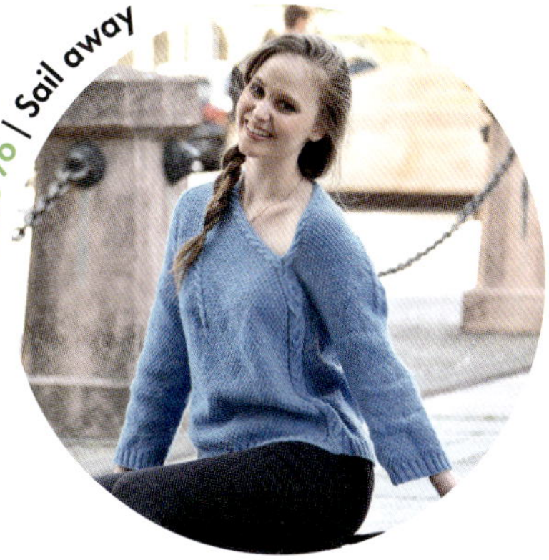

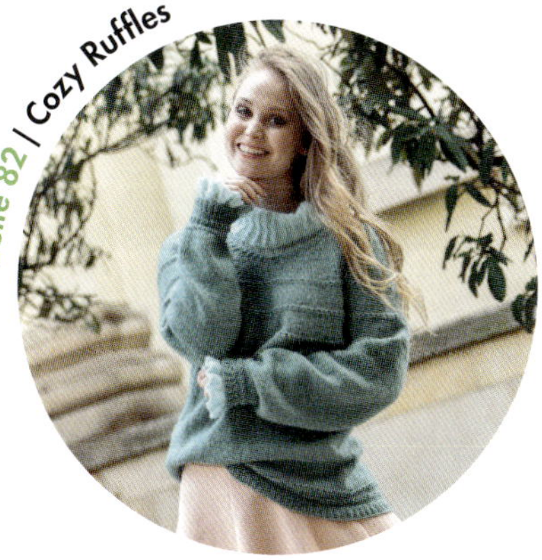

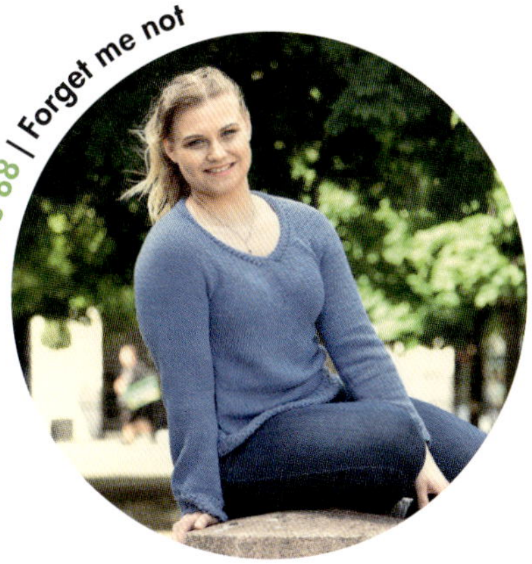

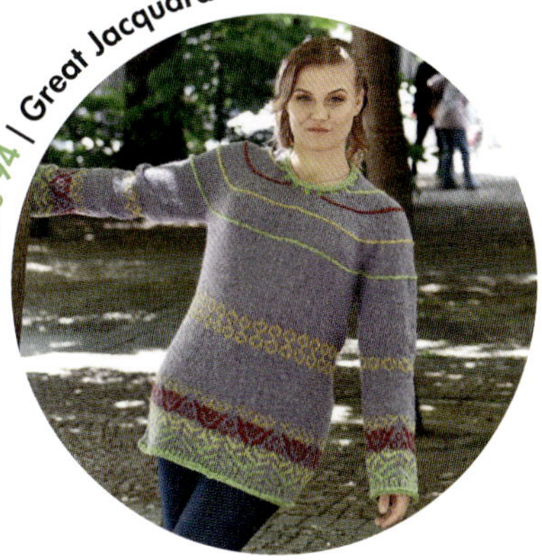

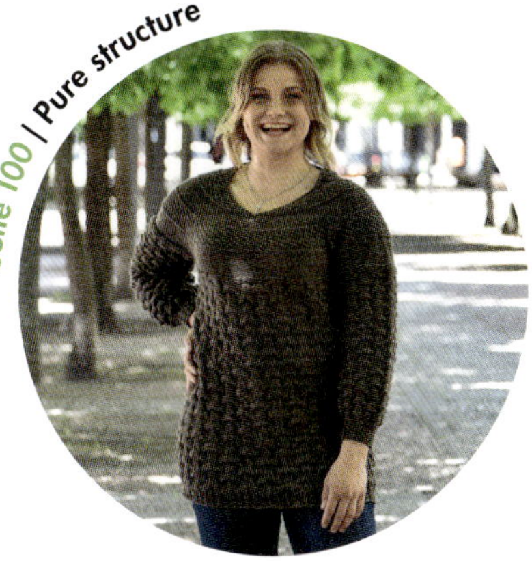

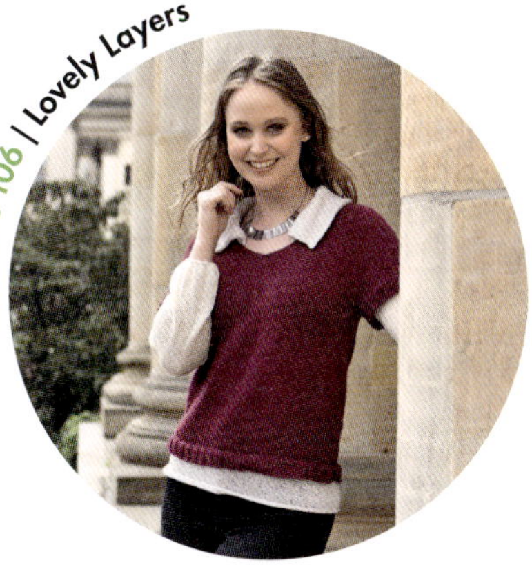

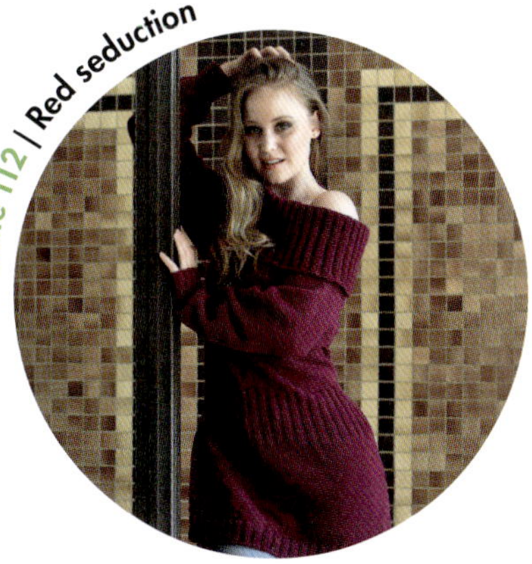

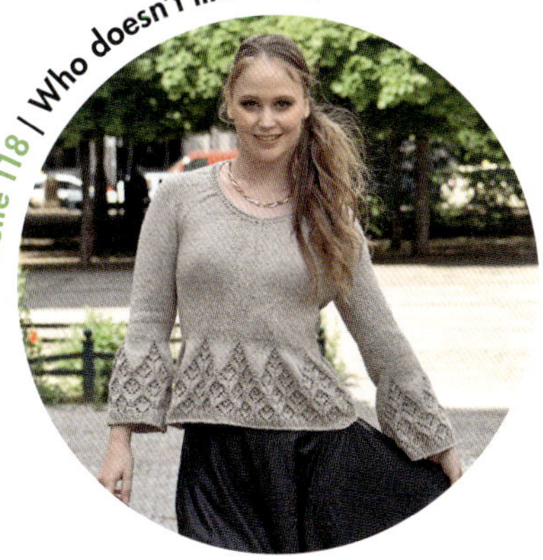

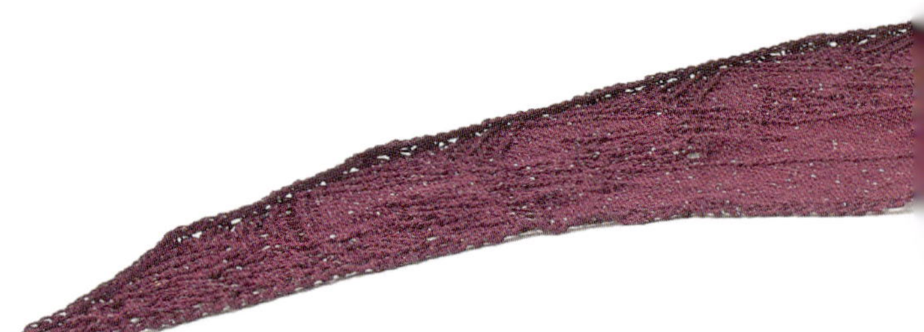

Vorwort

„Hallo ihr Lieben, ich bin's wieder eure CraSy Sylvie und ich habe heute wieder etwas Neues/Schickes/Tolles für euch ..."
Das ist der Satz, mit dem ich üblicherweise meine YouTube-Videos beginne. Ich finde, dieser Satz passt für dieses Buch als Einleitung am besten, denn ich habe diesmal etwas Neues für euch.

Seit vielen Jahren veranstalten wie gemeinsam schon Knitalongs und Crochetalongs mit den unterschiedlichsten Projekten. Ich sehe, dass euch dabei die Projekte die liebsten sind, bei denen ihr keine Maschenprobe oder Vorbereitung braucht, sondern einfach so drauf los stricken oder häkeln könnt. Ich habe von euch auch gelernt, dass ihr neben den fertigen Designs auch Basisanleitungen mögt, mit denen ihr eure individuellen Modelle gestalten könnt.

Wie ihr wisst, nehme ich mir eure Wünsche immer gern zu Herzen und habe mich deshalb aufgemacht, eine Methode zu entwickeln, mit der ihr Pullover ohne Maschenprobe und Umrechnen stricken könnt. Also einfach Nadeln in die Hand und direkt loslegen mit der EaSy Sweater Methode.

Klingt toll, oder? Ist es auch, wie ich finde. Und es ist auch super für Anfänger und alle Fortgeschrittenen, die gern ihre Ideen verwirklichen wollen. Ein paar Grundlagen und Grundregeln müssen wir dennoch beachten, damit der Pulli nach dem Waschen auch gut sitzt. All das – die Grundregeln, die benötigten Techniken, 2 Grundanleitungen für unterschiedliche Passen und Ausschnitte und noch 14 schicke Modelle von sportlich bis elegant findet ihr in diesem Buch. Lasst uns also die Ära des EaSy Sweater starten – und wer weiß, vielleicht überrasche ich euch demnächst ja noch mit mehr Formen, Passen und Möglichkeiten 😉.

Ich wünsche euch viel Freude beim Nacharbeiten und freue mich schon sehr, eure Kreationen auf Facebook, Instagram oder in der CraSy Community auf crasy.world zu sehen.

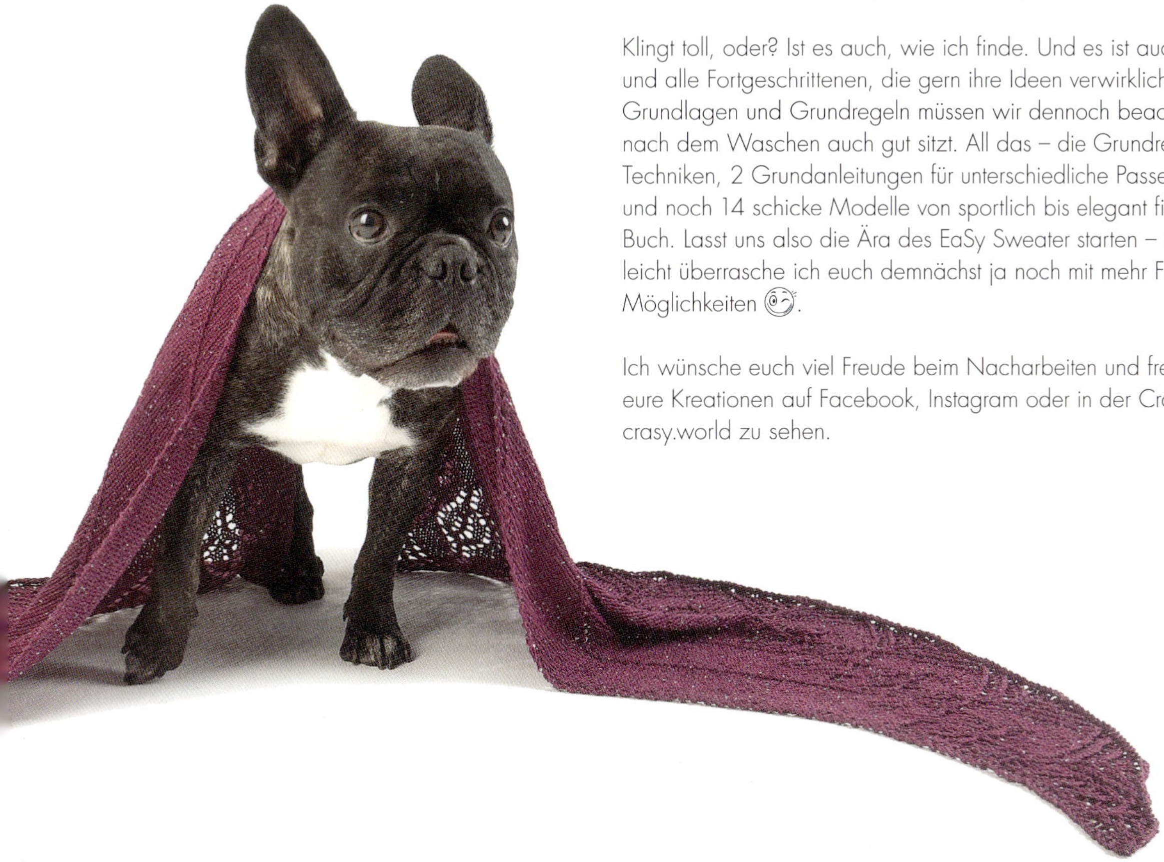

BEVOR WIR BEGINNEN,

ein paar wichtige Dinge vorab

DIE WAHL DER RICHTIGEN NADEL ZUR WOLLE

Für unsere Pullover benötigen wir zwar keine Maschenprobe, aber dennoch empfehle ich euch dringend mit eurer Wolle ein paar Maschen anzuschlagen und ein Stückchen anzustricken, um zu schauen, ob euch das Maschenbild gefällt. Hier könnt ihr auch ruhig ein paar unterschiedliche Nadelstärken ausprobieren, damit ihr die wählt, die zu eurer Wolle passt. Es ist aber nicht immer nur die Wahl der Nadelstärke, die das Maschenbild beeinflusst. Oft ist es auch das Material. Wenn euch das Maschenbild nicht gefällt, benutzt doch eine Nadel aus einem anderen Material, wie verschiedene Hölzer, Bambus oder verschiedene Metalle. Ihr werdet überrascht sein, wie sehr sich das auf das Maschenbild auswirkt.

MANCHMAL SPIELT DIE WOLLE AUCH EINE ROLLE

Da wir keine Maschenprobe machen und sich Wolle beim Waschen gern mal verändert, müssen wir das von vornherein ein wenig einplanen, damit es hinterher keine bösen Überraschungen gibt. In der Regel dehnt sich Wolle beim Waschen bzw. leiert aus. Das hängt natürlich auch immer ein bisschen vom Material ab.

Baumwolle – bleibt recht formstabil, wird aber je nach Beschaffenheit gern mal ein wenig größer.

Schurwolle/Merino – dehnt sich gern mal in die Länge oder Breite.

Alpakas und Co – hier müsst ihr aufpassen, dass sie nicht filzen und einlaufen.

Leinen und Co – das wird gern mal länger UND breiter. Also lieber etwas enger stricken.

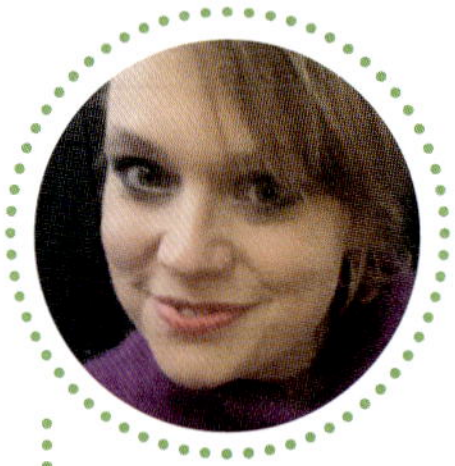

Sylvies Tipp

Ich empfehle euch, je nach Wahl eures Materials:
-> Lieber enger stricken, weil sich Wolle nach dem Waschen dehnt. Wollt ihr aber ganz auf Nummer sicher gehen, strickt ein kleines 5 x 5 cm Stück, messt es und wascht und trocknet es so, wie ihr euren Pullover waschen würdet. Und dann messt ihr das Stück noch mal aus, ob es breiter oder ob es länger geworden ist.

EINE FRAGE DER PASSFORM

Denkt auch daran – jeder Körper ist unterschiedlich! Wir passen in der Regel nicht in Standard-Maßtabellen und das ist auch gut so. Deshalb ist Anprobieren zwischendurch Pflicht, damit der Pulli auch sitzt.

Nehmt die Maßtabellen für euch immer nur als Richtwerte, maßgeblich ist immer eure eigene Passform und wie es sitzt. Schon wenn ihr in die Größentabelle schaut, dann werdet ihr sehen, dass ihr eure Körpermaße in 2 - 3 Spalten verteilt findet. Das ist total in Ordnung.

Gerade bei den Armen gibt es hier große Unterschiede. Die Einen haben trotz großer Größen eher schmale Arme, andere haben trotz kleiner Größe eher breite Arme. Das ist total okay, der EaSy Sweater passt nach diesem Prinzip IMMER. Ihr teilt hier einfach mehr oder weniger Maschen für die Ärmel ab. Probiert das Ganze an nach dem Abteilen, ob alles gut sitzt und breit genug ist – wenn nicht – gar kein Problem, dann wird einfach noch eine Zunahmerunde gestrickt und neu abgeteilt – und schwupp sieht das Ganze schon anders aus.

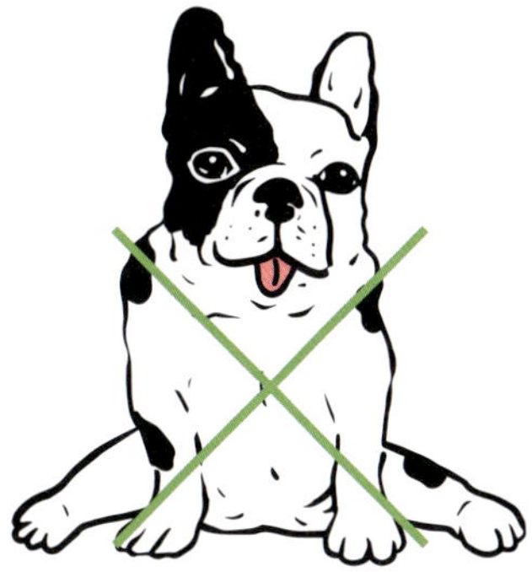

DER KLEINE (ABER FEINE) UNTERSCHIED

Ihr habt auch jederzeit die Möglichkeit, euren Pulli auf einen anderen, gut sitzenden Pullover aufzulegen und zu kontrollieren. Das Maßband zum Kontrollieren solltet ihr immer dabei haben. Aber euer Körper ist insgesamt das beste und sicherste Maß. Etwas solltet ihr hier jedoch beachten, denn es macht einen riesen Unterschied!

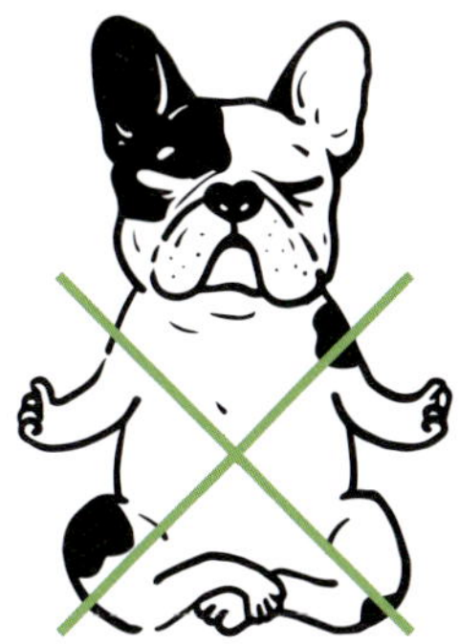

Wenn ihr euch selbst mit dem Maßband messt oder euren EaSy Sweater anprobiert, solltet ihr unbedingt stehen! Probiert den Pulli NIEMALS im Sitzen an oder messt euch im Sitzen ab. Das geht nicht gut. Wir haben im Sitzen eine andere Haltung und auch eine andere Körperform. Gerade um die Stoßdämpfer (die Möppies) und um unser Alabaster-Heckteil herum werden wir im Sitzen deutlich breiter als im Stehen. Außerdem ist der Körper im Sitzen kürzer als im Stehen, weil wir sitzend gern ein wenig zusammensacken. Ihr erinnert euch noch an den Satz der Lehrer in der Schule „Gerade sitzen, Schultern nach hinten und Brust raus"? Jaaa, heute sitzt kein Lehrer mehr im Raum und wir sitzen bequem. Das ist voll okay (außer für die Rückenschmerzen) aber eben total suboptimal zum Messen oder Anprobieren. Wenn wir uns in dieser Körperhaltung messen oder anprobieren, dann zaubern wir uns ein ganz wundervolles breites Säckchen, aus dem unten der Mond heraus scheint… Das wollen wir ja nicht und deshalb – aufstehen zum Probieren und Messen – ist auch gut für eure Gesundheit 😉.

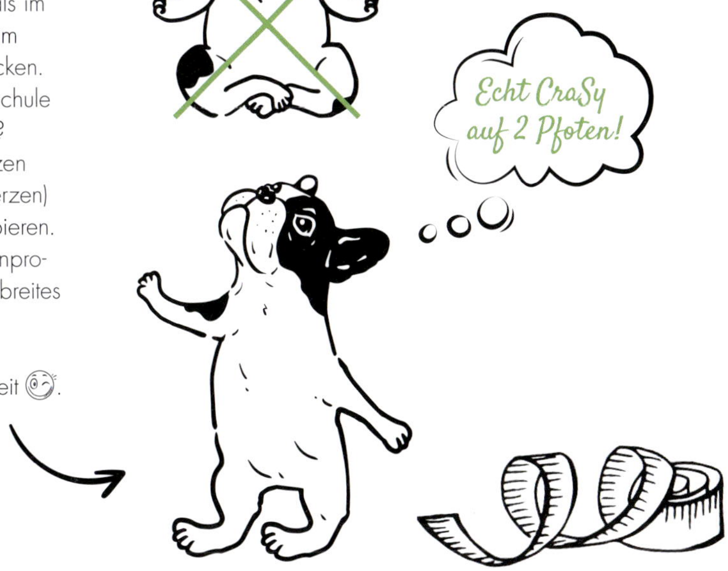

WIE SOLLTE ICH MEINEN EASY SWEATER WASCHEN UND TROCKNEN?

Wer sich einen schönen Pulli strickt und viel Liebe hinein steckt, der möchte auch lange Freude daran haben. Deshalb ist richtiges Waschen und Trocknen wichtig. Ich würde euch empfehlen, den Pullover immer per Hand und nicht in der Maschine zu waschen. Ich habe im Laufe der Jahre einfach zu viele böse Überraschungen bei Maschinenwäschen erlebt und gesehen. Selbst im Wollwaschprogramm oder im Handwaschprogramm gab es schon erstaunliche Effekte. Grundsätzlich kann Wolle, gerade, wenn sie aus tierischen Fasern ist, in der Maschine durch die Wärme und vor allem die Reibung filzen. Einen verfilzten Pullover bekommt ihr nie wieder auf Normalgröße. Ihr könnt mir glauben, ich habe hier schon sämtliche Hacks ausprobiert. Verfilzt ist verfilzt. Lediglich wenn er nur leicht verfilzt ist, kann man ihn wieder dehnen. Aber die Filzoptik bleibt erhalten. Gern verfangen sich auch mal Kleinteile wie BH-Bügel oder Haken aus BHs in der Waschmaschine, die dann hinter der Trommel landen. Die haben immer ganz viel Lust auf selbst gestrickte Pullis und sorgen dafür, dass ihr euer gutes Stück mit Löchern aus der Maschine zieht – das ist keine schöne Überraschung nach der Wäsche.

Es bleibt wie gehabt – Handwäsche ist das beste und tut vor allem auch nicht weh. Einfach den Pullover in lauwarmem Wasser mit einem guten Wollwaschmittel (bei Schulana gibts Eucalan und Pascuali hat auch ein tolles Wollwaschmittel) einweichen, dann ausspülen und ausdrücken. Danach in ein Handtuch legen und das Handtuch eng zusammenrollen. So drückt ihr das Wasser gut heraus. Nun solltet ihr euren Pulli auf gar keinen Fall ziehen oder spannen, es sei denn, er ist arg zu klein geraten, sondern einfach ganz entspannt liegend auf einem Handtuch oder liegend auf dem Wäscheständer trocknen lassen. Ihr solltet ihn auch auf keinen Fall aufhängen. Ich habe schon in einigen Facebook Postings gesehen, wie so aus gut sitzenden Pullis nach dem Waschen Kleider oder Tuniken geworden sind. Hier gilt die Devise – Wolle ist wie ein fauler Hund und möchte gern im Liegen trocknen.

WIE PROBIERE ICH MEINEN EASY SWEATER ZWISCHENDURCH AN?

Ja, ich weiß, die Rundstricknadel ist zu kurz, als dass man sich den Pulli überziehen kann. Aber das ist kein Problem, ihr könnt eine zweite und dritte Nadel in den Pullover ziehen oder stricken und dann lässt er sich anprobieren. Das mache ich am liebsten, gerade beim Abteilen der Ärmel stricke ich alle Teile jeweils schon auf eine separate Nadel, so kann ich Maschen später leichter verschieben und justieren. Wer ein Nadelsystem mit austauschbaren Seilen besitzt, der ist hier auch klar im Vorteil. Es gibt Seilverbinder, mit denen könnt ihr mehrere Seile zusammenklippen oder -schrauben und damit genug Weite zum Anprobieren schaffen. Wer das alles nicht hat, der nimmt sich einfach einen langen Faden oder ein schmales Satinband und zieht es durch die Maschen und probiert so an. Gerade mit dem Satinband lassen sich die Maschen später mit der Nadel wieder leichter aufsammeln.

UND WARUM FUNKTIONIERT DAS NUN, DASS ES AUCH OHNE MASCHENPROBE GEHT?

Tja, das ist eine coole Kombination aus den Eigenschaften der Wolle, ein wenig Mathematik und einer daraus resultierenden Konstruktion. Durch die Konstruktion ist auch kein Schulter- und Nackenshaping notwendig und die Schulterschrägen sind auch bereits einkalkuliert – CraSy, oder?

Hier im Buch stelle ich dir 2 Varianten des EaSy Sweater vor. Eine ergibt einen V-Ausschnitt, die andere erzeugt den Rundhals-Ausschnitt. Na, neugierig? Dann schauen wir uns mal die Grundanleitungen an.

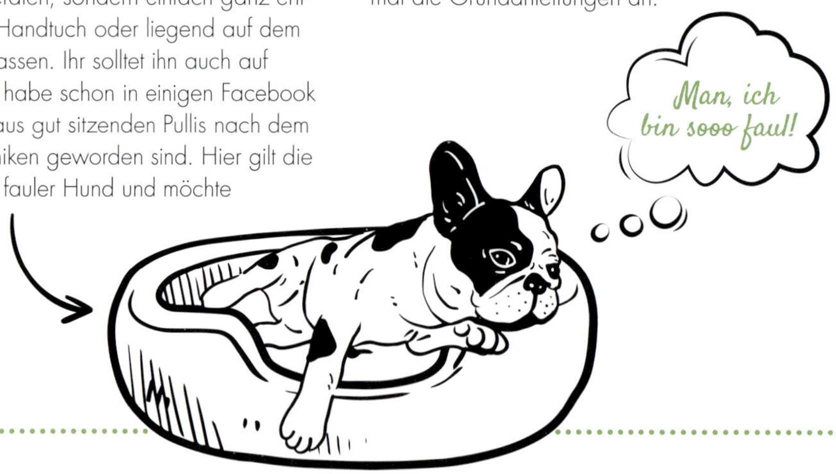

Grundtechniken, die du benötigst

DIE RANDMASCHEN

Damit das Prinzip des EaSy Sweater funktioniert, sind die Randmaschen sehr wichtig. Ihr könnt hier nicht mit einem Kettrand – also Randmaschen, die abgehoben werden – arbeiten. Das führt dazu, dass der Rand, aus dem die Maschen aufgenommen werden, löchrig wird. Daher gilt als oberste Regel: **Die Randmaschen IMMER stricken bzw stricken, wie in den Anleitungen beschrieben.** Ihr könnt mir vertrauen, ich habe das alles ausgetestet.

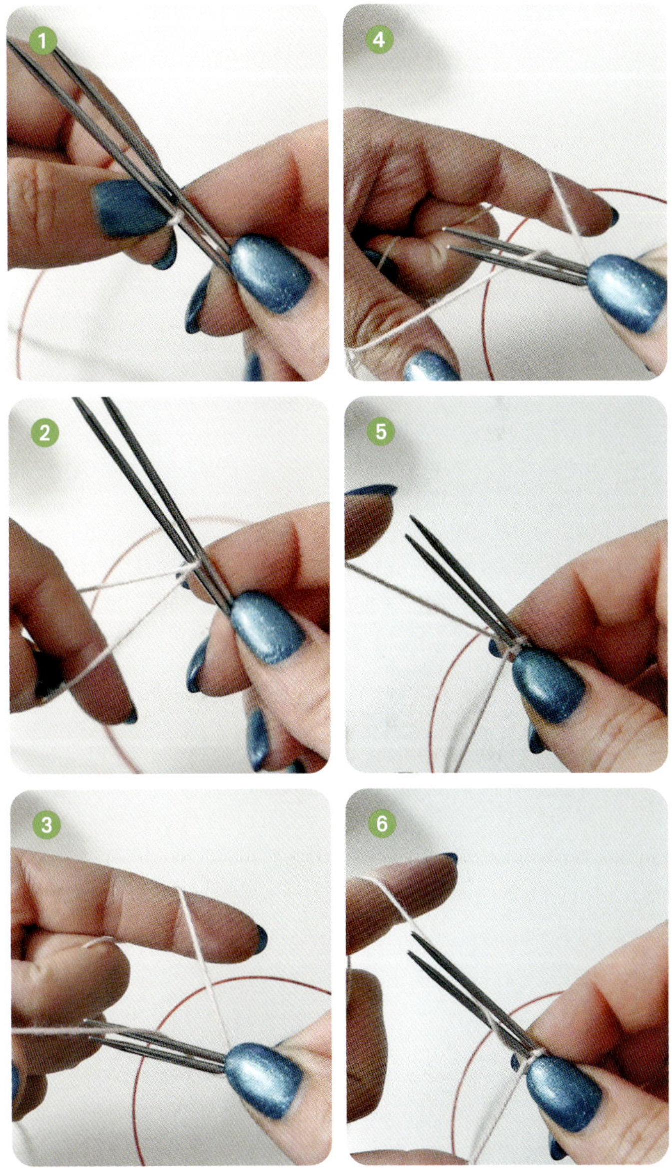

JUDYS MAGIC CAST ON

❶ Beginne mit einer Anfangsschlaufe. Lege nun die zweite Nadel parallel zu dieser Nadel und zwar so, dass die 2. Nadel ÜBER der Nadel mit der Anfangsschlaufe liegt.

❷ Nimm nun Arbeitsfaden und Endfaden so in die Hand, als würdest du einen Kreuzanschlag arbeiten wollen.

❸ + ❹ Dann beginnst du mit dem Endfaden auf dem Daumen. Führe diesen von hinten nach vorn und von unten nach oben über die obere Nadel, welche noch keine Schlaufe hat, hinweg und lege den Faden zwischen beiden Nadeln ab.

❺ + ❻ Dann nimmst du den Arbeitsfaden auf dem Zeigefinger und führst ihn von unten nach oben und vorn nach hinten über die untere Nadel hinweg und legst den Faden zwischen beiden Nadeln ab.

Nun wieder mit dem Daumenfaden von unten nach oben und hinten nach vorn den Faden über die obere Nadel legen und zwischen beiden Nadeln ablegen. So abwechselnd arbeiten, bis am Ende die gewünschte Anzahl Schlaufen auf jeder Nadel liegen. Kippe dann deine Arbeit nach rechts, so kommt der Arbeitsfaden von der hinteren Nadel und nun kannst du wie in der Anleitung beschrieben loslegen.

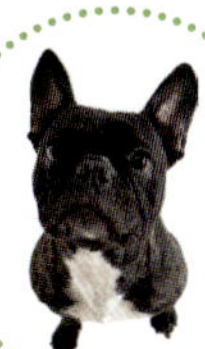

Werners Tipp

Alternativ zu Judys Magic Cast on kannst du auch einen provisorischen Maschenanschlag verwenden.

DAS GARTER TAB UND ABWANDLUNGEN – DEIN STÄNDIGER BEGLEITER

Für deinen EaSy Sweater gerade in Variante 2 ist das Garter Tab ganz wichtig. Keine Bange, es ist nicht schwer und ich habe euch auch ein Video dazu gemacht.

Für das Garter Tab musst du nur rechte Maschen stricken und zwar alle Maschen auch die Randmaschen – klingt einfach, oder? Ist es auch.

Schau hier

Das Video zum Garter Tab:
http://goto.crasy.world/gartertab

Für das Garter Tab 2 Maschen je Nadel in Judys Magic Cast On anschlagen, die 2 Maschen der oberen Nadel auf das Seil ziehen und die Arbeit nach rechts kippen. Nun über die 2 Maschen der unteren Nadel je 7 Hin- und Rückreihen, also 14 Reihen rechte Maschen stricken. Dabei auch jeweils die erste Masche rechts stricken (sind ja ohnehin nur 2). So ergeben sich 7 Krausrippen.

Nach der letzten Reihe wenden und nun aus den Krausrippen jeweils 1 Masche aufnehmen = 7 Maschen, und am Ende die 2 Maschen, welche auf dem Seil liegen, ebenfalls in Arbeitsposition ziehen. Nun hast du 11 Maschen auf deiner Nadel. Schon kann es los gehen mit Variante 1 – war gar nicht schwer, oder? In Variante 1 ist dein Garter Tab in der Regel länger, als hier beschrieben, keine Panik, das funktioniert genau so leicht.

GARTER TAB MIT I-CORD

5 Maschen pro Nadel in Judys Magic Cast On anschlagen, Arbeit nach rechts kippen und die folgenden 2 Reihen fortlaufend wiederholen:

Reihe 1 (Hinreihe): Alle Maschen rechts stricken.
Reihe 2 (Rückreihe): 2 Maschen rechts, 3 Maschen wie zum Linksstricken abheben, der Faden liegt vorn.

ANSETZEN NEUER FÄDEN

Zum Ansetzen neuer Fäden im Pullover oder der Jacke empfehle ich dir je nach Material den Russian Join, den Split Ply Join und bei Naturfasern wie Schurwolle ohne Superwash, Alpaka oder Mohair das Anfilzen.

Schau hier

Das Video zum Russian Join:
http://goto.crasy.world/russianjoin

Das Video zum Split Ply Join:
http://goto.crasy.world/splitply

Das Video zum Anfilzen:
http://goto.crasy.world/anfilzen

DIE BLENDE

Für manche EaSy Sweater Varianten hier im Buch brauchst du kein Garter Tab. Hier wird einfach im Muster eine Blende gestrickt, die dann deinen Ausschnitt bildet. Die Blenden sind beim jeweiligen Modell beschrieben. Du kannst dir natürlich auch eine eigene Blende erstellen. Hierbei solltest du beachten – eins haben Blende und Garter Tab gemeinsam – es gibt immer mindestens 2 krause Randmaschen und es werden immer die Maschen für den Pullover aus dem kraus rechten Rand aufgenommen. Das geht so:

MASCHEN AUS DEM KRAUS RECHTEN RAND AUFNEHMEN

❶ + ❷ Lege das Strickstück mit der rechten Seite nach oben vor dich hin, sodass die Seitenkante oben liegt. Nun von rechts nach links in die senkrecht stehende Masche mit der Nadel einstechen, den Faden holen und durch die Masche ziehen – 1 Masche wurde aus dem Rand aufgenommen.

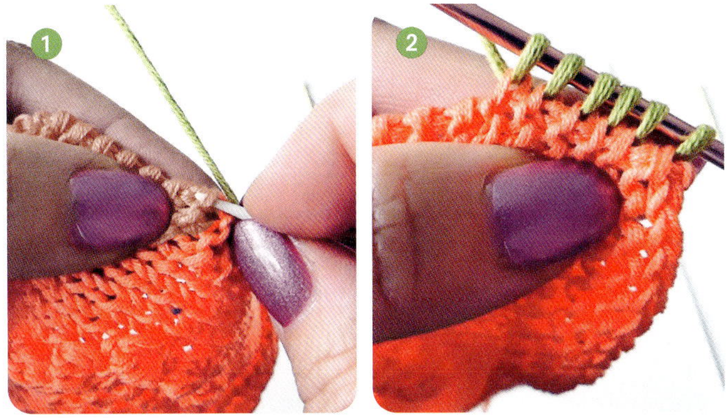

ZUNAHMEN – MASCHE AUS DEM QUERFADEN ZUNEHMEN

Hier im Buch nehmen wir kontinuierlich aus dem Querfaden zu – einfach, weil es wirklich leicht ist und auch kaum sichtbar. Hast du eine andere Art der Zunahmen, die du lieber magst, kannst du diese gern anwenden.

Zunahmen aus dem Querfaden funktionieren wie folgt:
Bei der Zunahmen aus dem Querfaden gibt es eine rechtsgerichtete und eine linksgerichtete Zunahme, meistens wird jedoch nur die linksgerichtete Variante verwendet, das ist auch total ok. Wer ganz perfektionistisch sein will, kann natürlich beide Varianten verwenden. Hierbei wird am Anfang der Reihe eine linksgerichtete Zunahme gemacht und bei Zunahmen am Ende der Reihe wird eine rechtsgerichtete Zunahme gemacht.

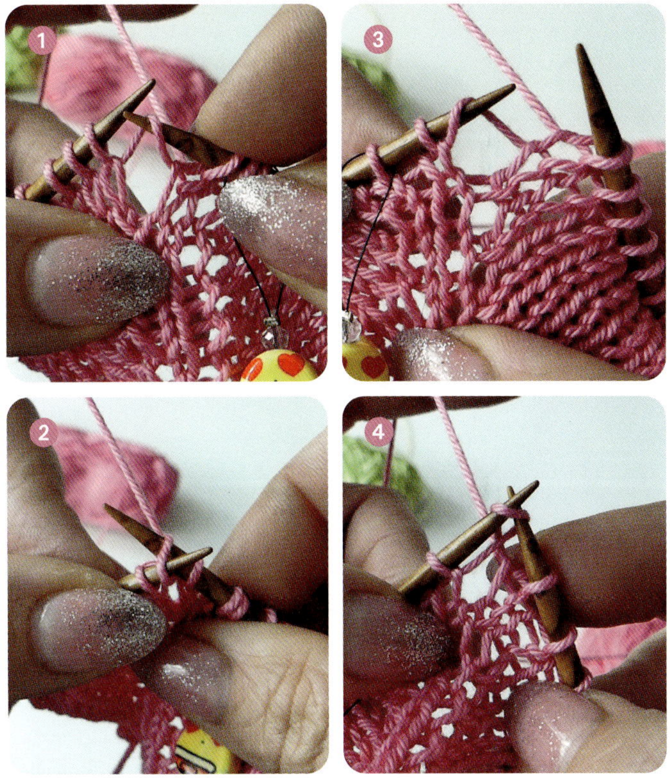

Zunahme aus dem Querfaden linksgerichtet

❶ + ❷ Mit der rechten Nadel von hinten unter den Querfaden gehen und ihn auf die linke Nadel heben. Den Querfaden nun rechts verschränkt abstricken.

Zunahme aus dem Querfaden rechtsgerichtet

❸ + ❹ Mit der rechten Nadel von vorn unter den Querfaden gehen und ihn auf die linke Nadel heben. Den Querfaden nun ganz normal rechts abstricken, das heißt von links nach rechts greifen und den Faden holen.

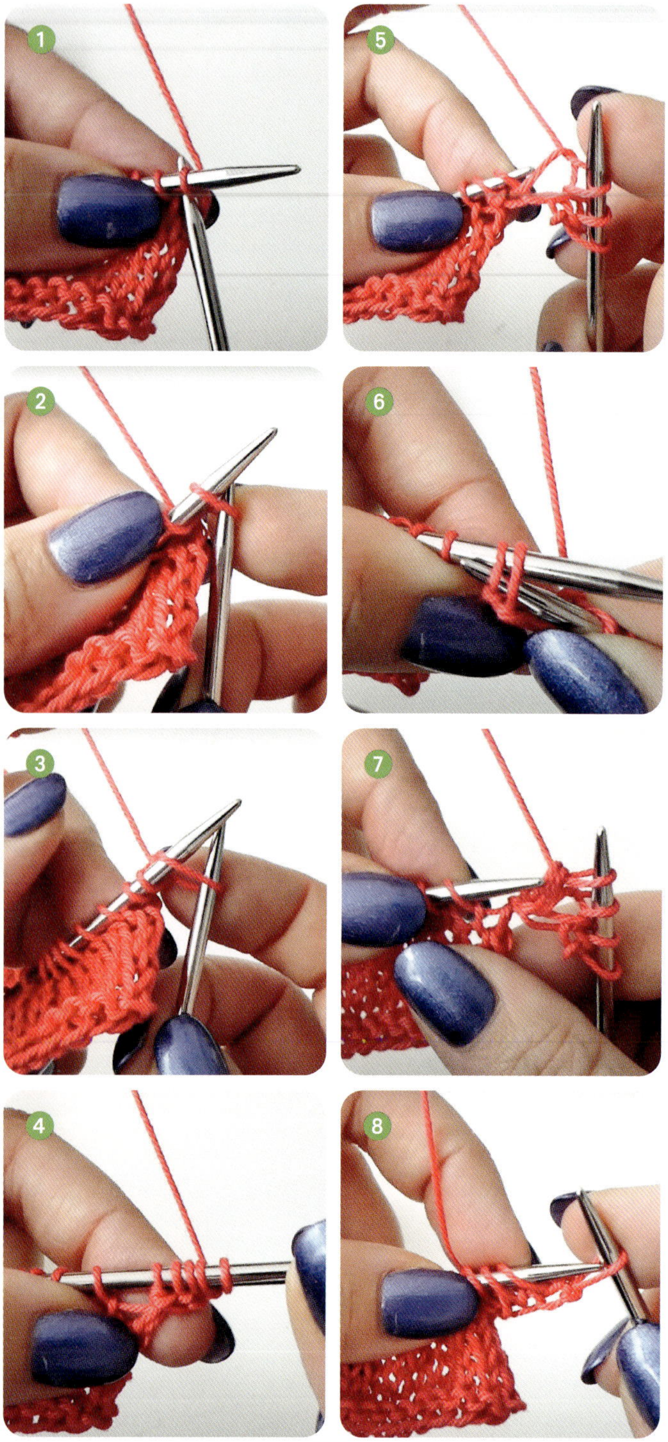

I-CORD ABKETTEN

1 Stich zunächst mit der rechten Nadel zwischen die ersten beiden Maschen ein und hole den Faden hindurch.

2 Lege die so gebildete, neue Masche nun wie zum Rechtsstricken auf die Nadel.

3 Nun entweder aus der eben gebildeten Masche eine neue Masche herausstricken und ebenfalls auf die Nadel legen oder wieder zwischen die Maschen stechen und eine neue Masche heraus holen.

4 Auf diese Weise insgesamt 4 neue Maschen bilden.

5 Nun die ersten 3 Maschen rechts abstricken.

6 Die nächsten 2 Maschen auf der linken Nadel rechts verschränkt zusammenstricken.

7 Nun sind 4 Maschen auf der rechten Nadel und die erste Masche wurde abgekettet.

8 Die 4 Maschen von der rechten Nadel wieder zurück auf die linke Nadel legen. Die Schritte 5 bis 8 nun fortlaufend wiederholen, bis die gewünschte Maschenzahl abgekettet ist.

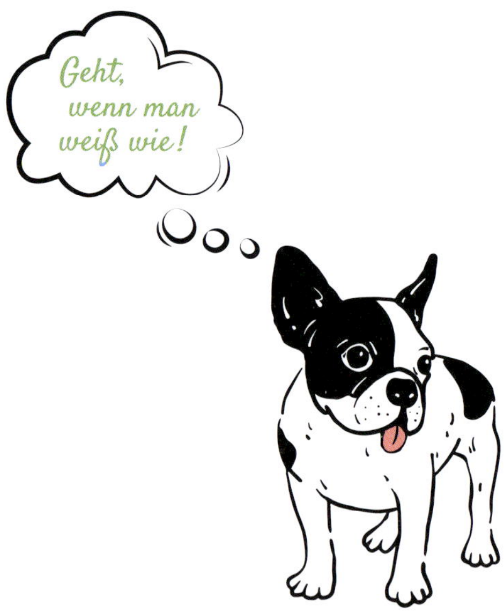

3 NEEDLE BIND OFF

1 Lege beide Nadeln mit den offenen Maschen parallel zueinander.

2 Nimm dann die 3. Nadel und stich in die erste Masche von der vorderen Nadel UND der hinteren Nadel ein.

3 Strick die beiden Maschen als eine Masche ab und lass beide Maschen von der Nadel gleiten.

4 Stricke nun die nächste Masche von der vorderen und hinteren Nadel ebenso ab.

5 Nun sind 2 Maschen auf der rechten Nadel, greife die erste Masche davon mit einer der linken Nadeln

6 und zieh dann die erste Masche über die 2. Masche.

Die Schritte 4 bis 6 nun fortlaufend wiederholen, bis die gewünschte Maschenzahl abgekettet ist.

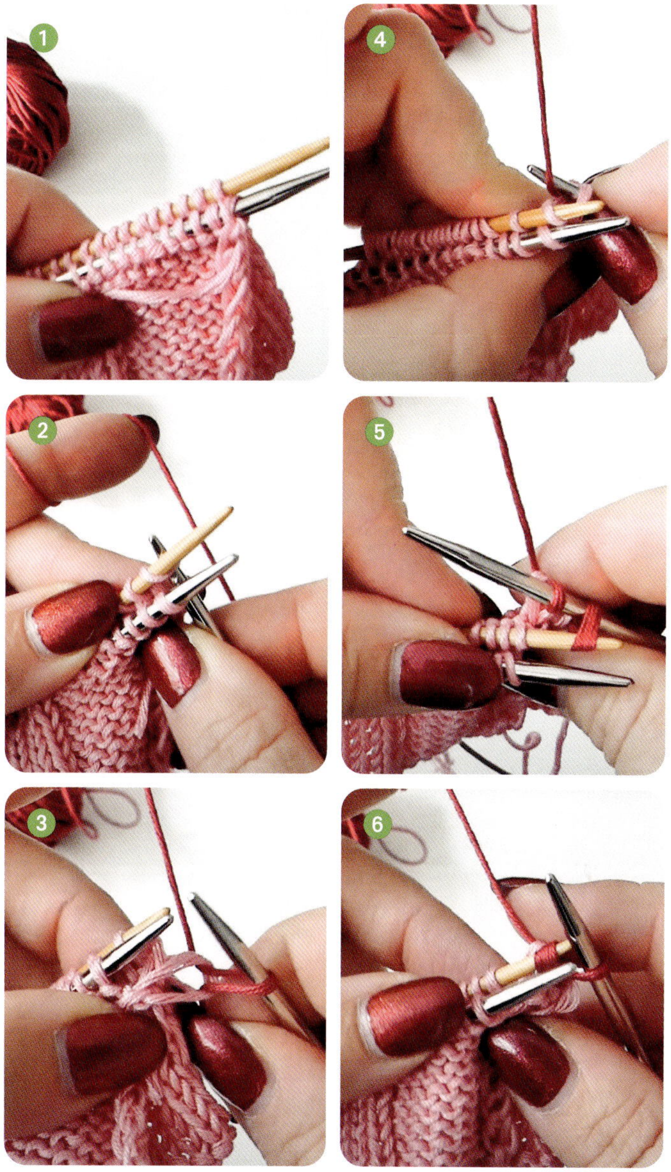

Abkürzungen

li = links
re = rechts
M = Masche
M re = Masche rechts stricken
M li = Masche links stricken
MM = Maschenmarkierer
MZ = 1 Masche zunehmen. Dies kannst du in deiner Lieblings-Zunahmeart machen, bzw. der Art, die am besten zum Muster passt. Hier im Buch wird die Zunahme aus dem Querfaden benutzt, weil sie sich überall gut einfügt und für unsere Grundtechniken prima geeignet ist.
REZ = rechtsgerichtete Abnahme – 2 Maschen rechts zusammenstricken
RÜZ = linksgerichtete Abnahme – 2 Maschen überzogen zusammenstricken (1. Masche abheben, 2. Masche stricken, abgehobene Masche überziehen)

Grundanleitung Pullover mit V-Ausschnitt

Du kannst diesen Pullover hier im Beispiel entweder mit 8 oder mit 16 Zunahmestellen stricken. Das hat nur Auswirkungen auf die Häufigkeit der Zunahmen. Bei 8 Zunahmestellen nimmst du in jeder 2. Reihe bzw. Runde zu und bei 16 Zunahmestellen in jeder 4. Reihe bzw. Runde. Im Einzelnen sieht das wie folgt aus:

SCHRITT 1:
Der Anschlag

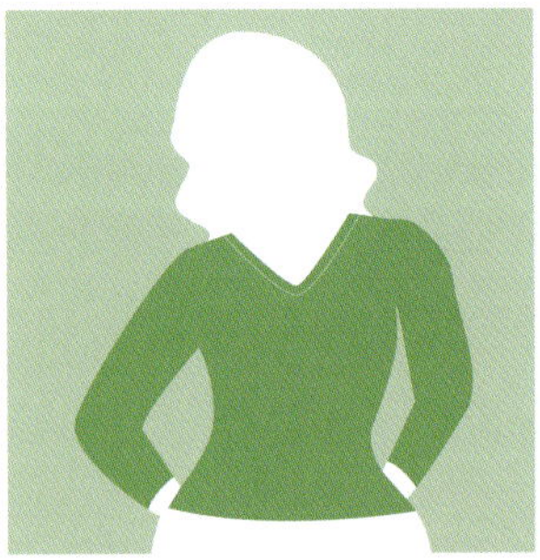

Du beginnst mit einem Garter Tab, bestehend aus 2 - 3 Maschen oder alternativ einer Blende in der gewünschten Breite, die dann bereits deinen Kragen am Ausschnitt bildet. Schlage sowohl Garter Tab als auch Blende mit Judys Magic Cast On an, stricke dann Garter Tab oder Blende für minimal 20 cm Länge, maximal aber 30 cm Länge, sonst wird dein Ausschnitt zu weit. Je länger du Garter Tab oder Blende strickst, desto weiter wird dein Ausschnitt. Nimm dann in der nächsten Hinreihe aus der Seitenkante bzw. Blende aus jedem krausen Knötchen eine Maschen auf und zum Schluss noch die offenen Maschen auf der anderen Seite des Judy Magic Cast On. Nun bist du bereit für Schritt 2. Die Beschreibung zum Garter Tab und zur Blende findest du auf Seite 14.

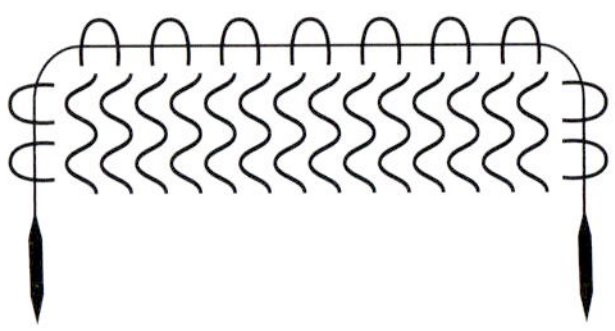

SCHRITT 2A:
Die Zunahmen für den Ausschnitt bei 8 Zunahmestellen (du brauchst 8 MM)

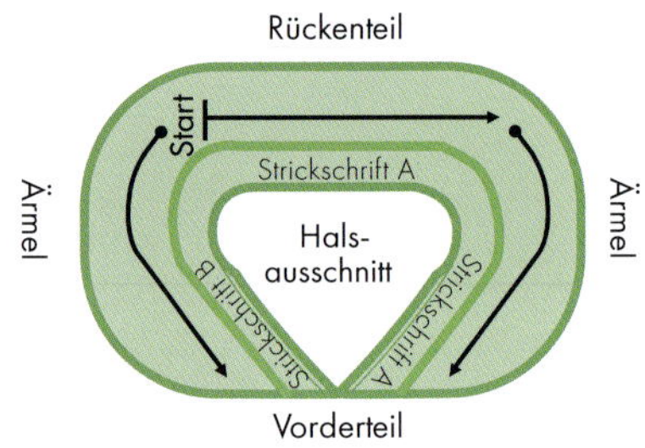

Reihe 1 (Rückreihe): 2 Maschen rechts (Garter Tab) oder Rückreihe der Blendenmaschen laut Anleitung stricken, MM einhängen, linke Maschen bis 2 Maschen vor dem Ende oder bis vor die andere Seite der Blende stricken, MM einhängen, 2 Maschen rechts oder Rückreihe der Blendenmaschen laut Anleitung stricken.

Reihe 2 (Hinreihe): Maschen im Blendenmuster oder rechte Maschen bis zum 1. MM stricken, MM überheben, * 2 Maschen rechts, MZ *, von * bis * wiederholen bis zum letzten MM, MM überheben, rechte Maschen bis zum Ende oder Maschen im Blendenmuster stricken.

Reihe 3 (Rückreihe): Stricke die Maschen vor dem ersten MM rechts oder laut der Rückreihe deiner Blende, zähle nun in dieser Reihe deine Maschen zwischen den 2 MM. Teile nun diese Maschenzahl durch 7 und hänge dir jeweils an den errechneten Stellen einen MM ein. Der erste und letzte MM hängen bereits im Strickstück, du unterteilst die Strecke zwischen den bereits hängenden MM damit also in gleichmäßige Teile, siehe Skizze nachfolgend. Wenn deine Maschenzahl nicht ganz durch 7 teilbar ist, dann nimmst du die übrig bleibenden Maschen zwischen die mittleren 2 MM. Beende die Reihe mit den letzten Maschen des Garter Tabs rechts oder der Rückreihe der Blende.

Nun bist du bereit für die Wiederholungsreihen.

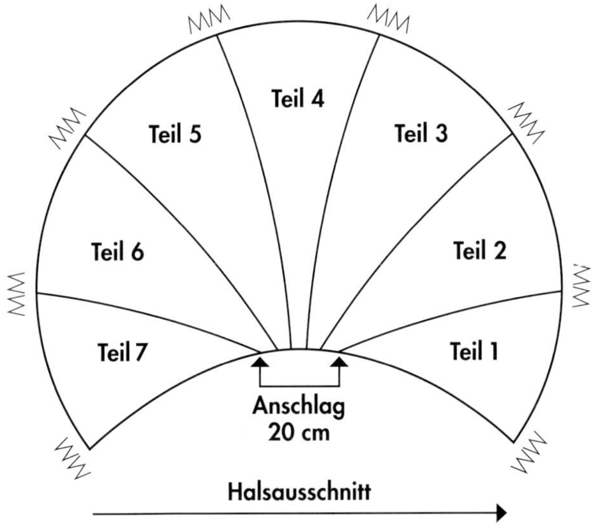

Reihe 4 (Hinreihe): Maschen im Blendenmuster oder rechte Maschen bis zum 1. MM stricken, MM überheben, MZ, * rechte Maschen oder Maschen im gewählten Muster bis zum nächsten MM, MM überheben, MZ *, von * bis * noch 2 Mal wiederholen (= 4 Zunahmen), rechte Maschen oder Maschen im gewünschten Muster bis zum nächsten MM, MZ, MM überheben, * rechte Maschen oder Maschen im gewünschten Muster bis zum nächsten MM stricken, MZ, MM überheben *, von * bis * noch 2 Mal wiederholen (= 4 Zunahmen), Maschen im Blendenmuster oder rechte Maschen bis zum Ende. -> Du hast in dieser Reihe nun 8 Maschen zugenommen.

Reihe 5 (Rückreihe): Rechte Maschen oder Rückreihe der Blendenmaschen laut Anleitung stricken, MM überheben, linke Maschen oder Maschen im gewählten Muster bis zum letzten MM stricken, dabei alle MM dazwischen überheben, letzten MM überheben, rechte Maschen oder Rückreihe der Blendenmaschen laut Anleitung bis zum Ende stricken.

Wiederhole nun die Reihen 4 und 5 fortlaufend, bis dein Ausschnitt die gewünschte Größe hat, dann bist du bereit für Schritt 3.

SCHRITT 2B:
Die Zunahmen für den Ausschnitt bei 16 Zunahmestellen (du brauchst 16 MM)

Reihe 1 (Rückreihe): 2 Maschen rechts (Garter Tab) oder Rückreihe der Blendenmaschen laut Anleitung stricken, MM einhängen, linke Maschen bis 2 Maschen vor dem Ende oder bis vor die andere Seite der Blende stricken, MM einhängen, 2 Maschen re oder Rückreihe der Blendenmaschen laut Anleitung stricken.

Reihe 2 (Hinreihe): Maschen im Blendenmuster oder rechte Maschen bis zum 1. MM stricken, MM überheben, * 2 Maschen re, MZ *, von * bis * wiederholen bis zum letzten MM, MM überheben, rechte Maschen bis zum Ende oder Maschen im Blendenmuster stricken.

Reihe 3 (Rückreihe): Stricke die Maschen vor dem ersten MM rechts oder laut der Rückreihe deiner Blende, zähle nun in dieser Reihe deine Maschen zwischen den 2 MM. Teile nun diese Maschenzahl durch 15 und hänge dir jeweils an den errechneten Stellen einen MM ein. Der erste und letzte MM hängen bereits im Strickstück, du unterteilst die Strecke zwischen den bereits hängenden MM damit also in gleichmäßige Teile – analog Skizze „Zunahmen für den Ausschnitt bei 8 Zunahmestellen" nebenstehend. Wenn deine Maschenzahl nicht ganz durch 15 teilbar ist, dann nimmst du die übrig bleibenden Maschen zwischen die mittleren 2 MM. Beende die Reihe mit den letzten Maschen des Garter Tabs rechts oder der Rückreihe der Blende.

Nun bist du bereit für die Wiederholungsreihen.

Reihe 4 (Hinreihe): Maschen im Blendenmuster oder rechte Maschen bis zum 1. MM stricken, MM überheben, MZ, * rechte Maschen oder Maschen im gewählten Muster bis zum nächsten MM, MM überheben, MZ *, von * bis * noch 6 Mal wiederholen (= 8 Zunahmen), rechte Maschen oder Maschen im gewünschten Muster bis zum nächsten MM, MZ, MM überheben, * rechte Maschen oder Maschen im gewünschten Muster bis zum nächsten MM stricken, MZ, MM überheben *, von * bis * noch 6 Mal wiederholen (= 8 Zunahmen), Maschen im Blendenmuster oder rechte Maschen bis zum Ende. -> Du hast in dieser Reihe nun 16 Maschen zugenommen.

Reihe 5 (Rückreihe): Rechte Maschen oder Rückreihe der Blendenmaschen laut Anleitung stricken, MM überheben, linke Maschen oder Maschen im gewählten Muster bis zum letzten MM stricken, dabei alle MM dazwischen überheben, letzten MM überheben, rechte Maschen oder Rückreihe der Blendenmaschen laut Anleitung bis zum Ende stricken.

Reihe 6 (Hinreihe): Maschen im Blendenmuster oder rechte Maschen bis zum 1. MM stricken, MM überheben, rechte Maschen oder Maschen im gewünschten Muster bis zum letzten MM stricken, dabei alle MM einfach überheben, letzten MM überheben, Maschen im Blendenmuster oder rechte Maschen bis zum Ende.

Reihe 7 (Rückreihe): Rechte Maschen oder Rückreihe der Blendenmaschen laut Anleitung stricken, MM überheben, linke Maschen oder Maschen im gewählten Muster bis zum letzten MM stricken, dabei alle MM dazwischen überheben, letzten MM überheben, rechte Maschen oder Rückreihe der Blendenmaschen laut Anleitung bis zum Ende stricken.

Wiederhole nun die Reihen 4 bis 7 fortlaufend, bis dein Ausschnitt die gewünschte Größe hat, dann bist du bereit für Schritt 3.

SCHRITT 3:
Zur Runde schließen und bis unter die Arme stricken

Wiederhole deine oben genannten Wiederholungsreihen, bis dein Ausschnitt die gewünschte Größe und Länge hat. Das kannst du natürlich auch jederzeit anprobieren, indem du alle deine Maschen auf ein langes Seil strickst. Nach dem Schließen zur Runde werden aus allen Rückreihen deiner Wiederholungsreihen nun Zwischenrunden. Diese Zwischenrunden strickst du nun rechts oder dem gewünschten Muster gemäß.

Nun schließt du zur Runde. Das geht wie folgt:

Für das Garter Tab:
Schließe deine Maschen zur Runde, indem du die Maschen deines Garter Tab am Ende der Hinreihe noch ungestrickt auf eine Hilfsnadel legst und die Hilfsnadel parallel zur linken Nadel legst. Nun strickst du die erste Masche der linken Nadel mit der ersten Masche von der Hilfsnadel zusammen, dann die nächste Masche der linken Nadel mit der Masche der Hilfsnadel zusammen und so weiter, bis alle deine Maschen vom Garter Tab aufgebraucht sind (das ist der 3 Needle Bind off von Seite 17). Du hast also nur noch die Hälfte der Maschen des Garter Tab auf der Nadel. Die MM werden NICHT ENTFERNT, sondern bleiben dort, wo sie waren. Stricke dann die Runde zu Ende indem du alle Maschen rechts oder im gewünschten Muster strickst. Beachte, dass dies die erste Zwischenrunde ist, dies entspricht der Rückreihe, hätten wir in Reihen gestrickt. Der Rundenanfang ist hier nun beim 1. MM.

Für die Blende:
Hier hast du 2 Möglichkeiten.

Variante 1: Der Schalkragen

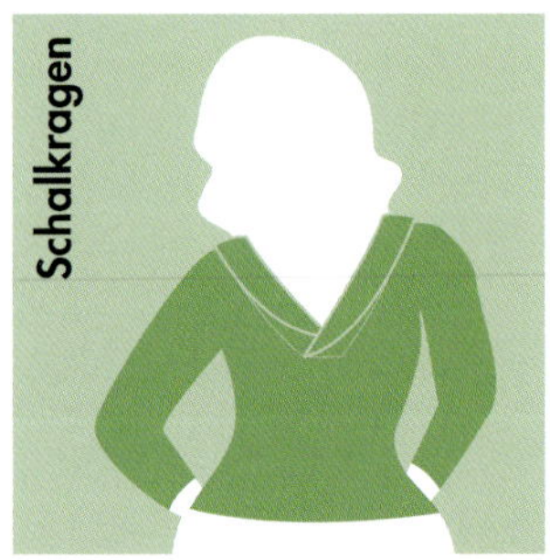

Möchtest du einen Schalkragen, dann legst du alle Blendenmaschen am Ende der Hinreihe noch ungestrickt auf eine Hilfsnadel. Die Hilfsnadel legst du HINTER die linke Nadel. Nun strickst du die erste Masche der linken Nadel mit der ersten Masche von der Hilfsnadel zusammen im Muster ab, dann die nächste Masche der linken Nadel mit der Masche der Hilfsnadel zusammen und so weiter, bis alle Maschen der Blende aufgebraucht sind. Beachte dabei, dass du dich hier schon in der Zwischenrunde befindest. Die MM bleiben dabei hängen. Es wird keiner entfernt. Der Rundenanfang ist hier nun beim letzten MM.

Variante 2: Der einfache V-Ausschnitt mit Blende

Möchtest du deine Blende weiter laufen lassen oder mit einem Muster beenden, so legst du am Ende der Reihe nur die Randmaschen (das können 1 bis 3 Randmaschen, je nach gewähltem Muster sein) ungestrickt auf eine Hilfsnadel. Die Hilfsnadel legst du HINTER die linke Nadel. Nun strickst du die erste Masche der linken Nadel mit der ersten Masche von der Hilfsnadel zusammen, dann die nächste Masche der linken Nadel mit der Masche der Hilfsnadel zusammen und so weiter, bis alle deine Randmaschen von der Hilfsnadel aufgebraucht sind. Beende dann die Runde entweder rechts oder dem gewählten Muster gemäß und beachte dabei, dass diese Runde schon die erste Zwischenrunde ist, die einer Rückreihe entspräche, wenn wir eine hätten. Der Rundenanfang kann hier sowohl der erste als auch der letzte MM sein. Du hast dann in der ersten Musterrunde entweder eine Reihe Maschen mehr auf dem linken Teil der Blende (wenn der erste MM der Rundenanfang ist) oder eine Reihe weniger auf dem rechten Teil der Blende (wenn der letzte MM der Rundenanfang ist). Bei Zopfmustern empfehle ich dir, den letzten MM als Rundenanfang zu wählen, bei Lochmustern empfehle ich dir den ersten MM als Rundenanfang zu benutzen.

Folge nun weiter deinem Zunahmeprinzip. Du nimmst also weiterhin bei 8 Zunahmestellen in jeder 2. Runde zu und bei 16 Zunahmestellen in jeder 4. Runde. Dabei strickst du die Maschen zwischen den Zunahmen im gewünschten Muster oder rechts. Hast du ein Muster, welches du von der Blende aus fortführst, so strickst du dieses Muster unabhängig von deinen Zunahmen weiter.

Wiederhole deine Zunahmen, bis dein Pullover unter den Armen locker zusammen geht. Kontrolliere die Passform durch regelmäßiges Anprobieren oder das Auflegen auf einen gut sitzenden Pullover. Beachte dabei die Hinweise zur Wolle und Passform auf Seite 10. Dann teilst du laut der Tabelle auf Seite 34 deine Ärmelmaschen vom Körper.

Schritt 4:
Die Ärmel abteilen

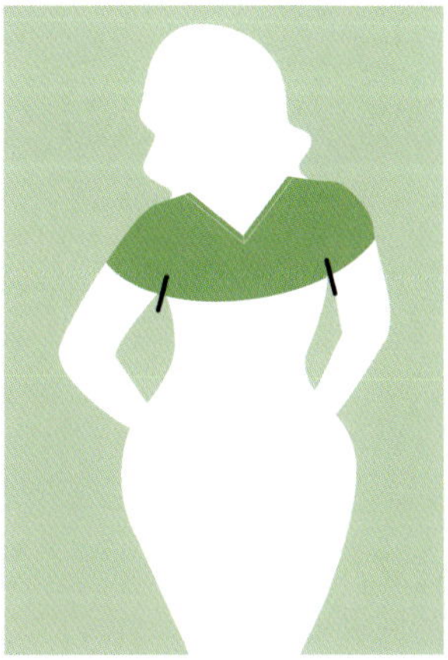

In der nächsten zu strickenden Runde legst du alle deine Ärmelmaschen still und teilst diese damit vom Körper ab. Dabei werden alle MM bis auf den Rundenanfangsmarkierer entfernt. Hier kannst du den Sitz deines Ausschnitts selbst bestimmen. Sofern dein Pullover im Grundmuster glatt rechts ist, kannst du hier nun den Rundenanfang seitlich unter den linken Ärmel verschieben, indem du einfach den Rundenanfangsmarkierer an dieser Stelle einsetzt. Die paar Maschen fallen später nicht auf.

Möchtest du, dass dein Ausschnitt genau in der Mitte – also ganz klassisch – sitzt, strickst du wie folgt:

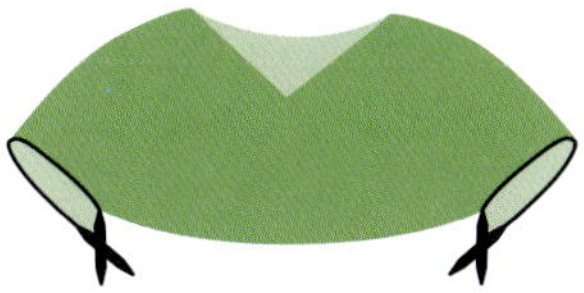

Stricke zunächst die Hälfte der Maschen des Vorderteils, dann strickst du die Ärmelmaschen des linken Ärmels auf eine Nadel oder ein Nadelseil zum Stillegen, nun strickst du die Maschen deines Rückenteils ab, und danach wieder die Maschen des rechten Ärmels auf ein Nadelseil oder eine weitere Nadel zum Stilllegen, zum Schluss strickst du noch die restlichen Maschen des Vorderteils.

Möchtest du, dass dein Ausschnitt seitenversetzt nach links – also asymmetrisch – sitzt, strickst du wie folgt:

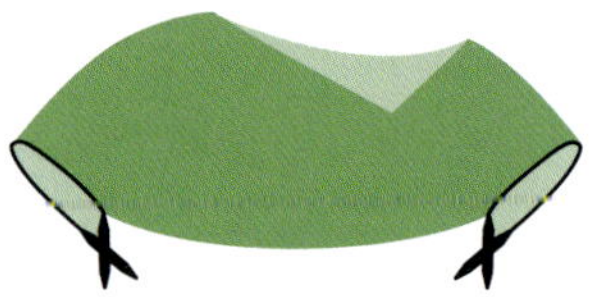

Stricke zuerst die Ärmelmaschen des linken Ärmels auf eine Nadel oder ein Nadelseil zum Stilllegen, nun strickst du die Maschen deines Rückenteils ab, und danach strickst du wieder die Maschen des rechten Ärmels auf ein Nadelseil oder eine weitere Nadel zum Stilllegen, zum Schluss strickst du noch die Maschen des Vorderteils.

Damit zeigt dein Ausschnitt schräg nach links. Möchtest du, dass er schräg nach rechts zeigt, dann beginnst du zunächst mit sämtlichen Maschen des Vorderteils und endest damit, die Maschen des rechten Ärmels stillzulegen.

Möchtest du, dass dein Ausschnitt eine freie Schulter zeigt – also off shoulder auf einer Seite ist, strickst du wie folgt:

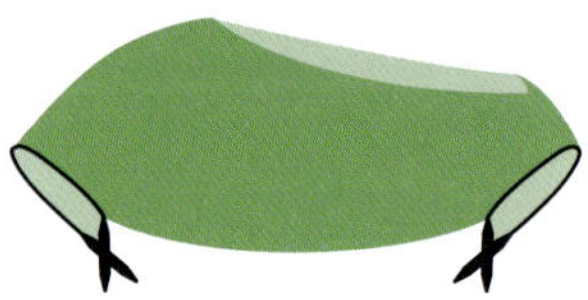

Wichtig: Hierfür muss dein Ausschnitt – je nach Kleidergröße mindestens 65 cm groß sein.

Stricke zunächst die Hälfte der Maschen des linken Ärmels auf ein Nadelseil oder eine weitere Nadel, dann strickst du die Maschen deines Rückenteils ab, und danach wieder die Maschen des rechten Ärmels auf ein Nadelseil oder eine weitere Nadel zum Stillegen, danach strickst du die Maschen des Vorderteils, zum Schluss noch die restlichen Maschen des linken Ärmels auf das Nadelseil oder die Nadel überheben, NICHT stricken, auf der sich schon die erste Hälfte des Ärmels befindet.

Damit legt dein Ausschnitt die linke Schulter frei. Möchtest du, dass er die rechte Schulter frei legt, dann nimmst du einfach die andere Seite als Vorderseite.

In der nächsten Runde schlägst du unter den stillgelegten Ärmeln für einen guten Sitz 2 - 8 Maschen an (das sollten etwa 2 cm Breite sein) und schließt damit unter den Armen deinen Pullover jeweils wieder zur Runde.

SCHRITT 5:
Den Körper stricken

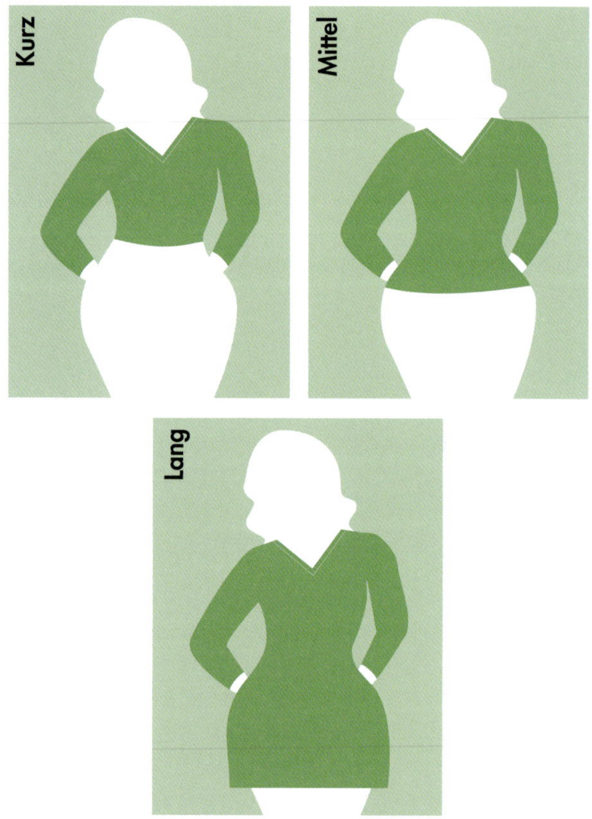

Stricke nun in Runden und im gewünschten Muster deinen Körper bis zur gewünschten Länge deines Pullovers. Er kann sowohl als bauchfreier Kurzpullover als auch als Longpulli oder als Kleid gestrickt werden. In der gewünschten Länge ein Bündchen oder ein Abschlussmuster stricken und dann locker abketten.

SCHRITT 6:
Die Ärmel stricken

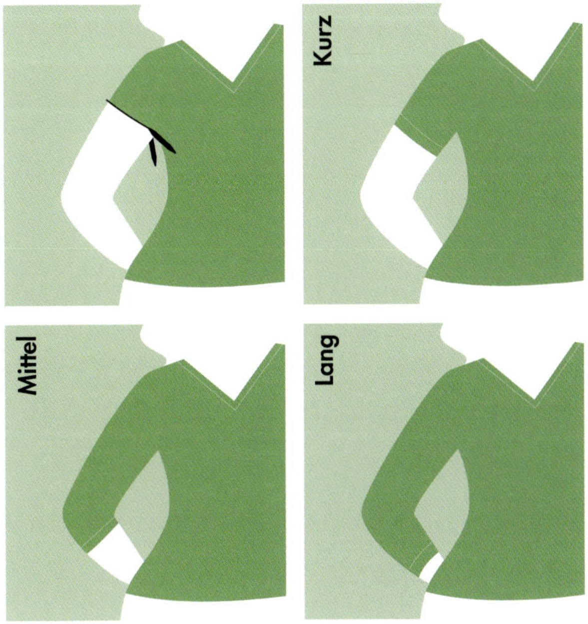

Nun die stillgelegten Ärmelmaschen wieder aufnehmen und aus den unter dem Arm angeschlagenen Maschen 2 Maschen mehr als zuvor beim Körper angeschlagen wurden aus den Ecken aufnehmen. So entstehen keine Löcher. Das heißt, wenn du unter dem Arm im 4. Schritt 5 Maschen angeschlagen hast, so nimmst du aus diesen 5 Maschen nun 7 Maschen auf – jeweils 5 aus den angeschlagenen Maschen und je 1 rechts und links aus dem kleinen Übergang, also vor und nach den 5 Maschen. Den Ärmel strickst du nun in Runden in deinem gewünschten Muster. Für einen engen Ärmel nimmst du alle 2-4 cm rechts und links der Mitte unter dem Arm je 1 Masche ab (= 2 abgenommene Maschen in der Abnahmerunde). Stricke dann den Ärmel bis zur gewünschten Länge – von Kurzarm über 3/4 Arm bis Langarm kannst du die Länge frei bestimmen und wählen, unten ein Bündchen oder eine Abschlusskante der Wahl dran und locker abketten. Den 2. Ärmel strickst du genau so.

SCHRITT 7:
Halsausschnitt oder Halsbündchen stricken, wenn benötigt

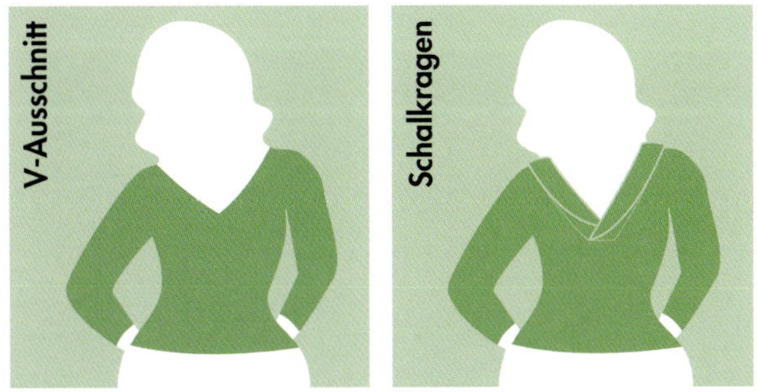

Hast du deinen Pulli nicht bereits mit einer Blende begonnen, oder möchtest du noch einen Kragen, Bündchen, Bubikragen oder ähnliches an deinem Pulli anbringen, dann machst du das ganz zum Schluss. Hierfür nimmst du die Maschen am Ausschnitt aus den Knötchen der krausen Randmaschen auf und strickst ein Bündchen deiner Wahl oder den Kragen, Bubikragen, Rüsche, etc in der gewünschten Länge dran. Beim V-Ausschnitt-Bündchen musst du in der Spitze des V dabei in jeder 2. Runde 2 Maschen abnehmen, indem du die 3 Maschen in der Mitte überzogen zusammenstrickst, oder rechts und links der Mitte im gewünschten Muster je 1 Masche abnimmst. Den Kragen am Ende locker abketten, fertig.

Dein Pullover ist nun fertig. Zum Schluss noch alle Fäden vernähen. Nun einmal in lauwarmem Wasser waschen und liegend trocknen, dann kann das gute Stück ausgeführt und direkt das nächste angeschlagen werden.

TABELLE AUSEINANDERLAUFENDE ZUNAHMEN

Variante 1 – V-Ausschnitt, Werte zur Grundmaschenzahl addieren

Zunahme-Runden/ Reihen	Maschen zugenommen insgesamt bei 8 Zunahmestellen	Maschen zugenommen insgesamt bei 16 Zunahmestellen	Maschen zugenommen insgesamt bei 32 Zunahmestellen
4	8	16	32
6	16		
8	24	32	
10	32		
12	40	48	64
14	48		
16	56	64	
18	64		
20	72	80	96
22	80		
24	88	96	
26	96		
28	104	112	128
30	112		
32	120	128	
34	128		
36	136	144	160
38	144		
40	152	160	
42	160		
44	168	176	192
46	176		
48	184	192	
50	192		
52	200	208	224
54	208		
56	216	224	
58	224		
60	232	240	256
62	240		
64	248	256	
66	256		
68	264	272	288
70	272		

Zunahme-Runden/ Reihen	Maschen zugenommen insgesamt bei 8 Zunahmestellen	Maschen zugenommen insgesamt bei 16 Zunahmestellen	Maschen zugenommen insgesamt bei 32 Zunahmestellen
72	280	288	
74	288		
76	296	304	320
78	304		
80	312	320	
82	320		
84	328	336	352
86	336		
88	344	352	
90	352		
92	360	368	384
94	368		
96	376	384	
98	384		
100	392	400	416
102	400		
104	408	416	
106	416		
108	424	432	448
110	432		
112	440	448	
114	448		
116	456	464	480
118	464		
120	472	480	
122	480		
124	488	496	512
126	496		
128	504	512	
130	512		
132	520	528	544
134	528		
136	536	544	
138	544		
140	552	560	576
142	560		

Grundanleitung Pullover mit Rundhals-Ausschnitt

SCHRITT 1:
Der Anschlag

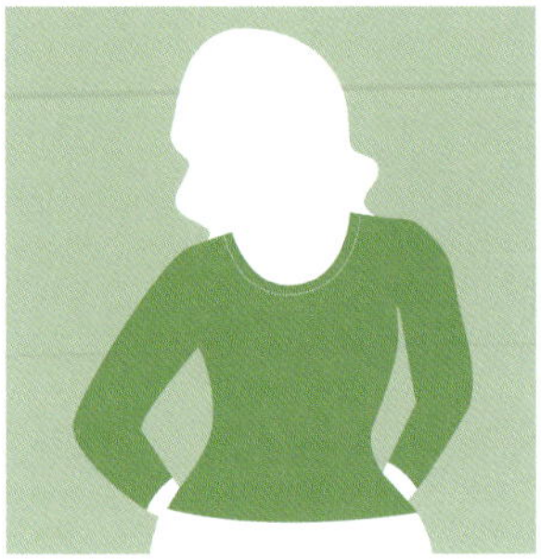

Du beginnst zuerst mit einem Garter Tab, bestehend aus 2 Maschen und 14 Reihen, also 7 krausen Knötchen. Die Beschreibung zum Garter Tab findest du auf Seite 14. In der nächsten Hinreihe nimmst du aus den 7 Knötchen 7 Maschen auf und strickst dann die Maschen aus der anderen Seite des Anschlags.

Wenn du alle Maschen aufgenommen sind, hast du 11 Maschen auf deiner Nadel.

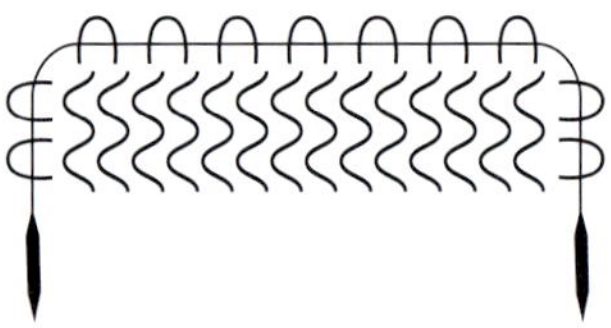

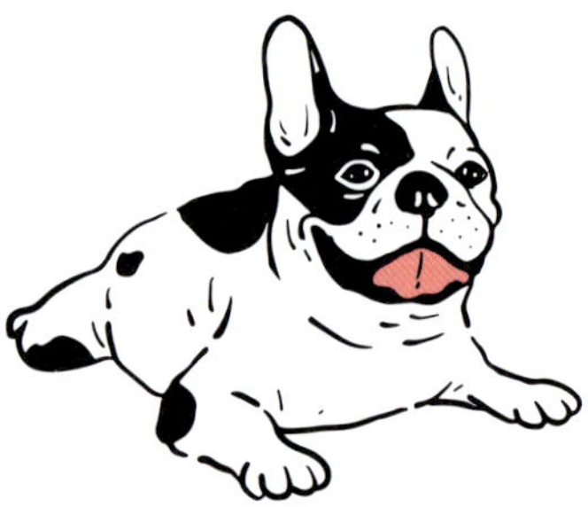

SCHRITT 2:
Die Zunahmen für den Ausschnitt

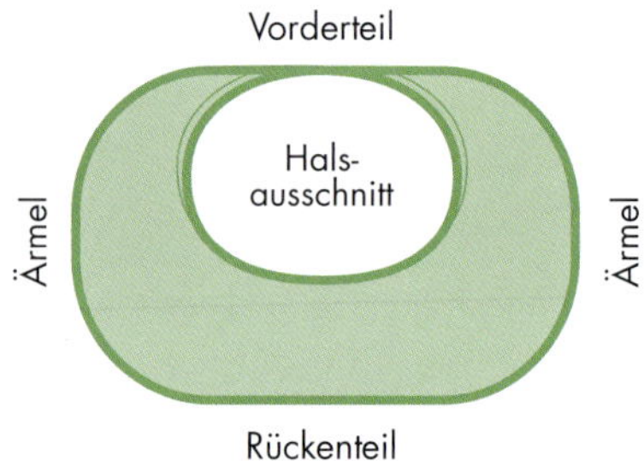

Du hast immer 2 Maschen als Randmaschen, da sind die Maschen aus dem Anfang und Ende vom Garter Tab:

Reihe 1 (Rückreihe): 2 M re, li M bis 2 M vor dem Ende stricken, 2 M re.
Reihe 2 (Hinreihe): 2 M re, * MZ, 1 M re *, von * bis * bis 2 M vor dem Ende wiederholen, MZ, 2 M re = 8 M zugenommen.
Reihe 3: 2 M re, MZ, li M bis 2 M vor dem Ende, MZ, 2 M re = 2 M zugenommen.
Reihe 4: 2 M re, MZ, re M bis vor die letzten 2 M, MZ, 2 M re = 2 M zugenommen.
Reihe 5: 2 M re, MZ, li M bis vor die letzten 2 M, MZ, 2 M re = 2 M zugenommen.

Reihe 4 und 5 wiederholst du nun zunächst 2 Mal, dann folgt eine Prozentreihe

Prozentreihe (Hinreihe): 2 M re, * MZ, 5 M re *, von * bis * bis 2 M vor dem Ende wiederholen, MZ, 2 M re.

ACHTUNG – es passiert nicht immer, dass in der Prozentreihe am Ende auch 5 Maschen vor den Randmaschen übrig bleiben, das kann auch weniger sein, das ist total in Ordnung, denn es ist ja eine prozentuale Zunahme 😉.

Nach der Prozentreihe strickst du einmal Reihe 5 und strickst dann Reihe 4 und 5 insgesamt 5 Mal (also 10 Reihen), dann folgt wieder eine Prozentreihe, gefolgt von einer Reihe 5.

Nun strickst du Reihe 4 und 5 insgesamt 6 mal gefolgt von einer Prozentreihe und einer Reihe 5.

Mit jeder Wiederholung strickst du also deine Wiederholungsreihen 4 und 5 einmal mehr. Wiederhole das so lange, bis du die gewünschte Ausschnittgröße erreicht hast. In jeder Wiederholung der Prozentreihe wird deine Maschenzahl prozentual erhöht.

Hier sind die Reihen einmal einzeln aufgelistet, als Hilfestellung für deine Zunahmen und deine Maschenzahlen:

Anschlag Garter Tab und Maschen aufnehmen = 11 Maschen.

Reihe 1 (Rückreihe): 2 M re, li M bis 2 M vor dem Ende, 2 M re = 11 Maschen.
Reihe 2 (Hinreihe): 2 M re, * MZ, 1 M re *, von * bis * bis 2 M vor dem Ende wiederholen, MZ, 2 M re = 19 Maschen.
Reihe 3: 2 M re, MZ, li M bis 2 M vor dem Ende, MZ, 2 M re = 21 Maschen.
Reihe 4: 2 M re, MZ, re M bis vor die letzten 2 M, MZ, 2 M re = 23 Maschen.
Reihe 5: 2 M re, MZ, li M bis vor die letzten 2 M, MZ, 2 M re = 25 Maschen.
Reihe 6 und 8: Wie Reihe 4 stricken = je 2 M zugenommen.
Reihe 7 und 9: Wie Reihe 5 stricken = je 2 M zugenommen.
Reihe 10 = Prozentreihe: = 40 M.
Reihe 11, 13, 15, 17, 19 und 21: Wie Reihe 5 stricken = je 2 M zugenommen.
Reihe 12, 14, 16, 18 und 20: Wie Reihe 4 stricken = je 2 M zugenommen.
Reihe 22 = Prozentreihe: = 75 M.
Reihe 23, 25, 27, 29, 31, 33 und 35: Wie Reihe 5 stricken = je 2 M zugenommen.
Reihe 24, 26, 28, 30, 32 und 34: Wie Reihe 4 stricken = je 2 M zugenommen.
Reihe 36 = Prozentreihe: = 122 M.
Reihe 37, 39, 41, 43, 45, 47, 49 und 51: Wie Reihe 5 stricken = je 2 M zugenommen.
Reihe 38, 40, 42, 44, 46, 48 und 50: Wie Reihe 4 stricken = je 2 M zugenommen.
Reihe 52 = Prozentreihe: = 183 M.

ACHTUNG! In den folgenden Reihen wird in der Regel, je nach Wollstärke, der Pullover zur Runde geschlossen. Damit fährst du wie in Schritt 3 beschrieben fort und die hier beschriebenen Reihen 53 bis 88 sehen dann entsprechend den beschriebenen Runden anders aus. Folge also der Beschreibung hier NUR bis zur der Reihe, in welcher du zur Runde schließt.

Reihe 53, 55, 57, 59, 61, 63, 65, 67 und 69: Wie Reihe 5 stricken = je 2 M zugenommen.
Reihe 54, 56, 58, 60, 62, 64, 66 und 68: Wie Reihe 4 stricken = je 2 M zugenommen.
Reihe 70 = Prozentreihe: = 261 M wenn noch nicht zur Runde geschlossen wurde = 271 M wenn vorher zur Runde geschlossen wurde.
Reihe 71, 73, 75, 77, 79, 81, 83, 85, 87 und 89: Wie Reihe 5 stricken = je 2 M zugenommen.
Reihe 72, 74, 76, 78, 80, 82, 84, 86 und 88: Wie Reihe 4 stricken = je 2 M zugenommen.

Mit den meisten gängigen Garnen erreicht dein Ausschnitt eine passende Größe zwischen Reihe 54 und 74.

Ab hier wird dann zur Runde geschlossen und in Runden weitergestrickt.

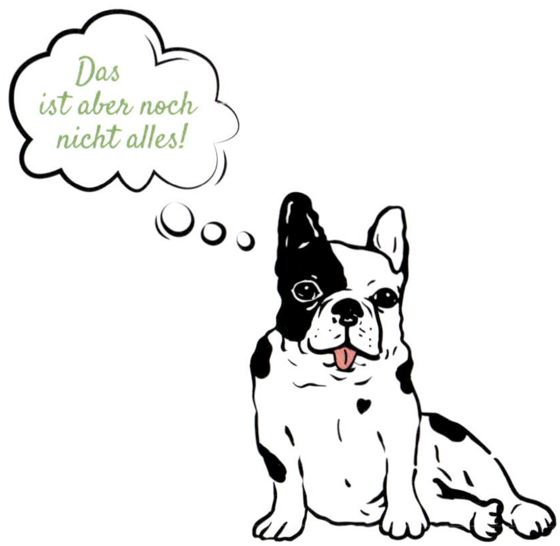

SCHRITT 3:
Zur Runde schließen und bis unter die Arme stricken

Wiederhole deine Reihen 4 und 5 plus die Prozentreihe nach dem genannten Prinzip, bis dein Strickstück an der kraus rechts Kante die gewünschte Ausschnittgröße erreicht hat. Am besten schließt du mittig zwischen 2 Prozentreihen zur Runde, du kannst das aber auch in der Wiederholung von Reihe 4 vor oder nach der Prozentreihe machen.

Dann schließt du zur Runde, indem du deine krausen Randmaschen mit einem 3 Needle Bind Off, siehe Seite 17 ankettest, dadurch entsteht eine geschlossene Rundung. Hänge dir hier nun einen MM als Rundenanfangsmarkierer ein.

Nach dem Schließen zur Runde werden aus allen Rückreihen deiner Wiederholungsreihen nun Zwischenrunden. Diese Zwischenrunden strickst du nun rechts oder dem gewünschten Muster gemäß.

Ab hier wird nur noch in den Prozentrunden zugenommen. Deinen Rundenanfang kannst du bei glatt rechts gestrickten Pullis dabei unter den Arm versetzen. Die paar Maschen mehr von der Mitte bis unter den Arm fallen gar nicht auf. Stricke nun zwischen den Prozentrunden glatt rechts oder im gewünschten Muster. Nach dem Schließen zur Runde beendest du zunächst deine Zwischenreihen bzw. Zwischenrunden mit der gleichen Anzahl wie in der Wiederholung davor. Sprich: schließt du nach Runde 52 sind es bis zur nächsten Prozentrunde insgesamt 15 Reihen bzw. Runden. Schließt du nach Reihe 70 zur Runde, so sind es 17 Reihen bzw. Runden bis zur nächsten Prozentrunde. Danach wird von Prozentrunde zu Prozentrunde immer eine Zwischenrunde mehr gestrickt. Deine Prozentrunde sieht nun ein wenig anders aus und zwar wie folgt:

Prozentrunde: * 4 M re, MZ *, von * bis * wiederholen bis zum Rundenanfang.

ACHTUNG – es passiert nicht immer, dass in der Prozentrunde am Ende auch 4 Maschen vor dem Rundenübergang übrig bleiben, das kann auch weniger sein, das ist total in Ordnung, denn es ist ja eine prozentuale Zunahme 😉.

Möchtest du deine Maschenzahlen nach dem Schließen zur Runde kontrollieren, so kannst du den EaSy EfA Rechner benutzen.

Schau hier

Der EaSy EfA Rechner:
http://goto.crasy.world/easyefa

Wiederhole deine Zunahmen bis dein Pullover unter den Armen locker zusammen geht. Wenn dir eine vollständige Prozentrunde mit dem entsprechenden Rundenabstand zuviel wird, dann kannst du nach der Hälfte der Runden eine halbe Prozentrunde stricken.

Halbe Prozentrunde: * 8 M re, MZ *, von * bis * wiederholen bis zum Rundenanfang.

Kontrolliere die Passform durch regelmäßiges Anprobieren oder das Auflegen auf einen gut sitzenden Pullover. Beachte dabei die Hinweise zur Wolle und Passform auf Seite 10. Dann teilst du laut der Tabelle auf Seite 34 deine Ärmelmaschen vom Körper.

SCHRITT 4:
Die Ärmel abteilen

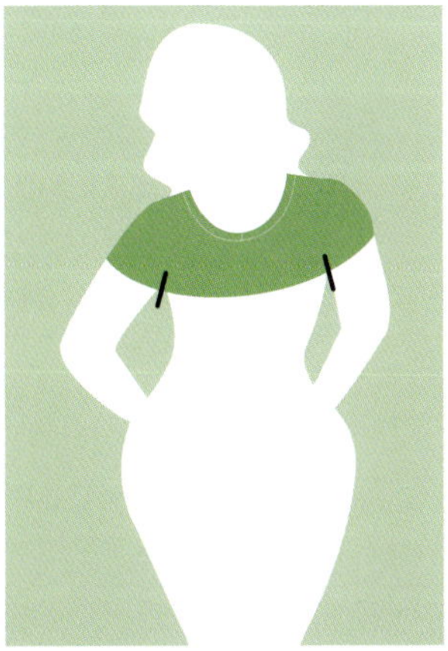

In der nächsten zu strickenden Runde legst du alle deine Ärmelmaschen still und teilst diese damit vom Körper ab. Dabei werden alle MM bis auf den Rundenanfangsmarkierer entfernt. Hier kannst du den Sitz deines Ausschnitts selbst bestimmen. Sofern dein Pullover im Grundmuster glatt rechts ist, kannst du hier nun den Rundenanfang seitlich unter den linken Ärmel verschieben, indem du einfach den Rundenanfangsmarkierer an dieser Stelle einsetzt. Die paar Maschen fallen später nicht auf.

Möchtest du, dass dein Ausschnitt genau in der Mitte – also ganz klassisch – sitzt, strickst du wie folgt:

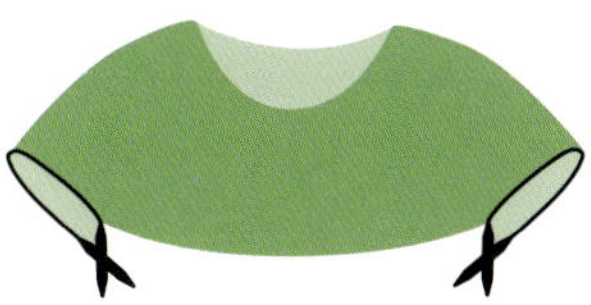

Stricke zunächst die Hälfte der Maschen des Vorderteils, dann strickst du die Ärmelmaschen des linken Ärmels auf eine Nadel oder ein Nadelseil zum Stilllegen, nun strickst du die Maschen deines Rückenteils ab, und danach wieder die Maschen des rechten Ärmels auf ein Nadelseil oder eine weitere Nadel zum Stilllegen, zum Schluss strickst du noch die restlichen Maschen des Vorderteils.

Möchtest du, dass dein Ausschnitt seitenversetzt nach links – also asymmetrisch – sitzt, strickst du wie folgt:

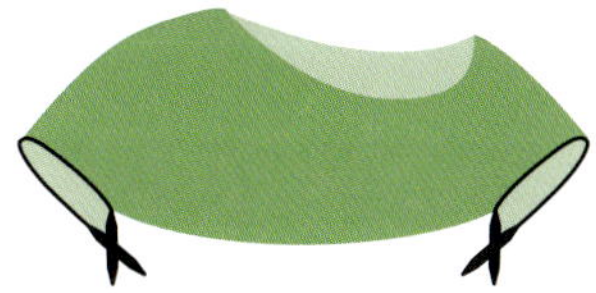

Stricke zuerst Ärmelmaschen des linken Ärmels auf eine Nadel oder ein Nadelseil zum Stillegen, nun strickst du die Maschen deines Rückenteils ab, und danach strickst du wieder die Maschen des rechten Ärmels auf ein Nadelseil oder eine weitere Nadel zum Stillegen, zum Schluss strickst du noch die Maschen des Vorderteils.

Damit zeigt dein Ausschnitt schräg nach links. Möchtest du, dass er schräg nach rechts zeigt, dann beginnst du zunächst mit sämtlichen Maschen des Vorderteils und endest mit die Maschen des rechten Ärmels stillegen.

Möchtest du, dass dein Ausschnitt eine freie Schulter zeigt – also off shoulder auf einer Seite ist, strickst du wie folgt:

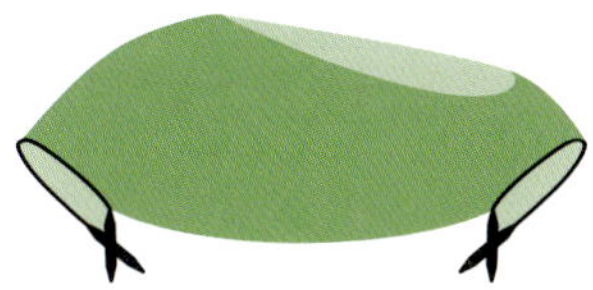

Wichtig: Hierfür muss dein Ausschnitt – je nach Kleidergröße mindestens 65 cm groß sein.

Stricke zunächst die Hälfte der Maschen des linken Ärmels auf ein Nadelseil oder eine weitere Nadel, dann strickst du die Maschen deines Rückenteils ab, und danach wieder die Maschen des rechten Ärmels auf ein Nadelseil oder eine weitere Nadel zum Stilllegen, danach strickst du die Maschen des Vorderteils, zum Schluss noch die restlichen Maschen des linken Ärmels auf das Nadelseil oder die Nadel überheben, NICHT stricken, auf der sich schon die erste Hälfte des Ärmels befindet.

Damit legt dein Ausschnitt die linke Schulter frei. Möchtest du, dass er die rechte Schulter frei legt, dann nimmst du einfach die andere Seite als Vorderseite.

In der nächsten Runde schlägst du unter den stillgelegten Ärmeln 2 8 Maschen an (das sollten etwa 2 cm Breite sein) für einen guten Sitz und schließt damit unter den Armen deinen Pullover jeweils wieder zur Runde.

SCHRITT 5:
Den Körper stricken

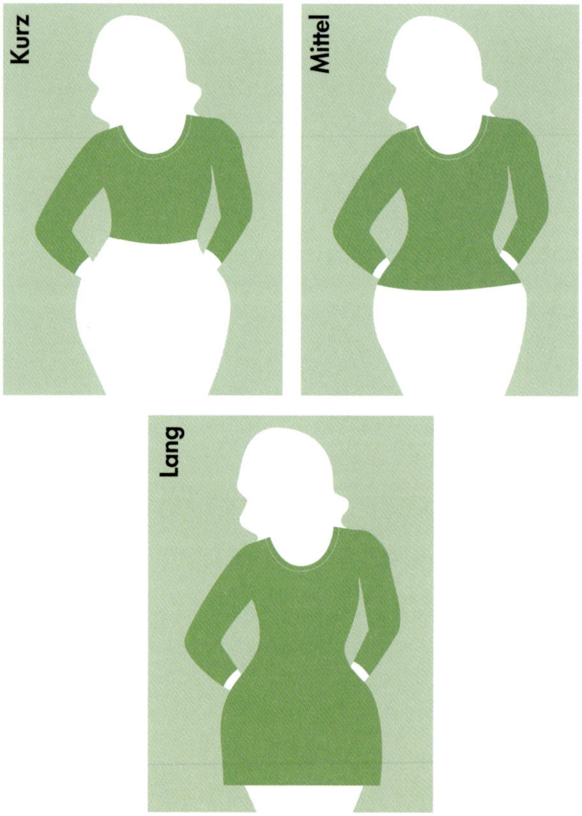

Stricke nun in Runden und im gewünschten Muster deinen Körper bis zur gewünschten Länge deines Pullovers. Er kann sowohl als bauchfreier Kurzpullover als auch als Longpulli oder als Kleid gestrickt werden. In der gewünschten Länge ein Bündchen oder ein Abschlussmuster stricken und dann locker abketten.

SCHRITT 6:
Die Ärmel stricken

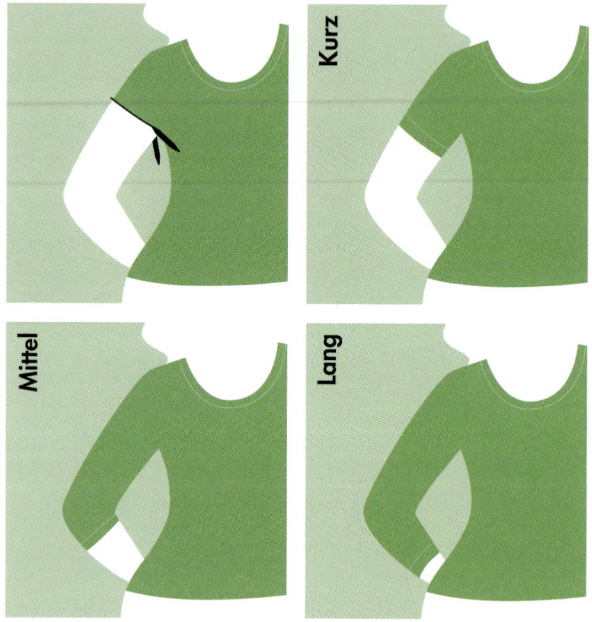

Nun die stillgelegten Ärmelmaschen wieder aufnehmen und aus den unter dem Arm angeschlagenen Maschen 2 Maschen mehr als zuvor beim Körper angeschlagen wurden aus den Ecken aufnehmen. So entstehen keine Löcher. Das heißt, wenn du unter dem Arm im 4. Schritt 5 Maschen angeschlagen hast, so nimmst du aus diesen 5 Maschen nun 7 Maschen auf – jeweils 5 aus den angeschlagenen Maschen und je 1 rechts und links aus dem kleinen Übergang, also vor und nach den 5 Maschen. Den Ärmel strickst du nun in Runden in deinem gewünschten Muster. Für einen engen Ärmel nimmst du alle 2-4 cm rechts und links der Mitte unter dem Arm je 1 Masche ab (= 2 abgenommene Maschen in der Abnahmerunde). Stricke dann den Ärmel bis zur gewünschten Länge – von Kurzarm über 3/4 Arm bis Langarm kannst du die Länge frei bestimmen und wählen, unten ein Bündchen oder eine Abschlusskante der Wahl dran und locker abketten. Den 2. Ärmel strickst du genau so.

SCHRITT 7:

Halsausschnitt oder Halsbündchen stricken, wenn benötigt

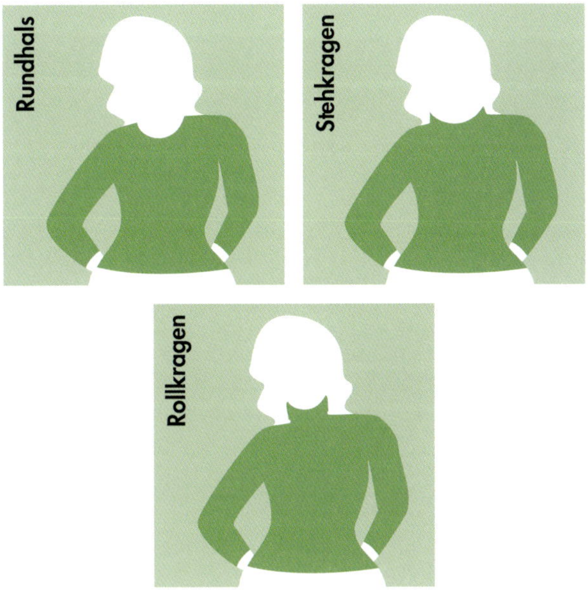

Hast du deinen Pulli nicht bereits mit einer Blende begonnen, oder möchtest du noch einen Kragen, Rollkragen, Stehkragen, Bubikragen oder ähnliches an deinem Pulli anbringen, dann machst du das ganz zum Schluss. Hierfür nimmst du die Maschen am Ausschnitt aus den Knötchen der krausen Randmaschen auf und strickst ein Bündchen deiner Wahl oder den Rollkragen, Bubikragen, etc in der gewünschten Länge dran. Den Kragen am Ende locker abketten, fertig.

Dein Pullover ist nun fertig. Zum Schluss noch alle Fäden vernähen. Nun einmal in lauwarmem Wasser waschen und liegend trocknen, dann kann das gute Stück ausgeführt und direkt das nächste angeschlagen werden.

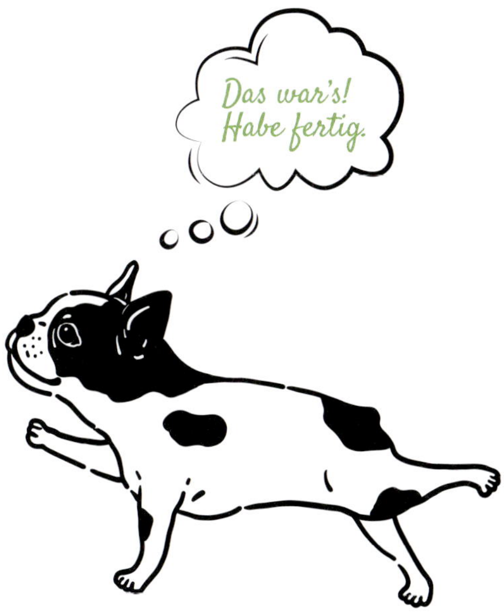

TABELLE MIT MASCHENZAHL UND ZUNAHMEN BEI RUNDE SCHLIESSEN NACH DER 5. PROZENTRUNDE

Variante 2 – Rundhals-Ausschnitt

Reihen/Runden	Maschenzahl inkl. Zunahmen am Anfang und Ende der Reihe	Anzahl Zunahmen Prozentreihe (außer Zunahmen am Rand)	Gesamtmaschenzahl am Ende der Reihe
2	11		
4	21		
6	25		
8	29		
10	33	5	40
12	42		
14	46		
16	50		
18	54		
20	58		
22	62	11	75
24	77		
26	81		
28	85		
30	89		
32	93		
34	97		
36	101	19	122
38	124		
40	128		
42	132		
44	136		
46	140		
48	144		
50	148		

Ab hier ändern sich die Zunahmen, nachdem zur Runde geschlossen wurde. Du schließt in der Regel zwischen Reihe 52 und 74 zur Runde. Die Tabelle zeigt dir alle Zunahmen bis Reihe 70. Benutze hier den EaSy Efa Rechner **(http://goto.crasy.world/easyefa)**, wenn du **früher** zur Runde schließt.

Reihen/Runden	Maschenzahl inkl. Zunahmen am Anfang und Ende der Reihe	Anzahl Zunahmen Prozentreihe (außer Zunahmen am Rand)	Gesamtmaschenzahl am Ende der Reihe
52	152	29	183
54	185		
56	189		

Reihen/Runden	Maschenzahl inkl. Zunahmen am Anfang und Ende der Reihe	Anzahl Zunahmen Prozentreihe (außer Zunahmen am Rand)	Gesamtmaschenzahl am Ende der Reihe
58	193		
60	197		
62	201		
64	205		
66	209		
68	213		
70	217	54	271
72	271		
74	271		

Notizen

TABELLE ZUM ABTEILEN DER ÄRMEL

Beachte hierbei, dass jeder Körper anders ist. Die hier genannten Abteilungen sind **Richtwerte**, die du individuell anpassen kannst. Du kannst also bei breiteren Armen mehr Maschen zu den Ärmeln sortieren und bei schmaleren Armen weniger Maschen. Auch kannst du, wenn du eine bestimmte Maschenzahl brauchst, damit ein eventuelles Muster aufgeht, die Maschenzuordnung entsprechend anpassen. Wenn deine Maschenzahl ungerade ist, so sortierst du die überzähligen Maschen dem Rückenteil zu.

Maschenzahl gesamt	Maschenzahl für Vorderteil	Maschenzahl für Rückenteil	Maschenzahl je Ärmel
180	50	52	39
184	51	53	40
188	52	54	41
192	53	55	42
196	56	56	42
200	57	57	43
204	58	58	44
208	58	60	45
212	59	61	46
216	60	62	47
220	61	63	48
224	64	64	48
228	65	65	49
232	66	66	50
236	66	68	51
240	67	69	52
244	68	70	53
248	69	71	54
252	72	72	54
256	73	73	55
260	74	74	56
264	75	75	57
268	75	77	58
272	76	78	59
276	77	79	60
280	80	80	60
284	81	81	61
288	82	82	62
292	83	83	63
296	83	85	64

Maschenzahl gesamt	Maschenzahl für Vorderteil	Maschenzahl für Rückenteil	Maschenzahl je Ärmel
300	84	86	65
304	85	87	66
308	88	88	66
312	89	89	67
316	90	90	68
320	91	91	69
324	91	93	70
328	92	94	71
332	93	95	72
336	96	96	72
340	97	97	73
344	98	98	74
348	99	99	75
352	99	101	76
356	100	102	77
360	101	103	78
364	102	104	79
368	105	105	79
372	106	106	80
376	107	107	81
380	107	109	82
384	108	110	83
388	109	111	84
392	110	112	85
396	113	113	85
400	114	114	86
404	115	115	87
408	115	117	88
412	116	118	89
416	117	119	90
420	118	120	91
424	121	121	91
428	122	122	92
432	123	123	93
436	123	125	94
440	124	126	95

Maschenzahl gesamt	Maschenzahl für Vorderteil	Maschenzahl für Rückenteil	Maschenzahl je Ärmel
444	125	127	96
448	126	128	97
452	129	129	97
456	130	130	98
460	131	131	99
464	132	132	100
468	132	134	101
472	133	135	102
476	134	136	103
480	137	137	103
484	138	138	104
488	139	139	105
492	140	140	106
496	140	142	107
500	141	143	108
504	142	144	109
508	145	145	109
512	146	146	110
516	147	147	111
520	148	148	112
524	148	150	113
528	149	151	114
532	150	152	115
536	153	153	115
540	154	154	116
544	155	155	117
548	156	156	118
552	156	158	119
556	157	159	120
560	158	160	121
564	159	161	122
568	162	162	122
572	163	163	123
576	164	164	124
580	164	166	125
584	165	167	126

Maschenzahl gesamt	Maschenzahl für Vorderteil	Maschenzahl für Rückenteil	Maschenzahl je Ärmel
588	166	168	127
592	167	169	128
596	170	170	128
600	171	171	129
604	172	172	130
608	172	174	131
612	173	175	132
616	174	176	133
620	175	177	134
624	178	178	134

KÖRPERMASSTABELLE DAMEN

Körpermaß cm/Größe	34	36	38	40	42	44	46	48	50	52	54	56
Brustumfang	80	84	88	93	98	103	108	115	122	129	136	143
Rückenbreite	40	42	44	47	49	52	54	58	61	65	68	72
Taillenumfang	64	68	72	77	82	87	92	99	106	113	120	127
Hüftumfang	89	93	97	102	107	112	117	124	131	138	146	153
Länge Schulter bis Hüfte	60	60	60	62	62	62	64	64	64	66	66	66
Armumfang	32	34	34	36	38	40	42	42	44	46	48	48
Armausschnitthöhe	18	19	19	20	21	22	23	23	24	25	26	26

Light up your inner fire

TRAG DEIN INNERES FEUER NACH AUSSEN

SCHWIERIGKEIT:

AUSSEHEN:

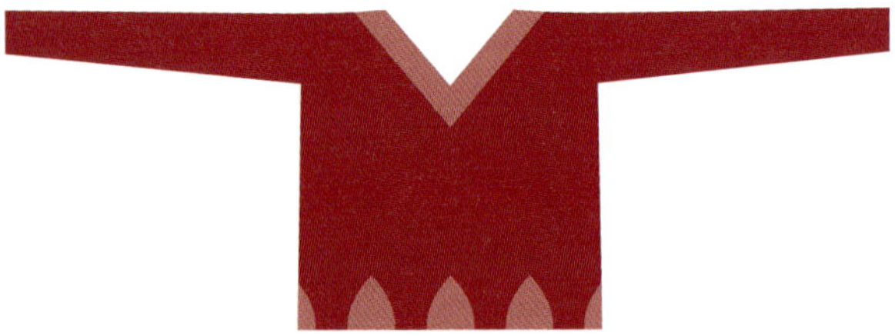

BENÖTIGTE FERTIGKEITEN:

- Zopfmuster stricken
- Nach Strickschriften stricken

MATERIAL:

- Masche and more Fade (80% Schurwolle (merino), 20% Polyamid, LL 400 m/100 g) in Rot-weiß
- Stricknadeln 3,5 mm

VERBRAUCH:

- Ein Fade-Paket aus 5 Strängen reicht bis Größe 44, pro weitere Größe ca. 100 g mehr

Los geht's:

SCHRITT 1:
Der Anschlag

Schlage 23 M pro Nadel in Judys Magic Cast On an. Kippe deine Arbeit nach rechts und beginne sofort nach Strickschrift A zu arbeiten. Die ersten 3 M strickst du als I-Cord Rand. Es sind nur die Hinreihen dargestellt, in den Rückreihen strickst du die ersten 2 M re, dann strickst du bis zu den letzten 3 M alle M, wie sie erscheinen und hebst die letzten 3 M für das I-Cord links ab.

Arbeite zunächst die Reihen 1-18, danach strickst du die Reihen im rot eingerahmten Bereich also Reihen 19 bis 50 insgesamt 2 Mal ab. Du hast nun am linken Rand insgesamt 41 krause Knötchen. Arbeite nun Reihe 19 der Strickschrift erneut und nimm dann aus den krausen Knötchen jeweils 1 M auf, wie das geht ist auf Seite 15 beschrieben. Nun hast du am Ende noch die M der anderen Seite aus Judys Magic Cast On, diese strickst du nun nach Strickschrift B. Nun bist du bereit für den nächsten Teil.

SCHRITT 2B:
Die Zunahmen für den Ausschnitt – 16 Zunahmestellen (du brauchst 16 MM)

Reihe 1 (Rückreihe): Die ersten 3 M für das I-Cord li abheben, Rückreihe der Blendenmaschen stricken wie sie erscheinen, MM einhängen, li M bis vor die andere Seite der Blende stricken, MM einhängen, Rückreihe der Blendenmaschen stricken, wie sie erscheinen, die letzten 3 M für das I-Cord li abheben.

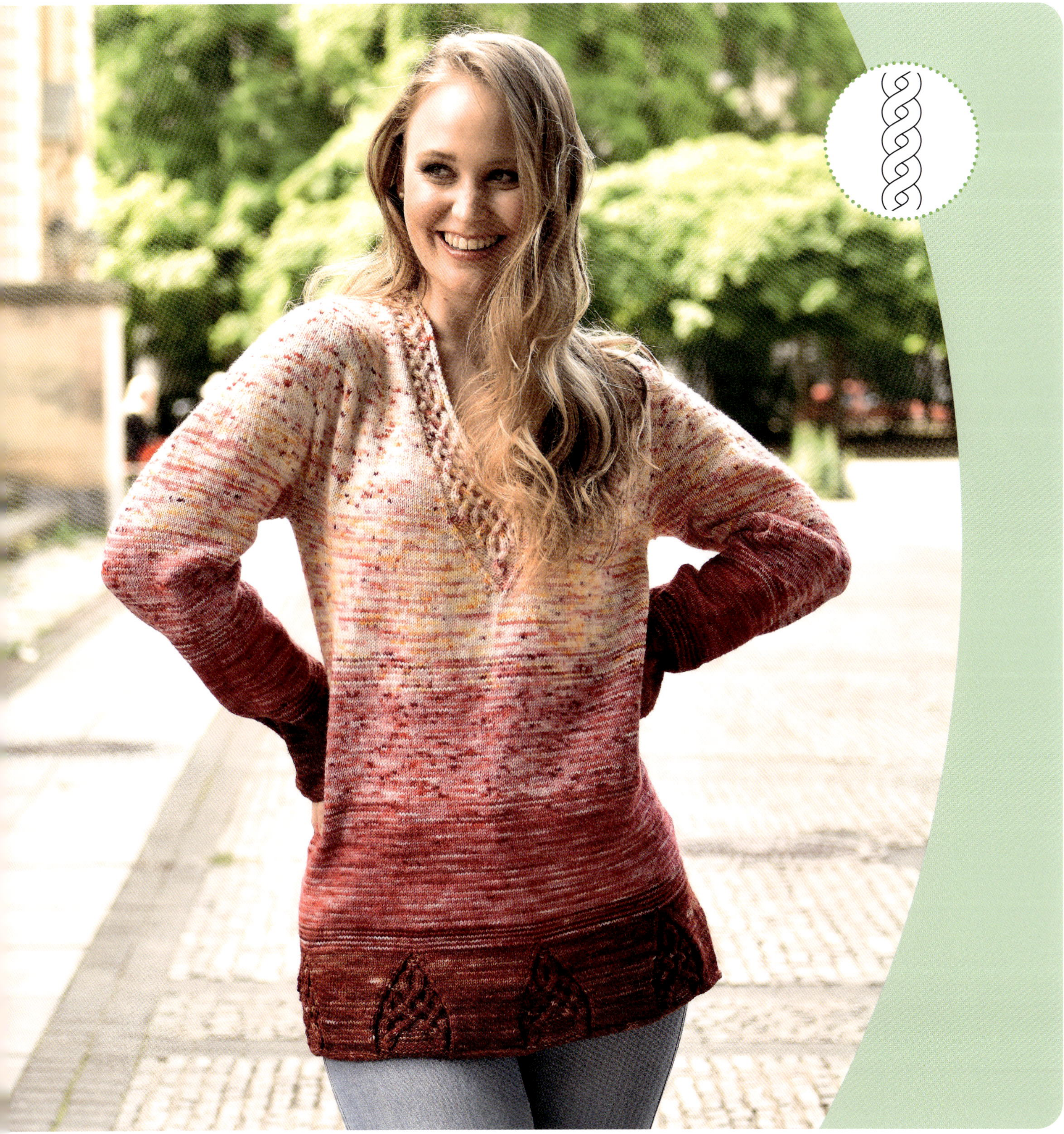

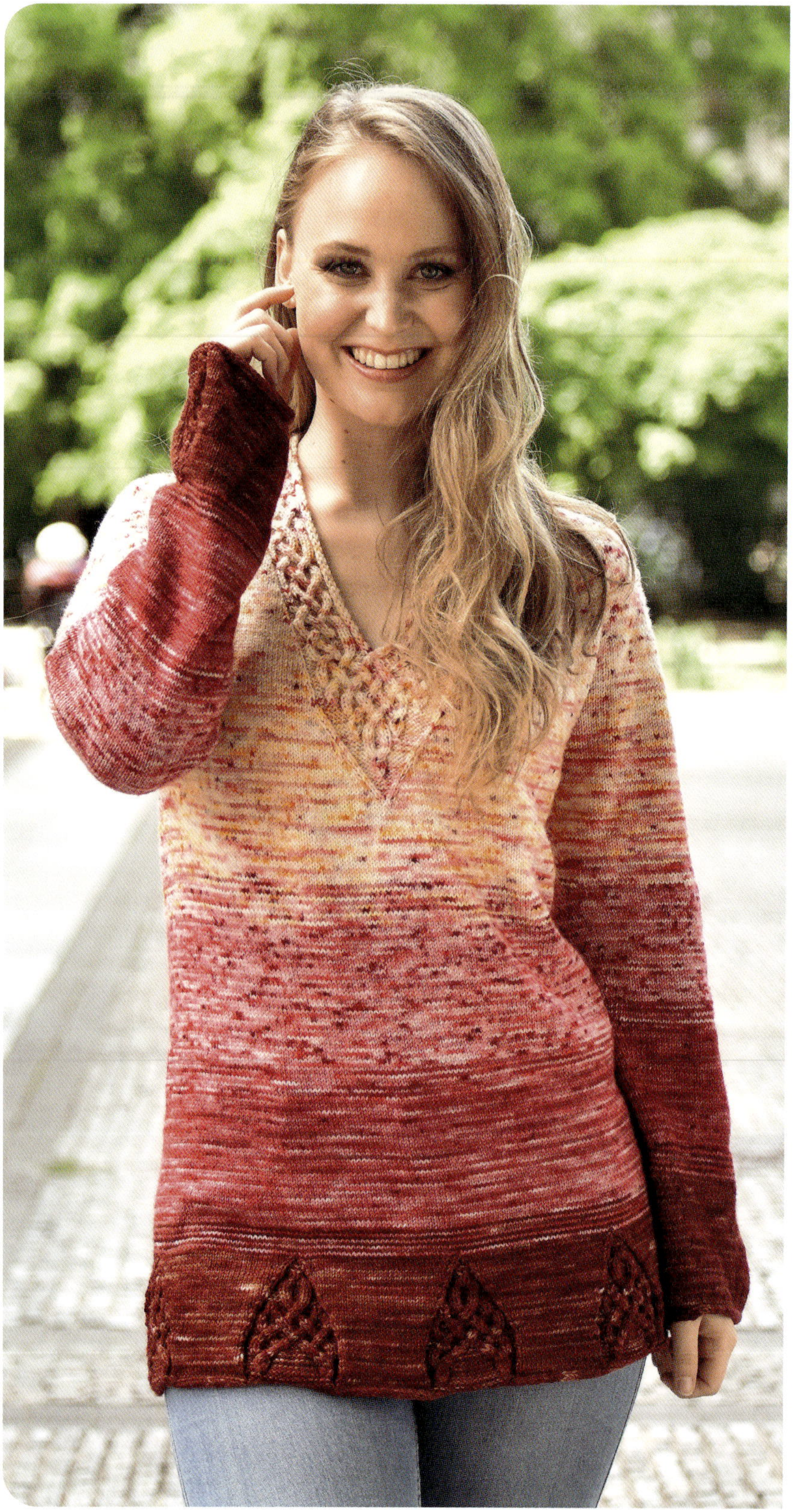

Reihe 2 (Hinreihe): M im Blendenmuster nach Strickschrift stricken, MM überheben, * 2 M re, MZ, * von * bis * wiederholen bis zum letzten MM, MM überheben, M im Blendenmuster laut Strickschrift stricken = 20 M zugenommen (= 61 M zwischen den MM).

Reihe 3 (Rückreihe): Die ersten 3 M für das I-Cord li abheben, Rückreihe der Blendenmaschen stricken wie sie erscheinen, MM überheben, * 4 M li, MM einhängen * insgesamt 7 Mal stricken, 5 M li, * MM einhängen, 4 M li * insgesamt 7 Mal stricken, letzten MM überheben, Rückreihe der Blendenmaschen stricken, wie sie erscheinen, die letzten 3 M für das I-Cord li abheben.

Nun bist du bereit für die Wiederholungsreihen.

Reihe 4 (Hinreihe): M im Blendenmuster laut Strickschrift stricken, MM überheben, MZ, * re M bis zum nächsten MM, MM überheben, MZ, * von * bis * noch 6 Mal wiederholen (= 8 Zunahmen), re M bis zum nächsten MM, MZ, MM überheben, * re M bis zum nächsten MM stricken, MZ, MM überheben, * von * bis * noch 6 Mal wiederholen (= 8 Zunahmen), M im Blendenmuster nach Strickschrift stricken.
-> Du hast in dieser Reihe 16 M zugenommen.

Reihe 5 (Rückreihe): Die ersten 3 M für das I-Cord li abheben, Rückreihe der Blendenmaschen stricken wie sie erscheinen, MM überheben, li M bis zum letzten MM stricken, dabei alle MM dazwischen überheben, den letzten MM überheben, Rückreihe der Blendenmaschen stricken, wie sie erscheinen, die letzten 3 M für das I-Cord li abheben.

Reihe 6 (Hinreihe): M im Blendenmuster laut Strickschrift stricken, MM überheben, re M bis zum letzten MM stricken, dabei alle MM einfach überheben, letzten MM überheben, M im Blendenmuster laut Strickschrift stricken.

Reihe 7 (Rückreihe): Die ersten 3 M für das I-Cord links abheben, Rückreihe der Blendenmaschen stricken wie sie erscheinen, MM überheben, li M bis zum letzten MM stricken, dabei alle MM dazwischen überheben, letzten MM überheben, Rückreihe der Blendenmaschen stricken, wie sie erscheinen, die letzten 3 M für das I-Cord li abheben.

Wiederhole nun die Reihen der Strickschriften, das sind bei Strickschrift A die Reihen im rot eingerahmten Bereich und bei Strickschrift B die vollständige Strickschrift, fortlaufend bis dein Ausschnitt die gewünschte Größe hat, dann bist du bereit, die Runde zu schließen. In der letzten Reihe deiner Strickschriften wird in der letzten Wiederholung zur Runde geschlossen. Achte also darauf, dass du alle Reihen der Strickschriften bis auf die letzte gezeichnete Reihe gestrickt hast, bevor du zur Runde schließt. In der letzten Wiederholung der vorletzten Reihe strickst du 2 M deines I-Cord re zusammen, sodass du nur noch 2 M an dieser Stelle hast. Im abgebildeten Pullover wurde Strickschrift B 3 Mal gestrickt, bevor zur Runde geschlossen wurde.

SCHRITT 3:
Zur Runde schließen und bis unter die Arme stricken

Bevor du zur Runde schließt, solltest du deinen Ausschnitt anprobieren, ob er dir vom Sitz und der Tiefe her gefällt. Lege dafür deine M auf eine lange Nadel oder ein langes Seil. Nach dem Schließen zur Runde werden aus allen Rückreihen deiner Wiederholungsreihen nun Zwischenrunden. Diese Zwischenrunden strickst du nun rechts.

Nun schließt du zur Runde. Das geht wie folgt:
Stricke zunächst eine Hinreihe und damit die letzte Reihe deiner Strickschriften. Am Ende zopfst du die M deiner I-Cords nach rechts übereinander. Damit hast du nun zur Runde geschlossen und gleichzeitig die erste Runde aus Strickschrift C gestrickt. Der farbig markierte Zopf in der Mitte sind hierbei die M deines I-Cords. Beende dann die Runde, indem du die M der nun folgenden Blende strickst wie sie erscheinen und die restlichen M rechts strickst. Beachte dabei, dass diese Runde schon die erste Zwischenrunde ist. Der Rundenanfang ist der erste MM. Du hast dann in der ersten Musterrunde eine Reihe mehr auf dem linken Teil der Blende.

Folge nun weiter deinem Zunahmeprinzip. Du nimmst also weiterhin bei 16 Zunahmestellen in jeder 4. Runde zu. Dabei strickst du die M zwischen den Zunahmen rechts. In der Mitte über deine Blendenmaschen strickst du nun nach Strickschrift C. Auch hier sind nur die Musterrunden dargestellt, in den Zwischenrunden strickt du die M wie sie erscheinen.

Wiederhole deine Zunahmen bis dein Pullover unter den Armen locker zusammen geht. Kontrolliere die Passform durch regelmäßiges Anprobieren oder das Auflegen auf einen gut sitzenden Pullover. Beachte dabei die Hinweise zur Wolle und Passform auf Seite 10. Dann teilst du laut der Tabelle auf Seite 34 deine Ärmelmaschen vom Körper.

SCHRITT 4:
Die Ärmel abteilen

In der nächsten zu strickenden Runde legst du alle deine Ärmelmaschen still und teilst diese damit vom Körper ab. Dabei werden alle MM bis auf den Rundenanfangsmarkierer entfernt. Hier kannst du den Sitz deines Ausschnitts selbst bestimmen. Im abgebildeten Pullover sitzt der Ausschnitt mittig. Dafür strickst du wie folgt:

Stricke zunächst die Hälfte der M des Vorderteils, dann strickst du die Ärmelmaschen des linken Ärmels auf eine Nadel oder ein Nadelseil zum Stilllegen, nun strickst du die M deines Rückenteils ab, und danach wieder die M des rechten Ärmels auf ein Nadelseil oder eine weitere Nadel zum Stilllegen, zum Schluss noch die restlichen M des Vorderteils stricken.

In der nächsten Runde schlägst du unter den stillgelegten Ärmeln für einen guten Sitz 6 M an (das sollten etwa 2 cm Breite sein) und schließt damit unter den Armen deinen Pullover jeweils wieder zur Runde.

SCHRITT 5:
Den Körper stricken

Stricke nun in Runden deinen Körper. Arbeite dabei in der Mitte weiter nach der Strickschrift, bis diese beendet ist, die restlichen M strickst du rechts. Nach dem Ende der Strickschrift strickst du alle M rechts. Stricke nun deinen Körper bis 10-12 cm vor der gewünschten Länge. Im abgebildeten Pullover wurde dabei 40 cm ab unter dem Ärmel gemessen rechts gestrickt. In der letzten Runde passt du dann deine Maschenzahl so an, dass sie mit deinem Abschlussmuster aufgeht, das machst du, indem du die M, die zu viel sind, gleichmäßig verteilt abnimmst. Beende dann deinen Pullover, indem du Strickschrift D gleichmäßig verteilt im Pullover strickst. Du kannst das Muster ganz eng aneinander setzen oder, wie abgebildet, mit Abständen. Im abgebildeten Pullover wurde Strickschrift D mit Abständen von 17 M gestrickt. Die Anzahl der M zwischen den Mustersätzen kannst du frei bestimmen und damit auf deine Gesamtmaschenzahl anpassen. In Strickschrift D sind nun alle Runden gezeichnet. Es bedarf keiner Zwischenrunden. Möchtest du das Muster doppelt so lang und als Schößchen verwenden, beginne damit in der Taille und betrachte die Runden als Musterrunden und stricke zusätzlich Zwischenrunden mit allen Maschen wie sie erscheinen. Nach der letzten Runde kettest du alle M mit einem I-Cord ab. Alternativ kannst du als Abschluss auch ein Rippenbündchen oder ein Bündchen deiner Wahl stricken. Hast du deinen Pulli abgekettet, bist du bereit für die Ärmel.

Schau hier

Sylvies Spezialbündchen passt hier super als Alternative.
http://goto.crasy.world/spezialbund

SCHRITT 6:
Die Ärmel stricken

Nun musst du die stillgelegten Ärmelmaschen wieder aufnehmen und aus den unter dem Arm angeschlagenen M 8 M aufnehmen. Das sind die 6 aufgeschlagenen M und je eine M aus den Ecken. So entstehen keine Löcher. Hänge dir in der Mitte unter dem Arm einen MM als Rundenanfangsmarkierer ein. Alle 7 Runden (ca 3 cm) strickst du eine Abnahmerunde wie folgt:

Abnahmerunde: 2 M re, 2 M re zusammenstricken, re M bis 4 M vor dem MM, 2 M überzogen zusammenstricken, 2 M re.

Arbeite nun deinen Ärmel für 35 cm Länge und beende ihn, indem du Strickschrift D genau mittig auf oben einsetzt und nach Beenden der Strickschrift mit einem I-Cord abkettest. Natürlich kannst du deinen Ärmel auch länger oder kürzer stricken und auch mit einem anderen Bündchen beenden. Kette zum Schluss locker ab und stricke den 2. Ärmel genauso.

Dein Pullover ist nun fertig. Zum Schluss noch alle Fäden vernähen. Nun einmal in lauwarmem Wasser waschen und liegend trocknen, dann kann das gute Stück ausgeführt und direkt das nächste angeschlagen werden.

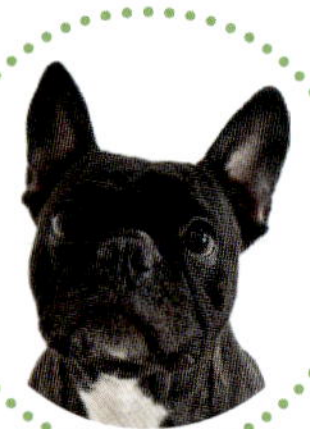

Werners Tipp

Beachte, dieser Pulli ist mit einem handgefärbten Verlauf aus mehreren Strängen gestrickt worden. Damit die Verläufe gut zur Geltung kommen strickst du jeweils in den letzten 6-8 Runden abwechselnd eine Runde mit der alten Farbe und eine Runde mit der neuen Farbe. Um das Garn maximal ausnutzen zu können, wurden die Ärmel vor dem Körperteil gestrickt, damit weisst du genau, wieviel Garn dir für den Körper bleibt.

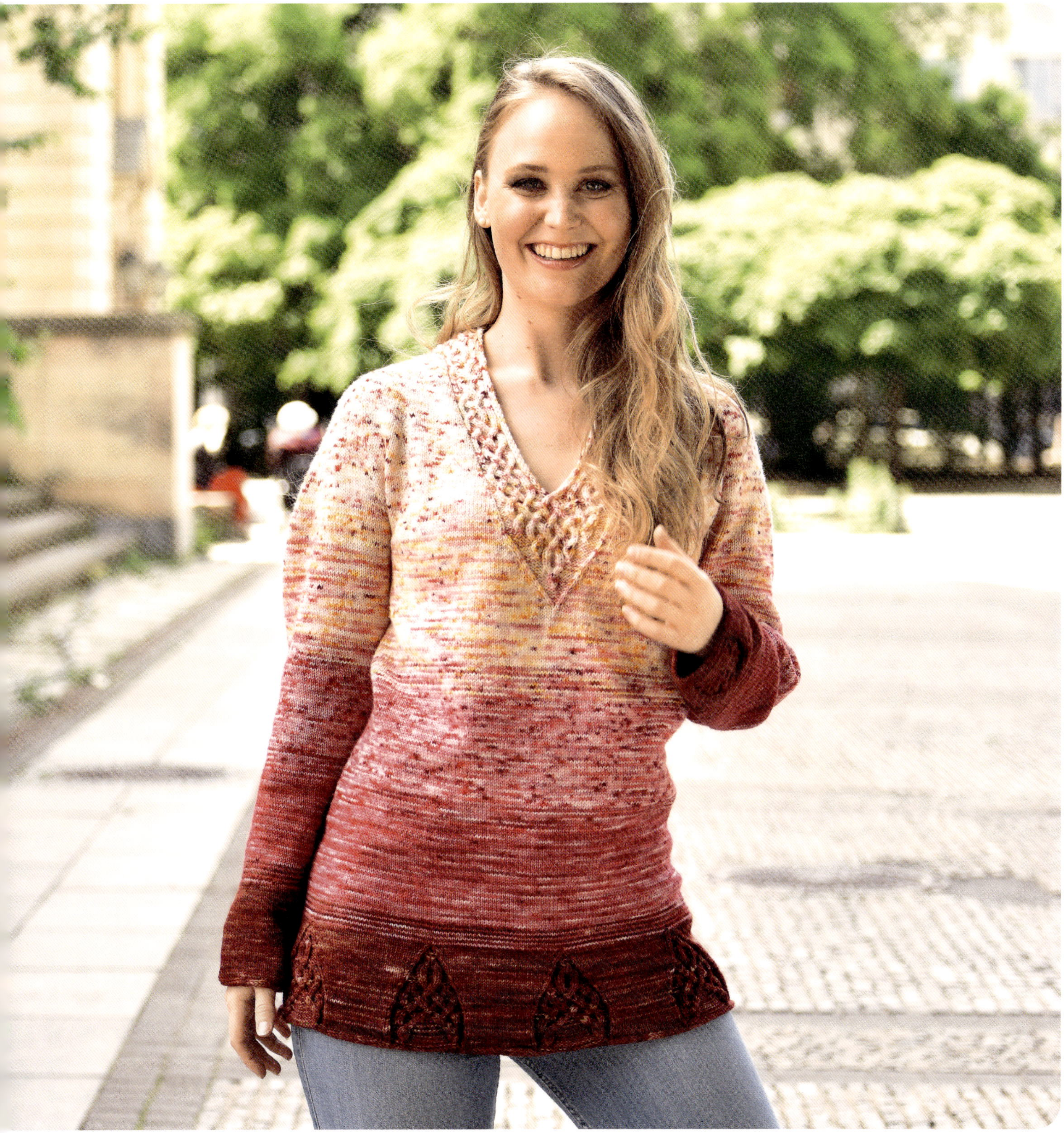

Strickschrift A

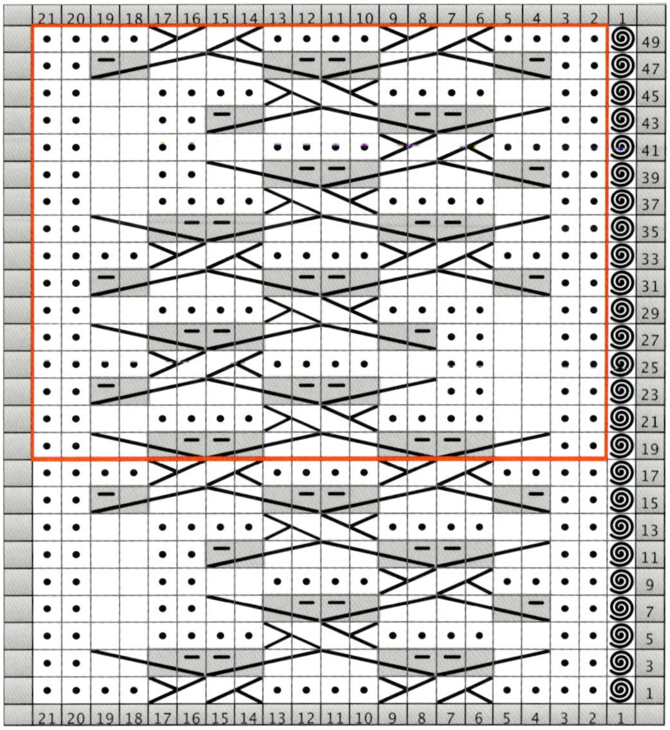

Strickschrift B

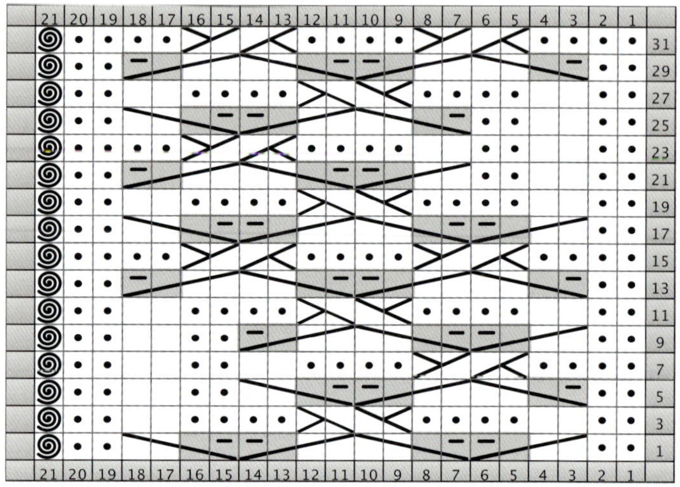

Zeichenerklärung

- = M re stricken
- = M li stricken
- = rechtsgerichtete Abnahme – 2 M re zusammenstricken
- = linksgerichtete Abnahme – 2 M überzogen zusammenstricken (1 M abheben, 2. M stricken, abgehobene M überziehen)
- = I-Cord-Rand – I-Cord mit 3 M, in Hinreihen 3 M re stricken, in Rückreihen die 3 M mit dem Faden davor abheben und den Faden anziehen
- = Platzhalter – keine M stricken

Strickschrift C

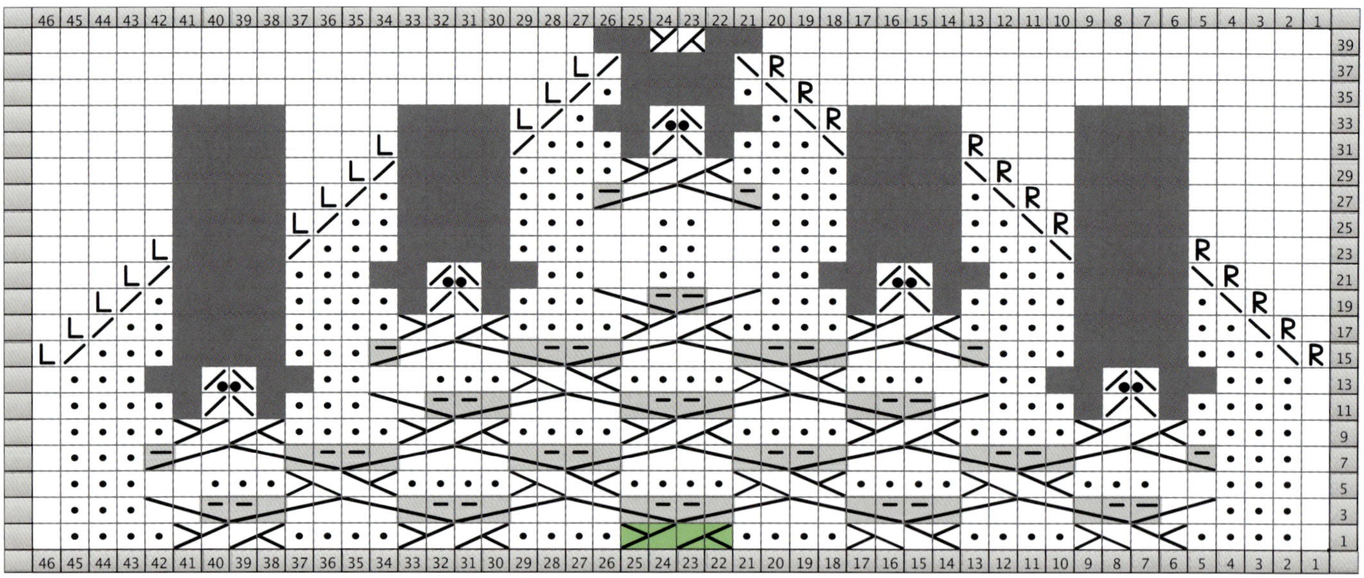

Strickschrift D

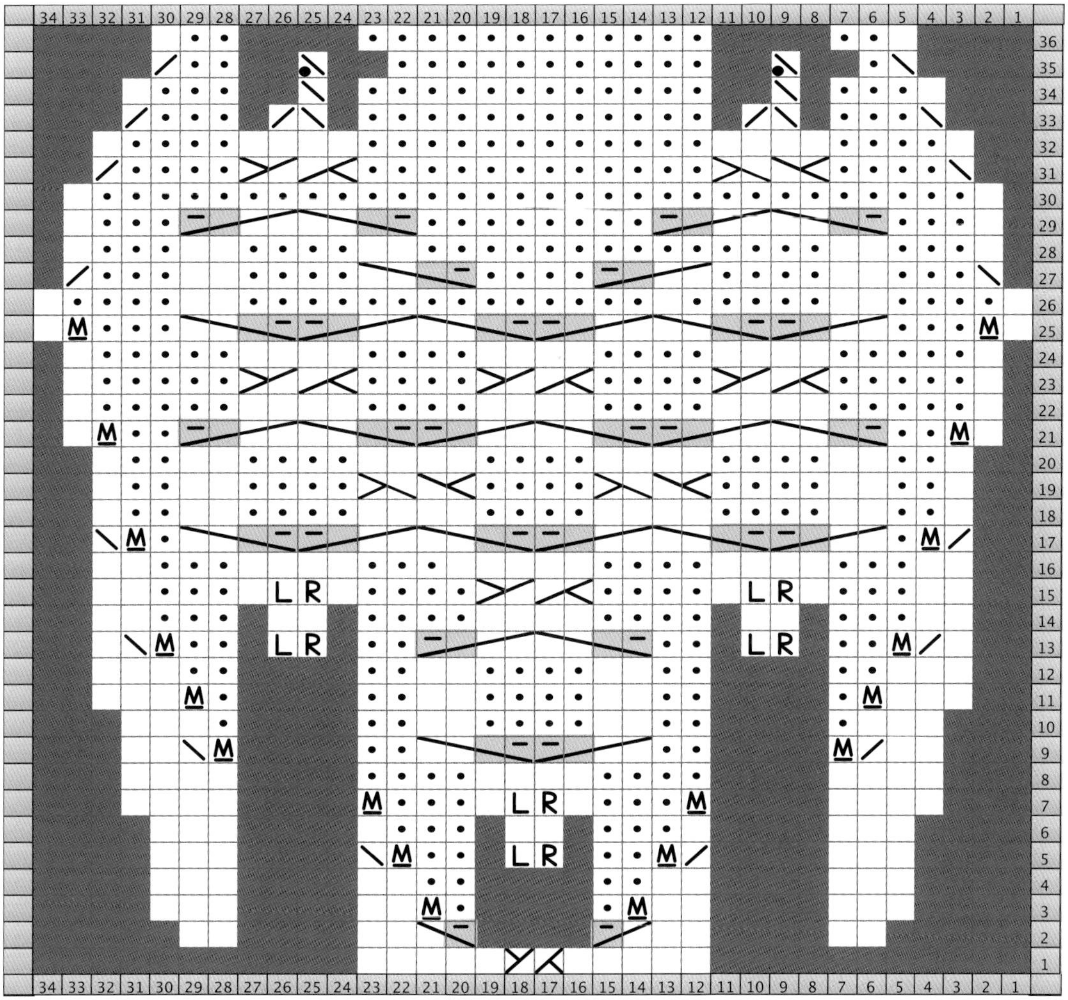

- $\searrow$ = 2 M links zusammenstricken
- $\nearrow$ = 2 M links verschränkt zusammenstricken
- M = Zunahme aus Querfaden links – Querfaden zwischen 2 M von hinten nach vorn mit der rechten Nadel greifen, auf die linke Nadel heben und li abstricken
- R = Zunahme aus Querfaden rechtsgerichtet – Querfaden zwischen 2 M von hinten mit der rechten Nadel greifen, auf die linke Nadel heben und re abstricken
- L = Zunahme aus Querfaden linksgerichtet – Querfaden zwischen 2 M von vorn mit der rechten Nadel greifen, auf die linke Nadel heben und re verschränkt abstricken

- = 1 M auf einer Hilfsnadel HINTER die Arbeit legen, 2 M re, 1 M von der Hilfsnadel li stricken
- = 2 M auf einer Hilfsnadel VOR die Arbeit legen, 1 M li, die M von der Hilfsnadel re stricken
- = 2er Zopf nach rechts: 1 M auf eine Hilfsnadel HINTER die Arbeit legen, die nächste M re stricken, die M der Hilfsnadel re stricken
- = 4er Zopf nach rechts: 2 M auf eine Hilfsnadel HINTER die Arbeit legen, die nächsten 2 M re stricken, die M der Hilfsnadel re stricken
- = 4er Zopf nach links: 2 M auf eine Hilfsnadel VOR die Arbeit legen, die nächsten 2 M re stricken, die M von der Hilfsnadel re stricken
- = 2 M auf einer Hilfsnadel VOR die Arbeit legen, 2 M li, die M der Hilfsnadel re stricken
- = 2 M auf einer Hilfsnadel HINTER die Arbeit legen, 2 M re, die M der Hilfsnadel li stricken

Where's the party?

WO FINDET DIE PARTY STATT?

SCHWIERIGKEIT:

AUSSEHEN:

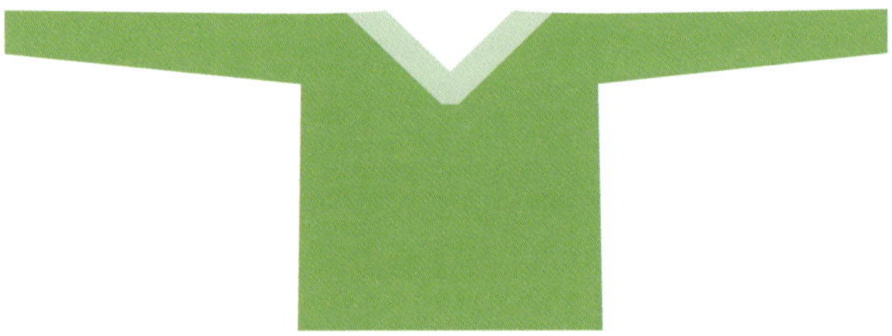

BENÖTIGTE FERTIGKEITEN:

- Rechte und linke Maschen stricken
- Maschen zunehmen

MATERIAL:

- Schoppel Crazy Zauberball (75% Schurwolle (merino), 25% Polyamid, LL 420 m/100 g) in Jubiläumsparty (Fb 2389)
- Stricknadeln 3,0 mm

VERBRAUCH:

- 400 g reichen für Größe 44, pro weitere Größe ca. 100 g mehr bzw. weniger

Los geht's:

SCHRITT 1:
Der Anschlag

Schlage 13 M pro Nadel in Judys Magic Cast On (siehe Seite 13) an, lege die Maschen der einen Seite still, kippe die Arbeit nach rechts und arbeite nun über deine 13 M eine Perlmuster-Blende wie folgt:

Perlmuster:
Jede Reihe: 1 M re, 1 M li im Wechsel stricken, enden mit 1 M re.

Wiederhole das Perlmuster, bis deine Blende 25 cm lang ist. Nimm dann aus der Seitenkante aus jedem Knötchen 1 M auf und stricke danach die stillgelegten M der anderen Seite ebenfalls im Perlmuster. Eine Grundanleitung zur Blende und zum M aufnehmen mit Skizzen und Bildern findest du auf Seiten 13 - 15 und Seite 18. Im abgebildeten Pullover wurden 104 Reihen von der Blende gestrickt, das heißt, du nimmst aus den Knötchen insgesamt 52 M auf.

SCHRITT 2B:
Die Zunahmen für den Ausschnitt – 16 Zunahmestellen (du brauchst 16 MM)

Reihe 1 (Rückreihe): M der Blende stricken, MM einhängen, li M bis vor die andere Seite der Blende stricken, MM einhängen, M der Blende stricken.

Reihe 2 (Hinreihe): M im Blendenmuster bis zum 1. MM stricken, MM überheben, * 2 M re, MZ *, von * bis * wiederholen bis zum letzten MM, MM überheben, M im Blendenmuster stricken = 26 M zugenommen.

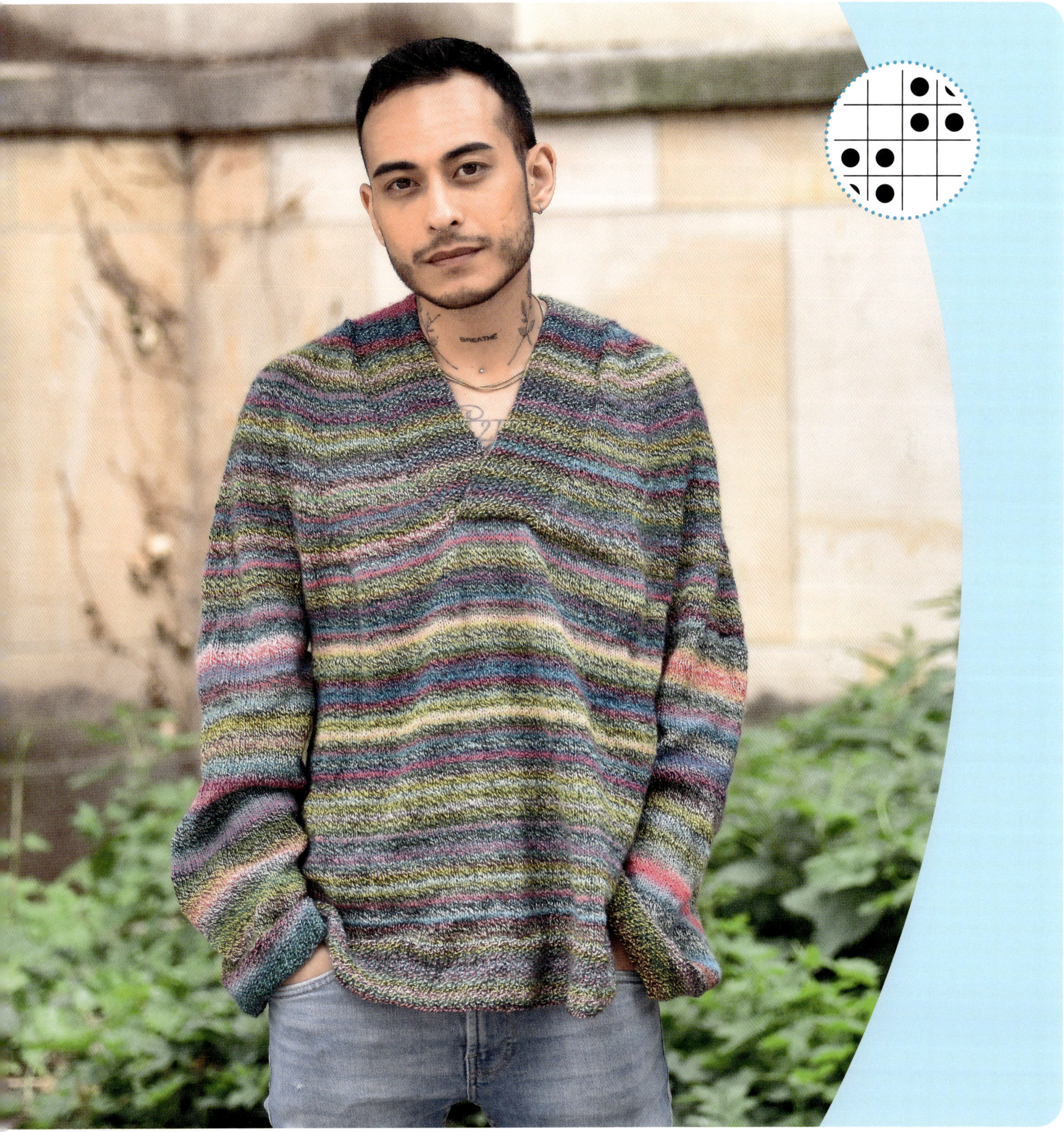

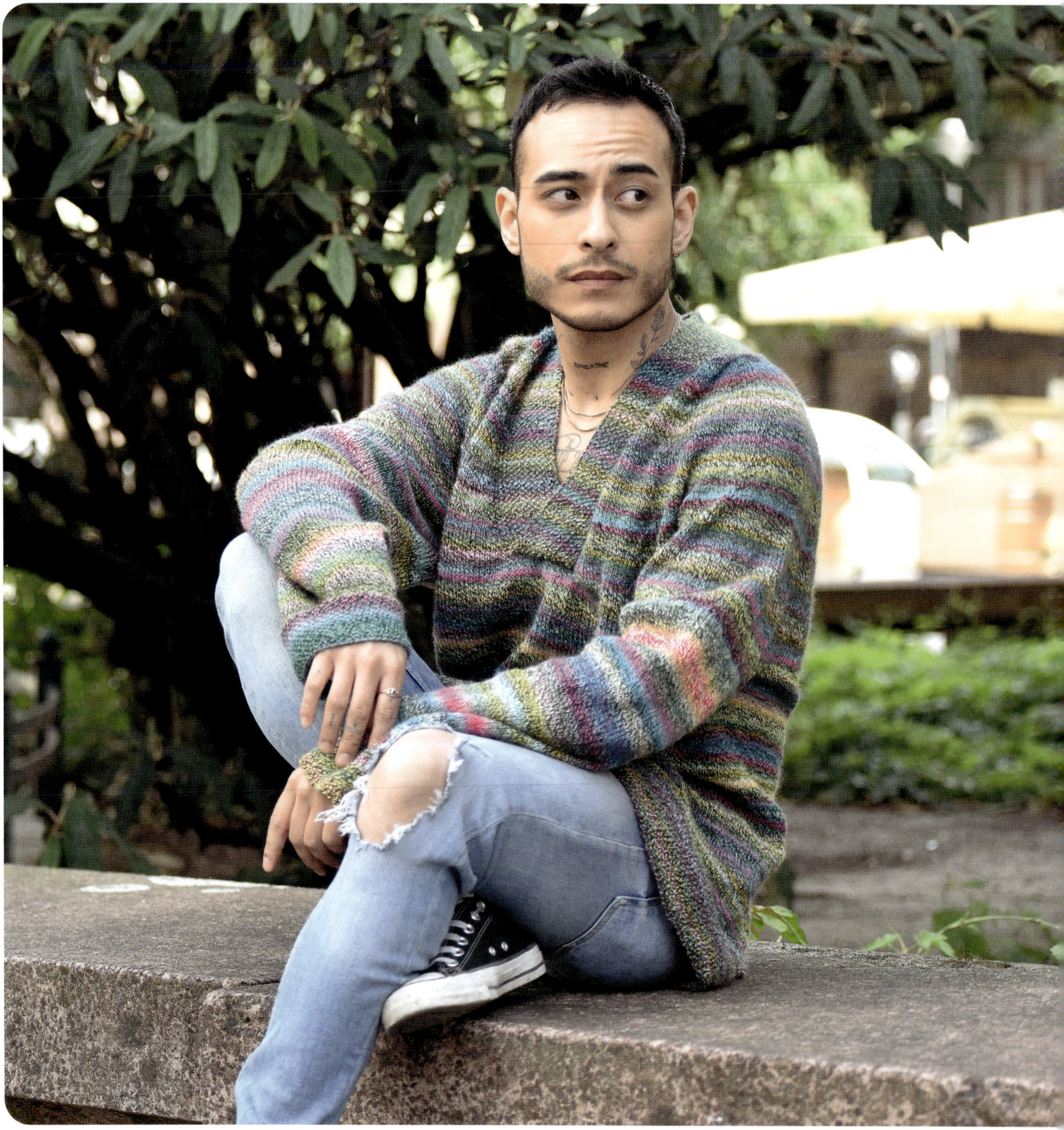

Reihe 3 (Rückreihe): M der Blende stricken, MM überheben, * 5 M re, MM einhängen *, von * bis * 7 Mal stricken, 8 M re, * MM einhängen, 5 M re *, von * bis * 7 Mal stricken, letzten MM überheben, M der Blende stricken.

Nun bist du bereit für die Wiederholungsreihen.

Reihe 4 (Hinreihe): M der Blende stricken, MM überheben, MZ, * re M bis zum nächsten MM, MM überheben, MZ *, von * bis * noch 6 Mal wiederholen (= 8 Zunahmen), re M bis zum nächsten MM, MZ, MM überheben, * re M bis zum nächsten MM stricken, MZ, MM überheben *, von * bis * noch 6 Mal wiederholen (= 8 Zunahmen), M der Blende bis zum Ende.
-> Du hast in dieser Reihe 16 M zugenommen.

Reihe 5 (Rückreihe): M der Blende stricken, MM überheben, li M bis zum letzten MM stricken, dabei alle MM dazwischen überheben, letzten MM überheben, M der Blende stricken.

Reihe 6 (Hinreihe): M der Blende stricken, MM überheben, re M bis zum letzten MM stricken, dabei alle MM einfach überheben, letzten MM überheben, M der Blende stricken.

Reihe 7 (Rückreihe): M der Blende stricken, MM überheben, li M bis zum letzten MM stricken, dabei alle MM dazwischen überheben, letzten MM überheben, M der Blende stricken.

Wiederhole nun die Reihen 4 bis 7 fortlaufend, bis dein Ausschnitt die gewünschte Größe hat, dann bist du bereit für Schritt 3.

SCHRITT 3:
Zur Runde schließen und bis unter die Arme stricken

Wiederhole deine oben genannten Wiederholungsreihen bis dein Ausschnitt die gewünschte Größe und Länge hat. Im abgebildeten Pullover wurden die Reihen 17 Mal wiederholt, so hat der Ausschnitt eine Größe von ca. 60 - 65 cm. Deinen Ausschnitt kannst du natürlich auch jederzeit anprobieren, indem du alle deine M auf ein langes Seil strickst und weniger Zunahmen strickst, wenn er dir zu lang wird oder mehr Zunahmen strickst, wenn er dir noch zu kurz ist.

Nun schließt du zur Runde. Das geht wie folgt:

Lege alle Blendenmaschen am Ende der Hinreihe noch ungestrickt auf eine Hilfsnadel. Die Hilfsnadel legst du HINTER die linke Nadel. Nun strickst du die erste M der linken Nadel mit der ersten M von der Hilfsnadel rechts zusammen, dann die nächste M der linken Nadel mit der M der Hilfsnadel rechts zusammen und so weiter, bis alle M der Blende aufgebraucht sind. Beachte dabei, dass du dich hier schon in der Zwischenrunde befindest.
Die MM bleiben dabei hängen. Es wird keiner entfernt.
Der Rundenanfang ist hier nun beim letzten MM.

Nach dem Schließen zur Runde werden aus allen Rückreihen deiner Wiederholungsreihen nun Zwischenrunden. Diese Zwischenrunden strickst du nun rechts.

Folge nun weiter deinem Zunahmeprinzip. Du nimmst also weiterhin bei 16 Zunahmestellen in jeder 4. Runde zu. Dabei strickst du die M zwischen den Zunahmen rechts.

Wiederhole deine Zunahmen bis dein Pullover unter den Armen locker zusammen geht. Kontrolliere die Passform durch regelmäßiges Anprobieren oder das Auflegen auf einen gut sitzenden Pullover. Beachte dabei die Hinweise zur Wolle und Passform auf Seite 10. Dann teilst du laut der Tabelle auf Seite 34 deine Ärmelmaschen vom Körper.

SCHRITT 4:
Die Ärmel abteilen

In der nächsten zu strickenden Runde legst du alle deine Ärmelmaschen still und teilst diese damit vom Körper ab. Dabei werden alle MM bis auf den Rundenanfangsmarkierer entfernt. Versetze hierbei nun den Rundenanfang seitlich unter den linken Ärmel, indem du einfach den Rundenanfangsmarkierer an dieser Stelle einsetzt. Die paar M fallen später nicht auf.

Teile deine M wie folgt auf:

Stricke zunächst die Hälfte der M des Vorderteils, dann strickst du die Ärmelmaschen des linken Ärmels auf eine Nadel oder ein Nadelseil zum Stilllegen, nun strickst du die M deines Rückenteils ab, und danach wieder die M des rechten Ärmels auf ein Nadelseil oder eine weitere Nadel zum Stilllegen, zum Schluss noch die restlichen M des Vorderteils stricken.

In der nächsten Runde schlägst du unter den stillgelegten Ärmeln für einen guten Sitz 6 M an (das sollten etwa 2 cm Breite sein) und schließt damit unter den Armen deinen Pullover jeweils wieder zur Runde.

SCHRITT 5:
Den Körper stricken

Stricke nun in Runden glatt rechts deinen Körper bis zur gewünschten Länge deines Pullovers. Im abgebildeten Pullover wurde glatt rechts in Runden für ca 35 cm Länge gestrickt. Deinen Pullover beendest du mit einem Perlmuster-Bündchen. Achte hierbei darauf, dass deine Maschenzahl ungerade ist, damit versetzt sich das Perlmuster ganz von selbst. Hast du eine gerade Maschenzahl, dann strickst du einfach einmal 2 M rechts zusammen und schon ist die Maschenzahl ungerade. Stricke nun 1 M re, 1 M li im Wechsel für 26 Reihen. Kette zum Schluss alle M locker ab, du bist nun bereit für die Ärmel.

Schau hier

Das elastische Abketten mit Umschlag:
http://goto.crasy.world/umschlagabketten

SCHRITT 6:
Die Ärmel stricken

Nun nimmst du die stillgelegten Ärmelmaschen wieder auf und aus den unter dem Arm angeschlagenen M nimmst du 8 M auf. Das sind die 6 aufgeschlagenen M und je eine M aus den Ecken. So entstehen keine Löcher an den Ecken. Nun strickst du den Ärmel in Runden glatt rechts. Hänge dir in der Mitte unter dem Arm einen MM als Rundenanfangsmarkierer ein. Alle 11 Runden (ca 3 cm) strickst du eine Abnahmerunde wie folgt:

Abnahmerunde: 1 M re, 2 M re zusammenstricken, re M bis 3 M vor dem MM, 2 M überzogen zusammenstricken, 1 M re.

Arbeite nun deinen Ärmel für 40 cm Länge und beende ihn mit einem Perlmuster-Bündchen wie beim Körper beschrieben. Natürlich kannst du deinen Ärmel auch länger oder kürzer stricken und auch mit einem anderen Bündchen beenden. Kette zum Schluss locker ab und stricke dann den 2. Ärmel genau so.

Dein Pullover ist nun fertig. Zum Schluss noch alle Fäden vernähen. Nun einmal in lauwarmem Wasser waschen und liegend trocknen, dann kann das gute Stück ausgeführt und direkt das nächste angeschlagen werden.

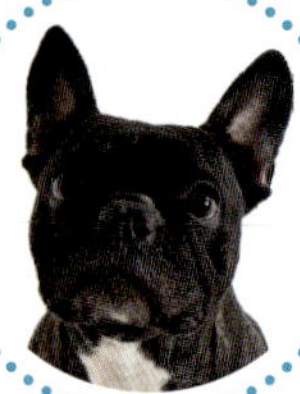

Werners Tipp

Der Kragen sieht auch mit einem breiten Rippenmuster oder im großen Perlmuster toll aus. Probiere dich ruhig aus, diesen Pullover kannst du mit deinen Lieblingsmustern ganz leicht abwandeln.

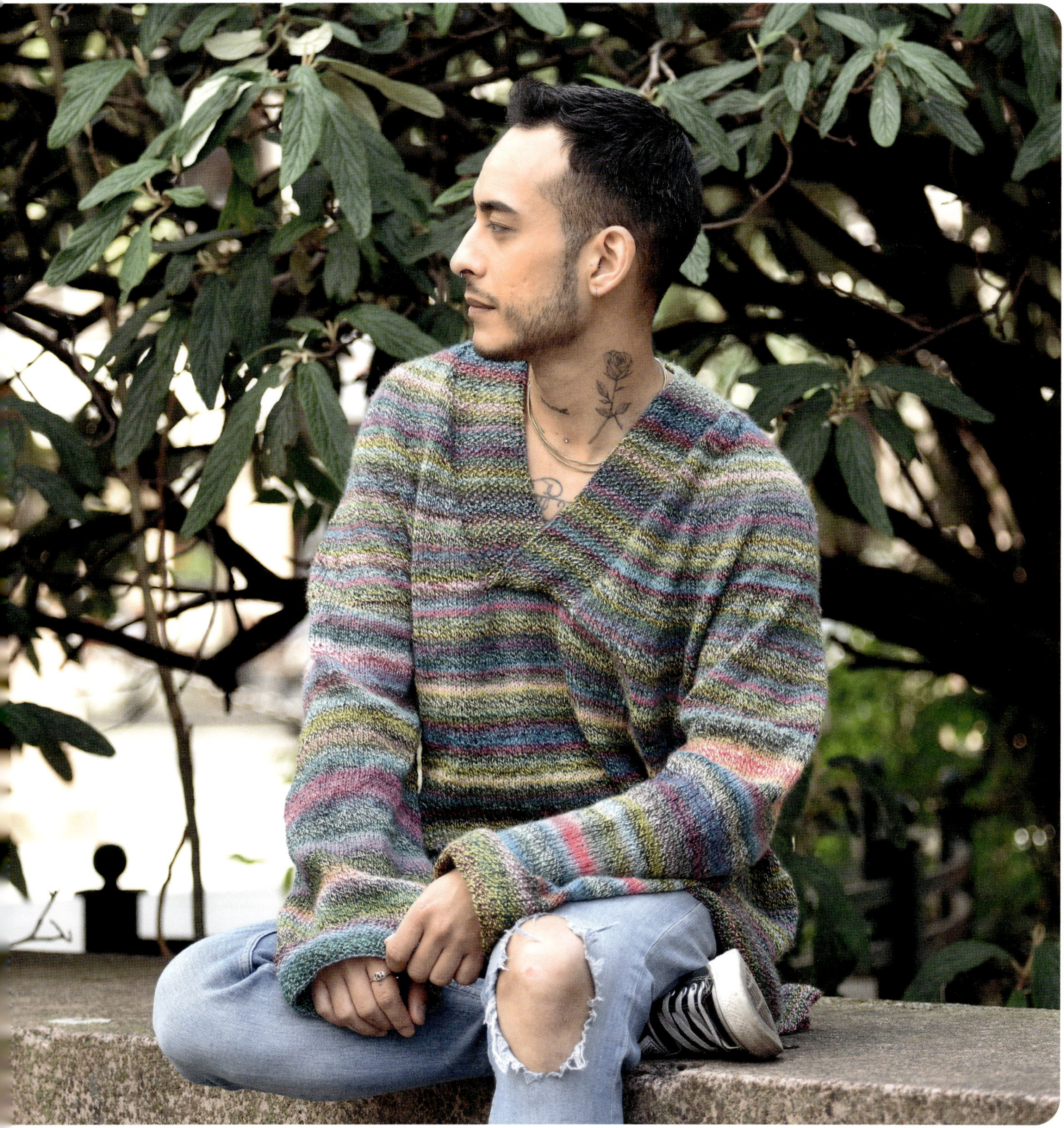

Autumn Vibes

HERBSTSTIMMUNG

SCHWIERIGKEIT:

AUSSEHEN:

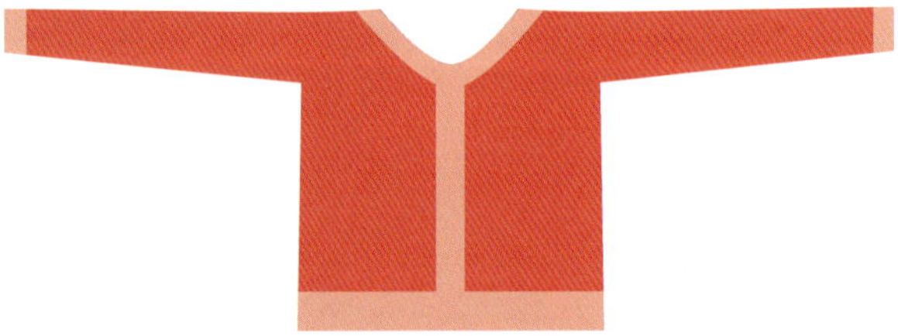

BENÖTIGTE FERTIGKEITEN:

- Lochmuster stricken
- Nach Strickschriften stricken

MATERIAL:

- Schulana Cocon (90% Viskose, 10% Seide, LL 140 m/50 g)
- Stricknadeln 3,0 mm

VERBRAUCH:

- 600 g reichen bei Größe 40, pro weitere Größe ca. 100 g mehr bzw. weniger

Los geht's:

SCHRITT 1:
Der Anschlag

Schlage 11 M pro Nadel in Judys Magic Cast On an. Kippe deine Arbeit nach rechts und beginne sofort nach Strickschrift A zu arbeiten. Es sind nur die Hinreihen dargestellt, in den Rückreihen strickst du alle M, auch die erste und letzte M li.

Arbeite alle Reihen und M der Strickschrift und wiederhole die Strickschrift in der Höhe fortlaufend, bis du sie insgesamt 5 Mal gestrickt hast. Du hast nun am linken Rand insgesamt 40 krause Knötchen. Arbeite nun Reihe 1 der Strickschrift erneut und nimm dann aus den krausen Knötchen jeweils 1 M auf, wie das geht ist auf Seite 15 beschrieben. Nun hast du am Ende noch die M der anderen Seite aus Judys Magic Cast On, diese strickst du nach Strickschrift B. Nun bist du bereit für den nächsten Teil.

SCHRITT 2B:
Die Zunahmen für den Ausschnitt – 16 Zunahmestellen (du brauchst 16 MM)

Reihe 1 (Rückreihe): Rückreihe der Blendenmaschen li stricken, MM einhängen, li M bis vor die andere Seite der Blende stricken, MM einhängen Rückreihe der Blendenmaschen li stricken.

Reihe 2 (Hinreihe): M im Blendenmuster nach Strickschrift stricken, MM überheben, * 2 M re, MZ *, von * bis * wiederholen bis zum letzten MM, MM überheben, M im Blendenmuster nach Strickschrift stricken = 20 M zugenommen.

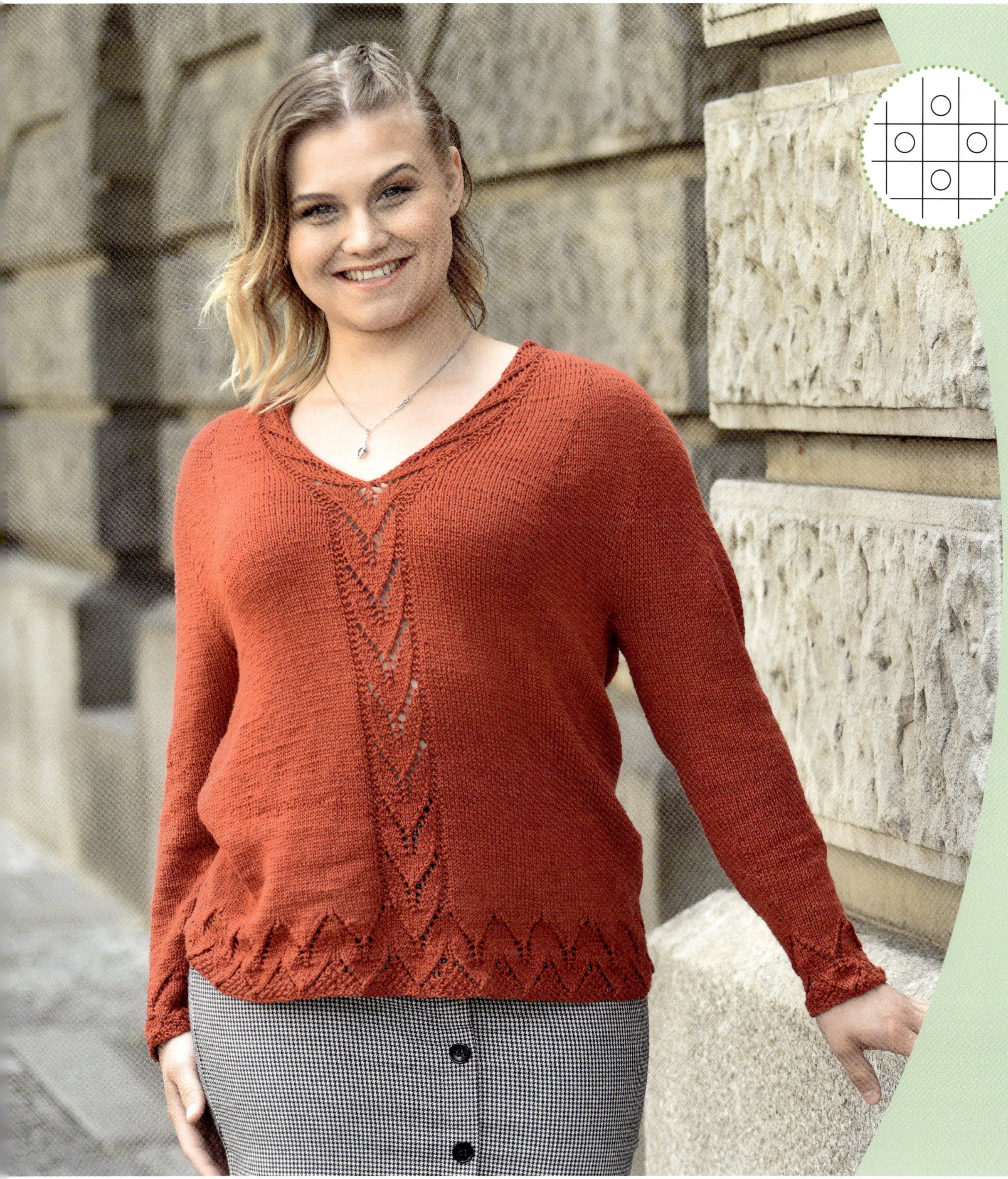

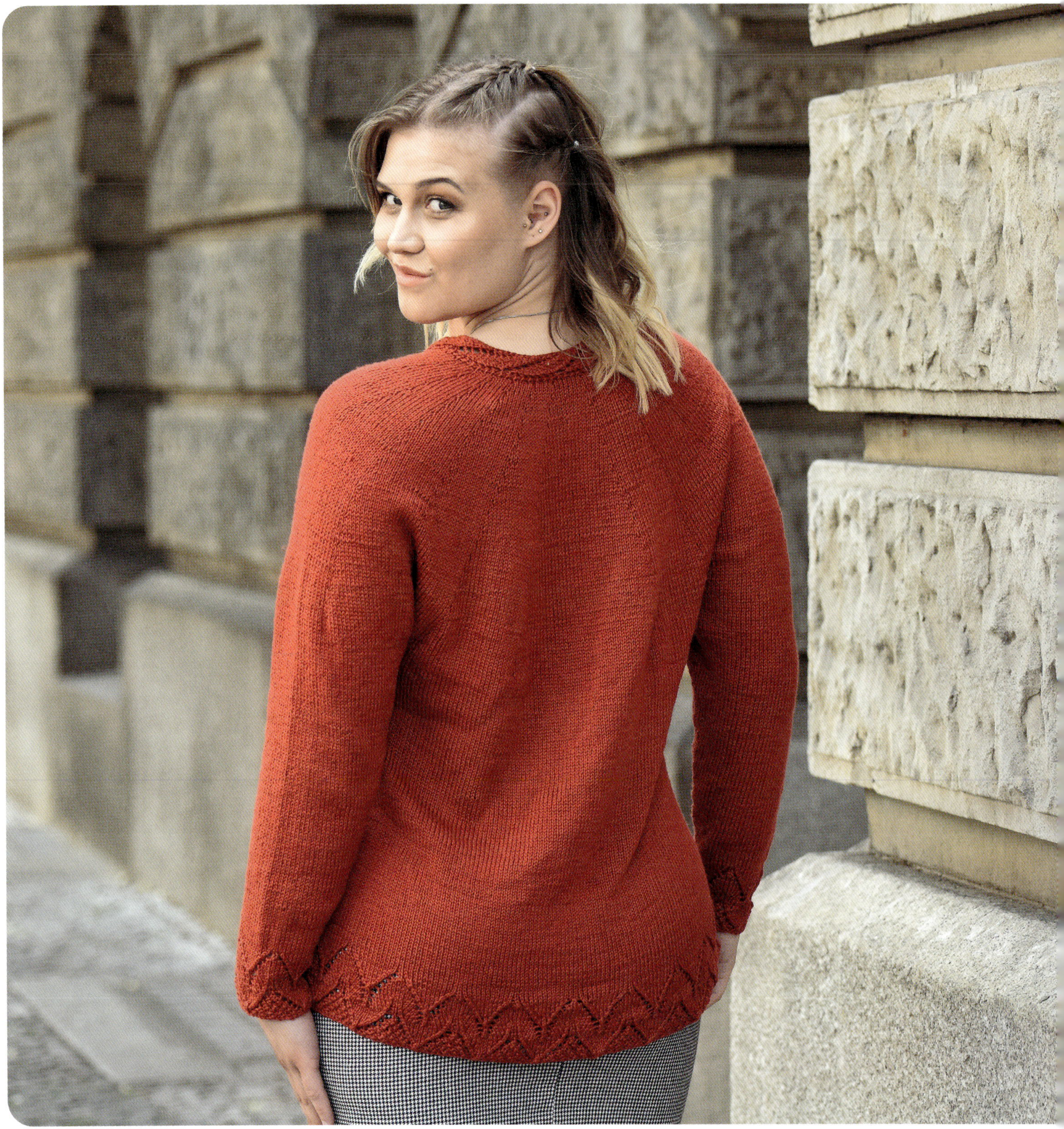

Reihe 3 (Rückreihe): Rückreihe der Blendenmaschen li stricken, MM überheben, * 4 M li, MM einhängen * insgesamt 7 Mal stricken, 4 M li, * MM einhängen, 4 M li * insgesamt 7 Mal stricken, letzten MM überheben, Rückreihe der Blendenmaschen li stricken.

Nun bist du bereit für die Wiederholungsreihen.

Reihe 4 (Hinreihe): M im Blendenmuster laut Strickschrift stricken, MM überheben, MZ, * re M bis zum nächsten MM, MM überheben, MZ *, von * bis * noch 6 Mal wiederholen (= 8 Zunahmen), re M bis zum nächsten MM, MZ, MM überheben, * re M bis zum nächsten MM stricken, MZ, MM überheben *, von * bis * noch 6 Mal wiederholen (= 8 Zunahmen), M im Blendenmuster nach Strickschrift stricken.
-> Du hast in dieser Reihe 16 M zugenommen.

Reihe 5 (Rückreihe): Rückreihe der Blendenmaschen li stricken, MM überheben, li M bis zum letzten MM stricken, dabei alle MM dazwischen überheben, letzten MM überheben, Rückreihe der Blendenmaschen li stricken.

Reihe 6 (Hinreihe): M im Blendenmuster laut Strickschrift stricken, MM überheben, re M bis zum letzten MM stricken, dabei alle MM einfach überheben, letzten MM überheben, M im Blendenmuster laut Strickschrift stricken.

Reihe 7 (Rückreihe): Rückreihe der Blendenmaschen li stricken, MM überheben, li M bis zum letzten MM stricken, dabei alle MM dazwischen überheben, letzten MM überheben, Rückreihe der Blendenmaschen li stricken.

Wiederhole nun die Reihen 4 bis 7 fortlaufend bis dein Ausschnitt die gewünschte Größe hat, dann bist du bereit, zur Runde zu schließen. In Reihe 15 deiner Strickschriften wird später zur Runde geschlossen. Achte also darauf, dass du alle Reihen der Strickschrift bis Reihe 14 gestrickt hast, bevor du zur Runde schließt. In der letzten Wiederholung von Reihe 13 strickst du deine 3 M des I-Cord re zusammen, sodass nur noch 1 M an dieser Stelle ist. Im abgebildeten Pullover wurde Strickschrift B insgesamt 5 Mal gestrickt, bevor zur Runde geschlossen wurde.

SCHRITT 3:
Zur Runde schließen und bis unter die Arme stricken

Bevor du zur Runde schließt solltest du deinen Ausschnitt anprobieren, ob er dir vom Sitz und der Tiefe her gefällt. Lege dafür deine M auf eine lange Nadel oder ein langes Seil. Nach dem Schließen zur Runde werden aus allen Rückreihen deiner Wiederholungsreihen nun Zwischenrunden. Diese Zwischenrunden strickst du rechts.

Nun schließt du zur Runde. Das geht wie folgt:

Stricke zunächst eine Hinreihe und damit die letzte Reihe deiner Strickschriften. Am Ende nimmst du die letzten 2 M der Reihe ungestrickt auf eine Hilfsnadel. Die Hilfsnadel legst du HINTER die linke Nadel. Nun strickst du die erste M der linken Nadel mit der ersten M von der Hilfsnadel zusammen, dann die nächste M der linken Nadel mit der M der Hilfsnadel zusammen. Beende dann die Runde mit rechten M und beachte dabei, dass diese Runde schon die erste Zwischenrunde ist. Wenn du dabei ganz in die vordere Mitte kommst, strickst du die mittleren 2 M rechts zusammen. Der Rundenanfang ist der erste MM. Du hast dann in der ersten Musterrunde eine Reihe mehr auf dem linken Teil der Blende.

Folge nun weiter deinem Zunahmeprinzip. Du nimmst also weiterhin bei 16 Zunahmestellen in jeder 4. Runde zu. Dabei strickst du die M zwischen den Zunahmen rechts. In der Mitte über deine Blendenmaschen strickst du nun nach Strickschrift C. Auch hier sind nur die Musterrunden dargestellt, die Zwischenrunden strickst du rechts.

Wiederhole deine Zunahmen bis dein Pullover unter den Armen locker zusammen geht. Kontrolliere die Passform durch regelmäßiges Anprobieren oder das Auflegen auf einen gut sitzenden Pullover. Beachte dabei die Hinweise zur Wolle und Passform auf Seite 10. Dann teilst du laut der Tabelle auf Seite 34 deine Ärmelmaschen vom Körper.

SCHRITT 4:
Die Ärmel abteilen

In der nächsten zu strickenden Runde legst du alle deine Ärmelmaschen still und teilst diese damit vom Körper ab. Dabei werden alle MM bis auf den Rundenanfangsmarkierer entfernt. Hier kannst du den Sitz deines Ausschnitts selbst bestimmen. im abgebildeten Pullover sitzt der Ausschnitt mittig. Dafür strickst du wie folgt:

Stricke zunächst die Hälfte der M des Vorderteils, dann strickst du die Ärmelmaschen des linken Ärmels auf eine Nadel oder ein Nadelseil zum Stilllegen, nun strickst du die M deines Rückenteils ab, und danach wieder die M des rechten Ärmels auf ein Nadelseil oder eine weitere Nadel zum Stilllegen, zum Schluss noch die restlichen M des Vorderteils stricken.

In der nächsten Runde schlägst du unter den stillgelegten Ärmeln für einen guten Sitz 6 M an (das sollten etwa 2 cm Breite sein) und schließt damit unter den Armen deinen Pullover jeweils wieder zur Runde.

SCHRITT 5:
Den Körper stricken

Stricke nun in Runden deinen Körper. Arbeite dabei in der Mitte weiter nach der Strickschrift, die restlichen M strickst du rechts. Stricke nun deinen Körper bis 5 cm vor der gewünschten Länge. Im abgebildeten Pullover wurde dabei Strickschrift C insgesamt 7 Mal ab dem Ausschnitt gestrickt, dann wurden noch einmal die Reihen 1 bis 6 gestrickt. In der letzten Runde passt du deine Maschenzahl so an, dass sie durch 12 teilbar ist, das machst du, indem du die M, die zu viel sind gleichmäßig verteilt abnimmst. Beende dann deinen Pullover mit Strickschrift D. Auch hier sind nur die Musterrunden dargestellt. In den Zwischenrunden strickst du alle M, wie sie erscheinen, also rechte M re und linke M li. Nach der letzten Runde kettest du alle M locker ab. Du bist nun bereit für die Ärmel.

SCHRITT 6:
Die Ärmel stricken

Nun musst du die stillgelegten Ärmelmaschen wieder aufnehmen und aus den unter dem Arm angeschlagenen M 8 M aufnehmen. Das sind die 6 aufgeschlagenen M und je eine M aus den Ecken. So entstehen keine Löcher. Hänge dir in der Mitte unter dem Arm einen MM als Rundenanfangsmarkierer ein. Alle 5 Runden (ca 2 cm) strickst du eine Abnahmerunde wie folgt:

Abnahmerunde: 1 M re, 2 M re zusammenstricken, re M bis 3 M vor dem MM, 2 M überzogen zusammenstricken, 1 M re.

Arbeite nun deinen Ärmel für die gewünschte Länge und beende ihn ebenfalls mit Strickschrift D wie beim Körper beschrieben. Passe hierbei deine Maschenzahl entsprechend an. Natürlich kannst du deinen Ärmel auch länger oder kürzer stricken und auch mit einem anderen Bündchen beenden. Kette zum Schluss locker ab und stricke den 2. Ärmel genau so.

Dein Pullover ist nun fertig. Zum Schluss noch alle Fäden vernähen. Nun einmal in lauwarmem Wasser waschen und liegend trocknen, dann kann das gute Stück ausgeführt und direkt das nächste angeschlagen werden.

Strickschrift A

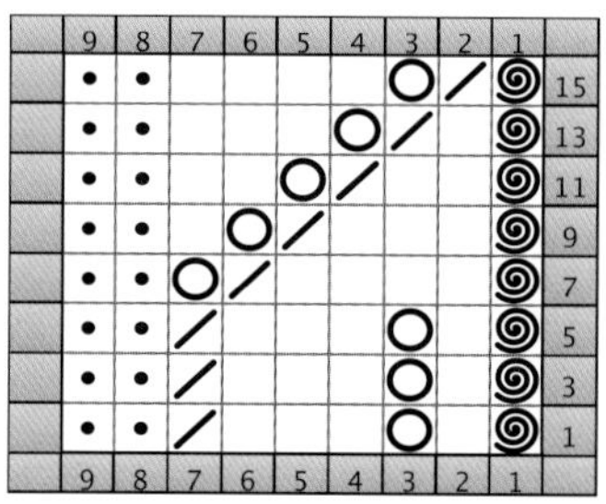

Strickschrift B

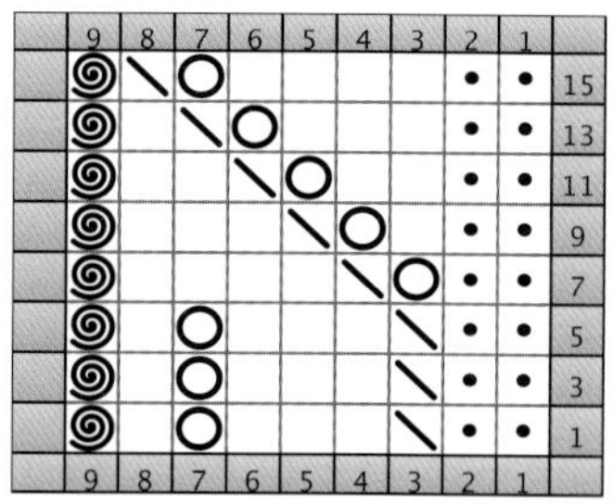

Strickschrift C

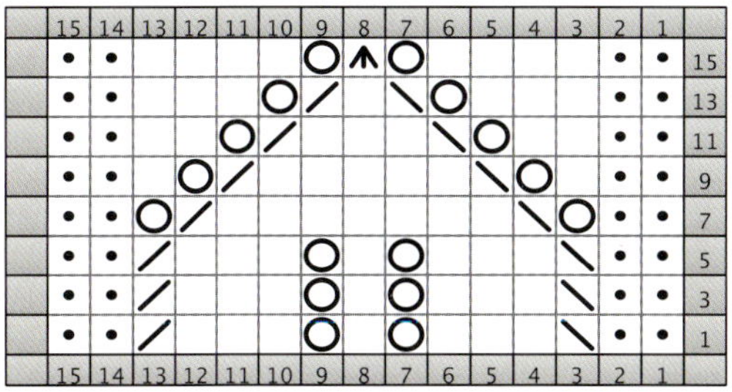

Strickschrift D

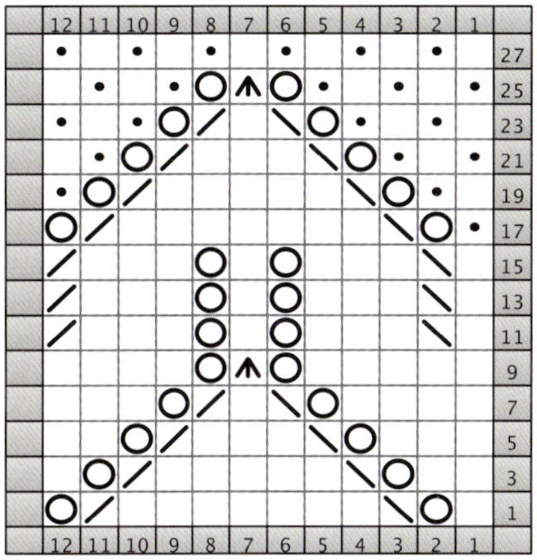

Zeichenerklärung

□ = M re stricken
● = M li stricken
╱ = rechtsgerichtete Abnahme – 2 M re zusammenstricken
╲ = linksgerichtete Abnahme – 2 M überzogen zusammenstricken (1 M abheben, 2. M stricken, abgehobene M überziehen)
◎ = I-Cord-Rand – I-Cord mit 3 M, in Hinreihen 3 M re stricken, in Rückreihen die 3 M mit dem Faden davor abheben und den Faden anziehen
○ = Umschlag – Faden über die Nadel legen
⋀ = Zentrale doppelte Abnahme – 2 M zusammen wie zum Rechtsstricken abheben, die 3. M re stricken, die 2 abgehobenen M überziehen. Damit liegt die mittlere M oben auf.

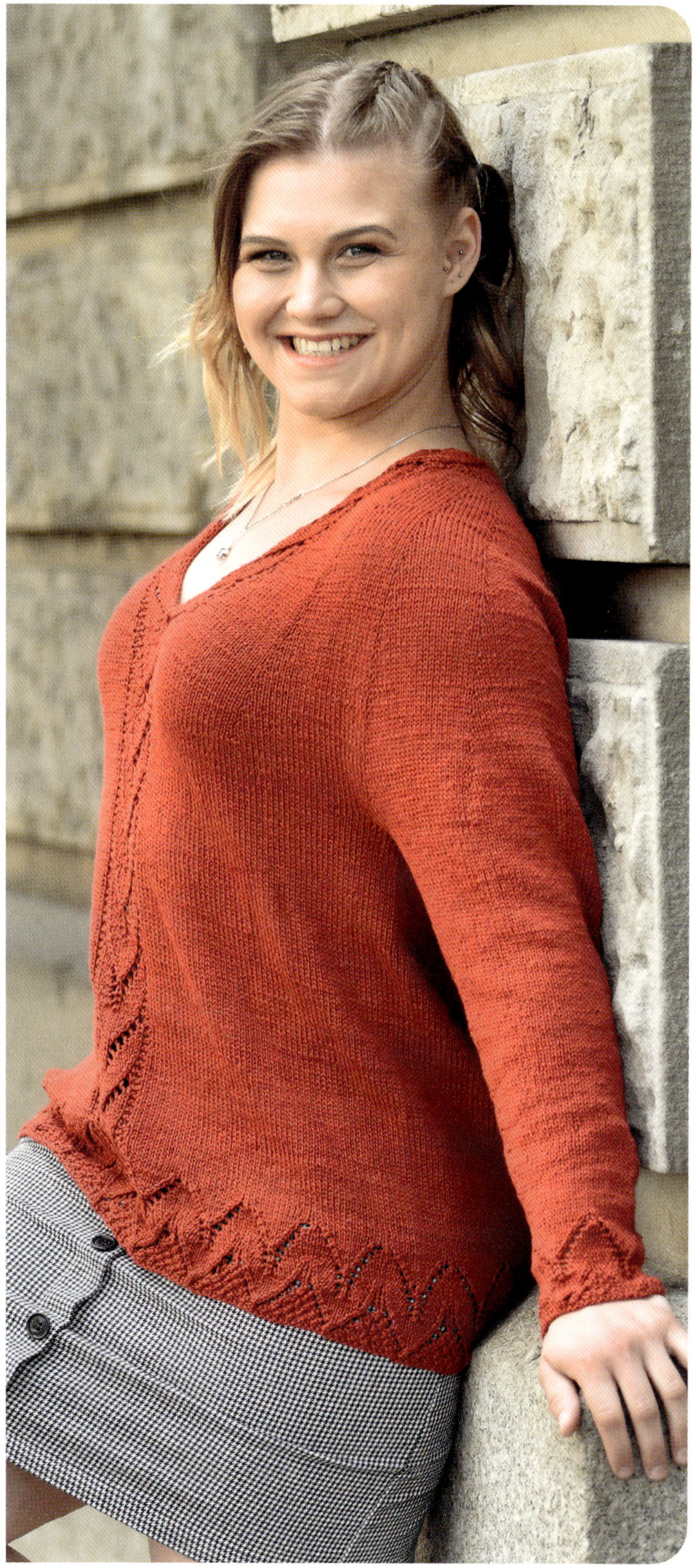

I prefer Art Deco

ICH BEVORZUGE ART DECO

SCHWIERIGKEIT:

AUSSEHEN:

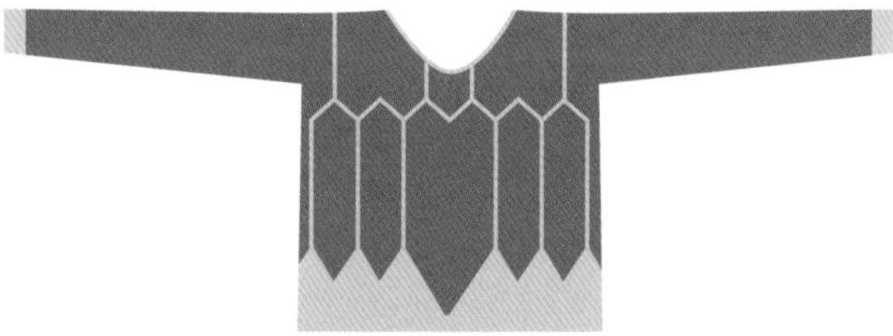

BENÖTIGTE FERTIGKEITEN:

- Nach Strickschriften stricken

MATERIAL:

- ONline Java (67% Baumwolle, 33% Viskose, LL 158 m/50 g) in Hellbraun (Fb 72)
- Stricknadeln 3,0 mm

VERBRAUCH:

- 500 g reichen bei Größe 40, pro weitere Größe ca. 100 g mehr bzw. weniger

BESONDERE ABKÜRZUNGEN:

StZunRe = Sternzunahme rechts: 3 M re zusammenstricken, diese aber NICHT von der Nadel gleiten lassen, sondern einen Umschlag machen, noch einmal re abstricken, 1 Um schlag, noch einmal re abstricken; so werden aus 3 M 5 M.

StZunLi = Sternzunahme links: 3 M re verschränkt zusammenstricken, diese aber NICHT von der Nadel gleiten lassen, sondern einen Umschlag machen, noch einmal re verschränkt abstricken, 1 Umschlag, noch einmal re verschränkt abstricken; so werden aus 3 M 5 M.

Los geht's:

SCHRITT 1:
Der Anschlag

Du beginnst mit einem Garter Tab, bestehend aus 3 M und 20 cm Länge. Die Beschreibung zum Garter Tab findest du auf Seite 14. Nimm dann aus der Seitenkante aus jedem krausem Knötchen eine M auf und zum Schluss noch die offenen M auf der anderen Seite des Judys Magic Cast On. Du hast, wenn du die Originalwolle benutzt, nun 74 Reihen im Garter Tab gestrickt und damit 37 M aus der Seitenkante aufgenommen. Beginne nun mit den Zunahmen wie beschrieben.

SCHRITT 2A:
Die Zunahmen für den Ausschnitt – 8 Zunahmestellen (du brauchst 8 MM)

Reihe 1 (Rückreihe): 3 M re, MM einhängen, li M bis 3 M vor dem Ende stricken, MM einhängen 3 M re.

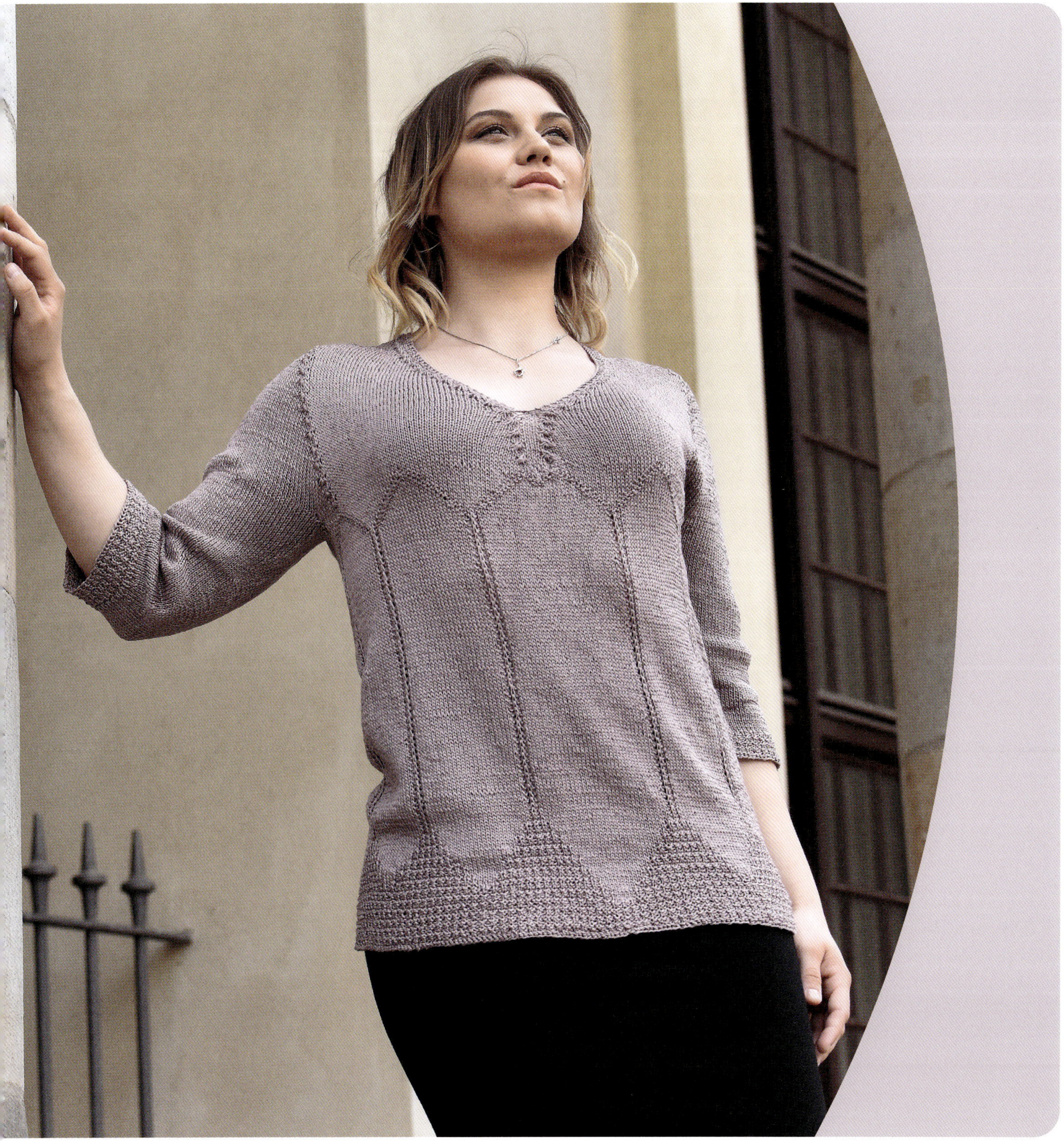

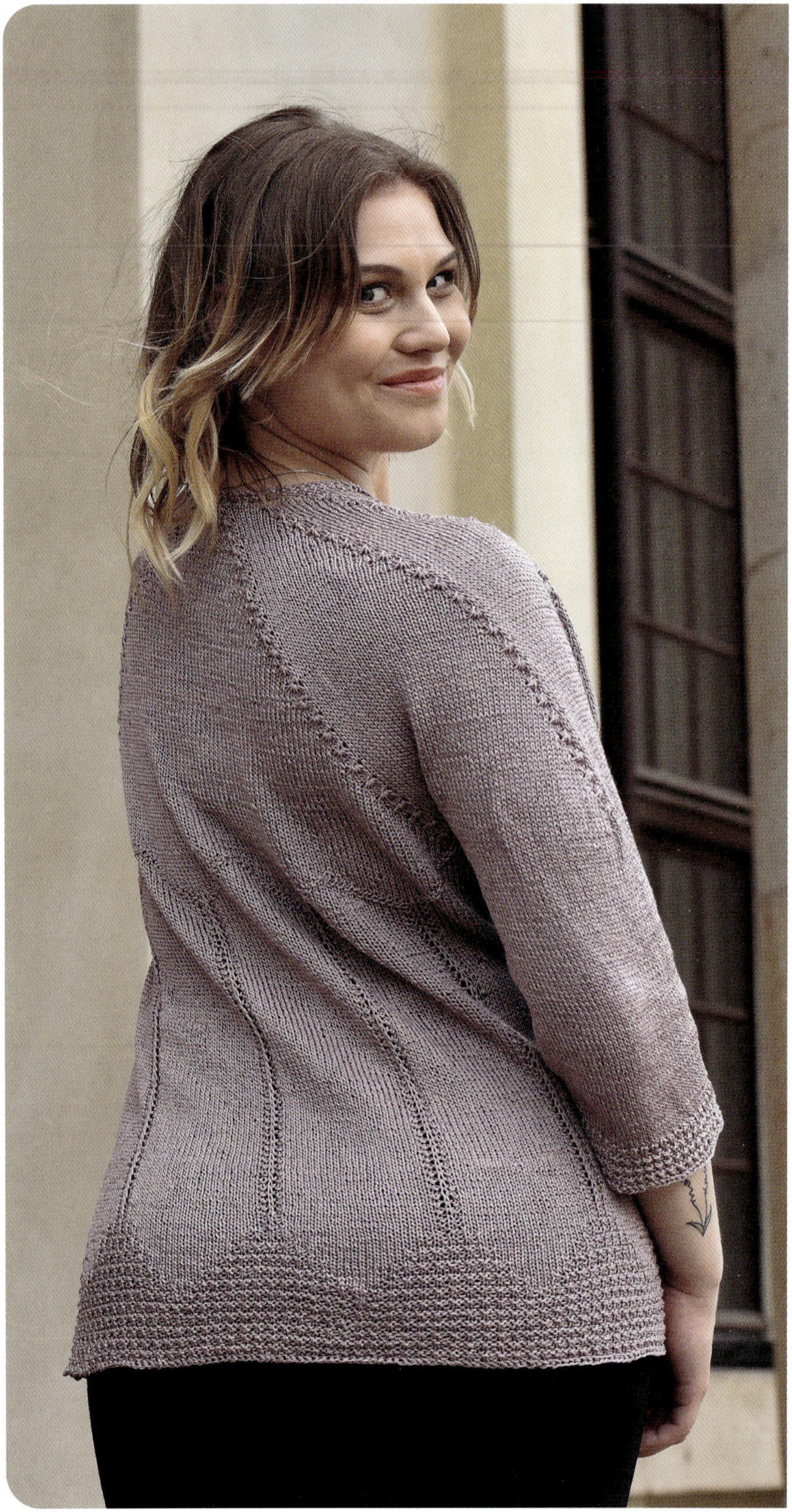

Reihe 2 (Hinreihe): 3 M re, MM überheben, * 2 M re, MZ *, von * bis * wiederholen bis zum letzten MM, MM überheben, 3 M re = 18 M zugenommen.

Reihe 3 (Rückreihe): 3 M re, MM überheben, * 8 M li, MM einhängen * insgesamt 3 Mal, 7 M li, * MM einhängen, 8 M li * insgesamt 3 Mal, letzten MM überheben 3 M re.

Nun bist du bereit für die Wiederholungsreihen.

Reihe 4 (Hinreihe): 3 M re, MM überheben, StZunLi, * re M bis zum nächsten MM, MM überheben, StZunLi *, von * bis * noch 2 Mal wiederholen (= 8 M zugenommen), re M bis 3 M vor dem nächsten MM, StZunRe, MM überheben, * re M bis 3 M vor dem nächsten MM stricken, StZunRe, MM überheben *, von * bis * noch 2 Mal wiederholen (= 8 M zugenommen), 3 M re.
-> Du hast in dieser Reihe 16 M zugenommen.

Reihe 5 (Rückreihe): 3 M re, MM überheben, li M bis zum letzten MM stricken, dabei alle MM dazwischen überheben, letzten MM überheben, 3 M re.

Reihe 6: 3 M re, re M bis zum letzten MM, dabei alle MM überheben, 3 M re.

Reihe 7: 3 M re, MM überheben, li M bis zum letzten MM stricken, dabei alle MM dazwischen überheben, letzten MM überheben, 3 M re.

Wiederhole nun die Reihen 4 bis 7 fortlaufend bis dein Ausschnitt die gewünschte Größe hat, dann bist du bereit den Pullover zur Runde zu schließen. Im abgebildeten Pullover wurden 20 Sternchenzunahmen, das sind mit dem angegebenen Garn etwa 70 cm Ausschnittlänge gestrickt, bevor zur Runde geschlossen wurde.

SCHRITT 3:
Zur Runde schließen und bis unter die Arme stricken

Bevor du deinen Ausschnitt zur Runde schließt solltest du ihn einmal anprobieren und schauen, wie er sitzt. Lege hierfür einmal alle deine M auf ein langes Seil oder eine 2. Nadel. Passt der Ausschnitt für dich schließt du nun zur Runde.

Nach dem Schließen zur Runde werden aus allen Rückreihen deiner Wiederholungsreihen nun Zwischenrunden. Diese Zwischenrunden strickst du nun rechts.

Das geht wie folgt:

Lege die 3 M deines Garter Tab am Ende der Hinreihe noch ungestrickt auf eine Hilfsnadel, die du HINTER die linke Nadel legst. Nun strickst du die erste M der linken Nadel mit der ersten M von der Hilfsnadel zusammen, dann die nächste M der linken Nadel mit der M der Hilfsnadel zusammen und so weiter, bis alle deine M vom Garter Tab aufgebraucht sind. Du hast also nur noch die Hälfte der M des Garter Tab auf der Nadel. Die MM werden NICHT ENTFERNT, sondern bleiben dort, wo sie waren. Stricke nun die Runde zu Ende indem du alle M re strickst. Beachte, dass dies die erste Zwischenrunde ist, dies entspricht der Rückreihe, hätten wir in Reihen gestrickt.

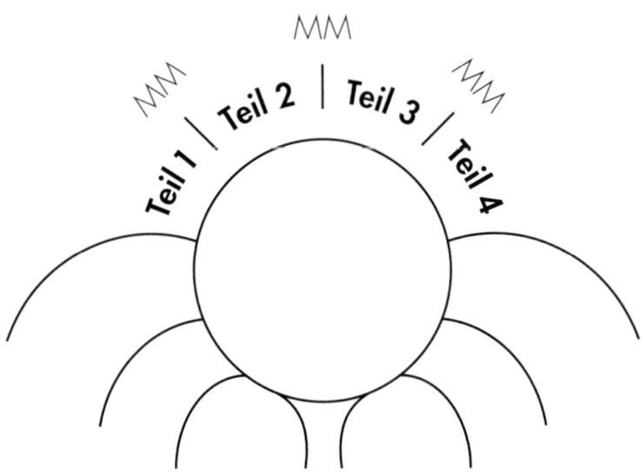

Der Rundenanfang ist hier nun beim 1. MM.

Folge nun weiter deinem Zunahmeprinzip. Du nimmst also weiterhin bei 8 Zunahmestellen in jeder 4. Runde 16 M zu. Dabei strickst du die M zwischen den Zunahmen rechts. Die Zwischenrunden strickst du ebenfalls rechts.

Wiederhole deine Zunahmen bis dein Pullover unter den Armen locker zusammen geht. Kontrolliere die Passform durch regelmäßiges Anprobieren oder das Auflegen auf einen gut sitzenden Pullover. Beachte dabei die Hinweise zur Wolle und Passform auf Seite 10. Dann teilst du laut der Tabelle auf Seite 34 deine Ärmelmaschen vom Körper.

SCHRITT 4:
Die Ärmel abteilen

In der nächsten zu strickenden Runde legst du alle deine Ärmelmaschen still und teilst diese damit vom Körper ab. Entferne hierbei deine MM am Körper nicht, sondern nur die MM in den Ärmelmaschen.

Stricke zunächst die Hälfte der M des Vorderteils, dann strickst du die Ärmelmaschen des linken Ärmels auf eine Nadel oder ein Nadelseil zum Stilllegen, nun strickst du die M deines Rückenteils ab, und danach wieder die M des rechten Ärmels auf ein Nadelseil oder eine weitere Nadel zum Stilllegen, zum Schluss noch die restlichen M des Vorderteils stricken.

In der nächsten Runde schlägst du unter den stillgelegten Ärmeln für einen guten Sitz 6 M an (das sollten etwa 2 cm Breite sein) und schließt damit unter den Armen deinen Pullover jeweils wieder zur Runde. Hänge dir dabei jeweils in die Mitte zwischen 2 MM einen weiteren MM, die brauchen wir nun für das Körpermuster.

SCHRITT 5:
Den Körper stricken

Folge dafür der Strickschrift. In der Strickschrift sind alle Runden dargestellt, es gibt keine Zwischenrunden. Teile zunächst die Strecke zwischen deinen MM in 2 Teile und in der hinteren Mitte (dort, wo die breiteste Strecke ist) in 4 Teile und hänge dir jeweils einen MM ein.

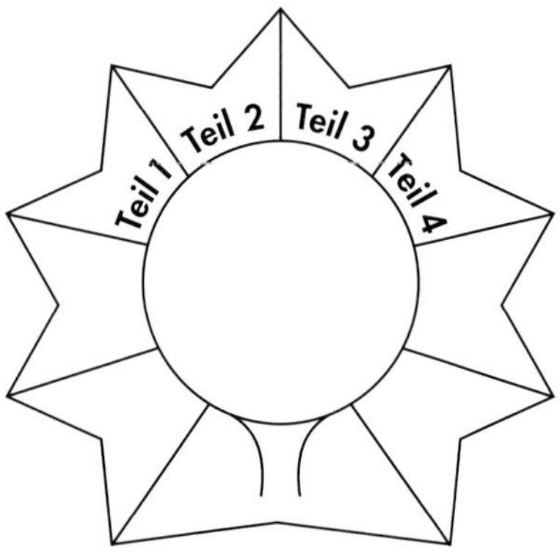

Die Strickschrift zeigt dir einen Mustersatz an, der zwischen 2 MM liegt. Die pink markierte M ist dabei die M in der Mitte der Sternzunahme bzw. die M, die neben deinem MM liegt. Es kann sein, dass dein Mustersatz mehr oder weniger M enthält. Außerdem kann dein Mustersatz unter den Armen auch weniger M enthalten als zwischen den anderen MM. Das ist nicht schlimm. Wie du sehen kannst, werden im ersten Teil der Strickschrift die li M immer um 1 M versetzt. Diesem Prinzip folgst du, bis sich deine li M treffen, dort beginnt dann der rot umrahmte Bereich, der in der Höhe fortlaufend wiederholt wird bis 5 cm vor der gewünschten Länge deines Pullovers. Der Pullover kann sowohl als bauchfreier Kurzpulli als auch als Longpulli oder als Kleid gestrickt werden. Hier wurde der rote Kasten in der Länge 42 Mal wiederholt. Schließe dann den Pullover mit dem Muster oberhalb des roten Kastens ab. Wie du hier sehen kannst, folgt das auch einem sehr einfachen Prinzip, welches du auf deine Maschenzahl adaptieren kannst. Nach Beenden der Strickschrift wiederholst du die Runden 27 bis 34 noch 2 Mal, oder öfter, wenn gewünscht, dann kettest du deine M locker ab, du bist nun bereit für die Ärmel.

SCHRITT 6:
Die Ärmel stricken

Nun die stillgelegten Ärmelmaschen wieder aufnehmen und aus den unter dem Arm angeschlagenen M 8 M aufnehmen. Das sind 6 M aus den aufgenommenen M und je 1 M aus jeder „Ecke". So entstehen keine Löcher am Übergang. Hänge dir dabei in der Mitte der 8 M einen MM als Rundenanfangsmarkierer ein. Den Ärmel strickst du nun in Runden glatt rechts. Für einen engen Ärmel nimmst du alle 6 Runden (ca 2 cm) rechts und links der Mitte unter dem Arm je 1 M ab, indem du eine Abnahmerunde wie folgt strickst:

Abnahmerunde: 2 M re, 2 M re zusammenstricken, re M bis 4 M vor dem MM, 2 M re überzogen zusammenstricken, 2 M re.

Stricke dann den Ärmel bis etwa 3 cm vor der gewünschten Länge – von Kurzarm über 3/4 Arm bis Langarm kannst du die Länge frei bestimmen und wählen.

Zum Abschluss strickst du das durchbrochene Rippenbündchen. Deine Maschenzahl muss hier eine gerade Maschenzahl sein. Ist deine Maschenzahl ungerade strickst du einfach am Rundenanfang 2 M re zusammen, schon ist das ausgeglichen. Stricke die Reihen des Bündchens insgesamt 4 Mal und kette dann locker ab. Den 2. Ärmel strickst du genau so.

Durchbrochenes Rippenbündchen:

Runde 1: 1 M re, 1 M li im Wechsel.
Runde 2: 1 M re, 1 M li im Wechsel.
Runde 3: Alle M re stricken.
Runde 4: Alle M li stricken.

Runde 1 bis 4 fortlaufend wiederholen.

Dein Pullover ist nun fertig. Zum Schluss noch alle Fäden vernähen. Nun einmal in lauwarmem Wasser waschen und liegend trocknen, dann kann das gute Stück ausgeführt und direkt das nächste angeschlagen werden.

Strickschrift

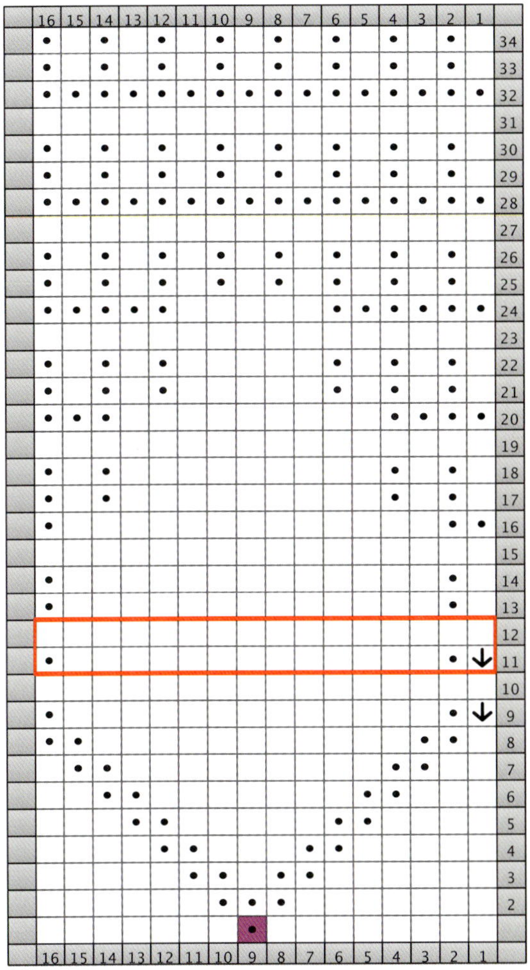

Zeichenerklärung

☐ = M re stricken

● = M li stricken

↓ = tiefergestochene M re – die Nadel in die M unter der Schlaufe auf der Nadel von VORN nach HINTEN einstechen und den Faden holen. M von der Nadel gleiten lassen. Damit löst sich die obere M auf und eine Patente re M entsteht.

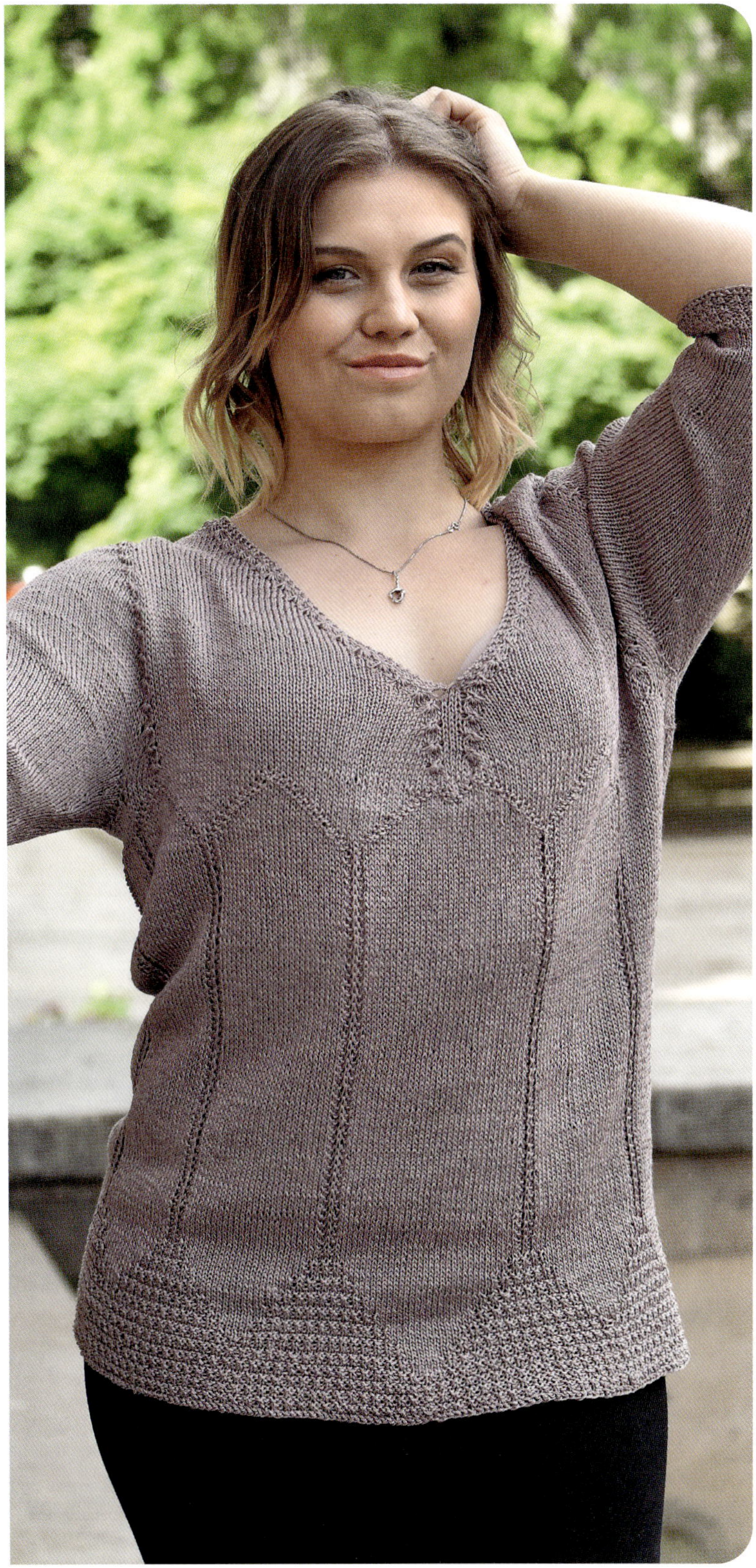

Leaves of hope

BLÄTTER DER HOFFNUNG

SCHWIERIGKEIT:

AUSSEHEN:

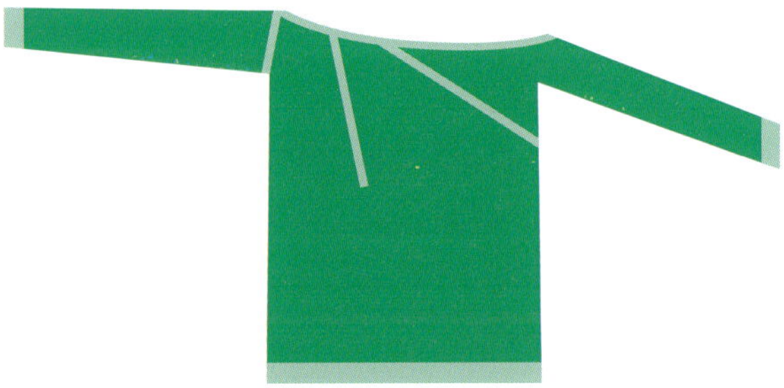

BENÖTIGTE FERTIGKEITEN:
- Lochmuster stricken
- Nach Strickschriften stricken

MATERIAL:
- Färbefädchen Sofia von Lanartus (100% Merino extrafine, LL 320 m/100 g) in Mint melange
- Stricknadeln 3,0 mm

VERBRAUCH:
- 500 g reichen bei Größe 44, pro weitere Größe ca. 100 g mehr bzw. weniger

BESONDERE ABKÜRZUNGEN:
HR = Hinreihe.

BLZunRe = Blätterzunahme nach rechts:
HR 1: 2 M re zusammenstricken, NICHT von der Nadel gleiten lassen, 1 U, die M noch einmal re zusammenstricken = 3 M aus 2 M gemacht.
Rückreihe: Alle M li stricken.
HR 2: 1 M re, 1 U, 2 M re.
Rückreihe: Alle M li stricken.
HR 3: 1 U, 3 M re, 1 U, 1 M re.
Rückreihe: Alle M li stricken.
HR 4: 1 M re, 1 U, 3 M überzogen zusammenstricken, 1 U, 2 M re.
Rückreihe: Alle M li stricken.

BLZunLi = Blätterzunahme nach links:
HR 1: 2 M re verschränkt zusammenstricken, NICHT von der Nadel gleiten lassen, 1 U, die M noch einmal re verschränkt zusammenstricken = 3 M aus 2 M gemacht.
Rückreihe: Alle M li stricken.
HR 2: 2 M re, 1 U, 1 M re.
Rückreihe: Alle M li stricken.
HR 3: 1 M re, 1 U, 3 M re, 1 U.
Rückreihe: Alle M li stricken.
HR 4: 2 M re, 1 U, 3 M überzogen zusammenstricken, 1 U, 1 M re.
Rückreihe: Alle M li stricken.

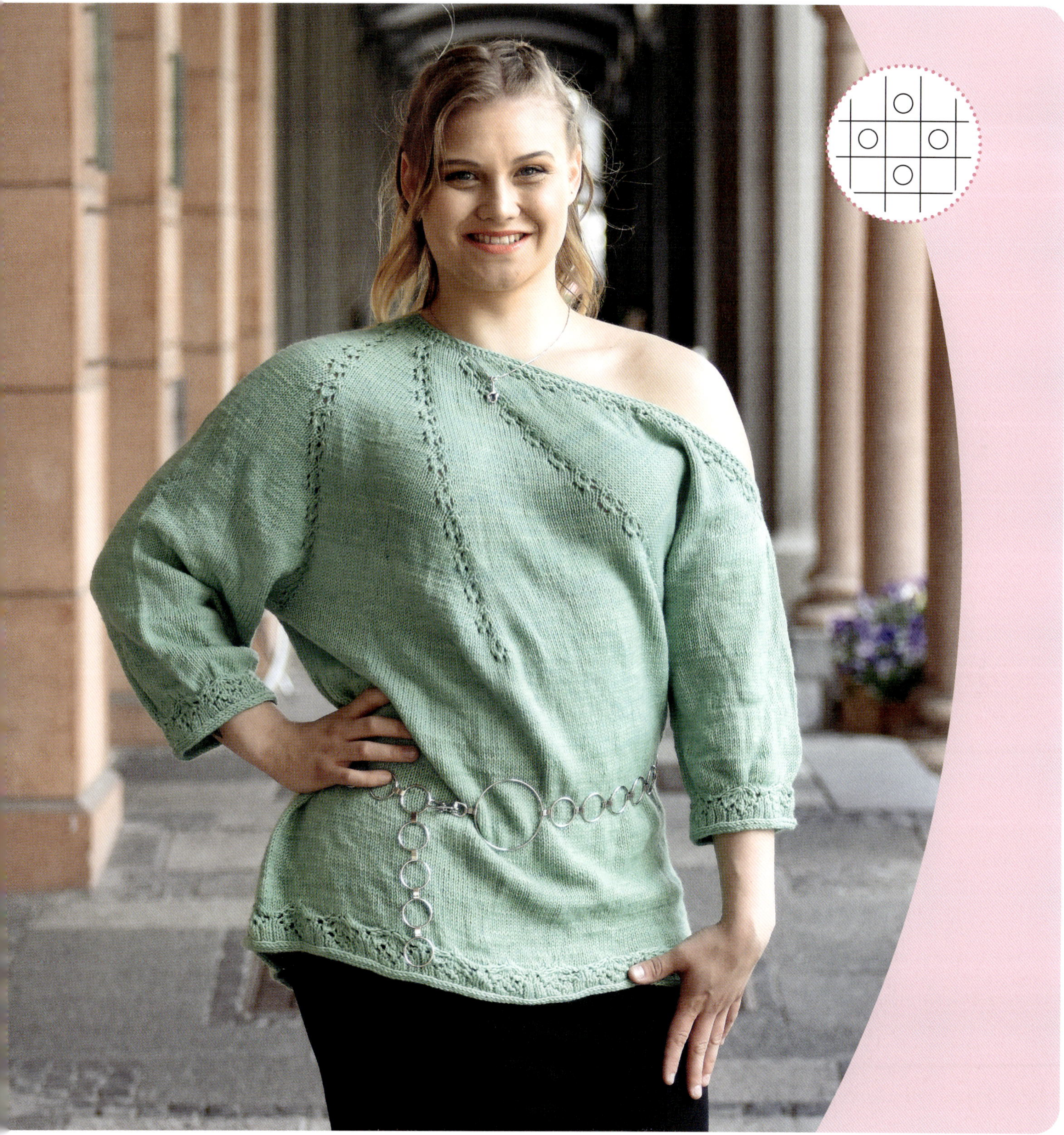

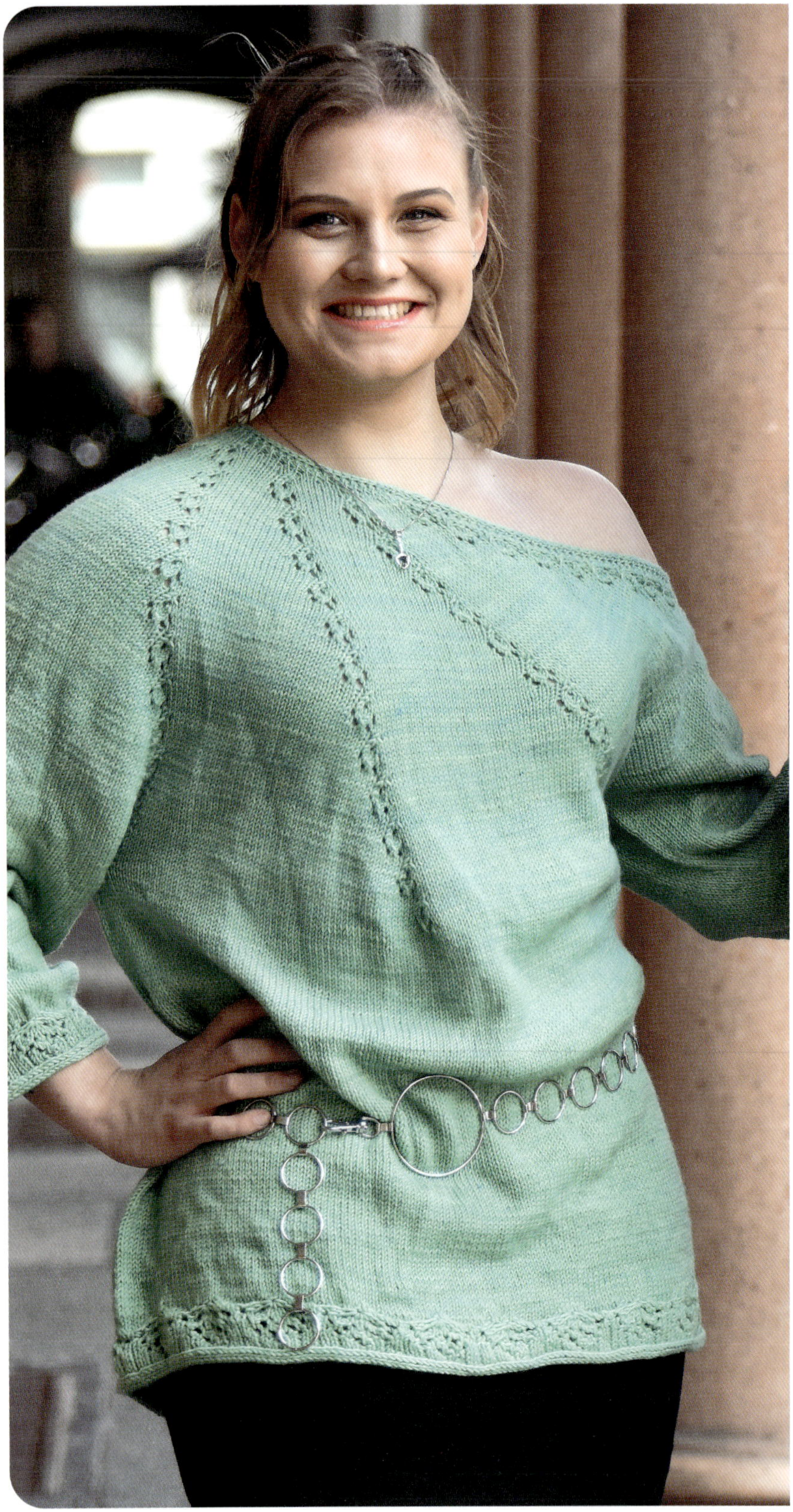

Los geht's:

SCHRITT 1:
Der Anschlag

Du beginnst mit einem Garter Tab mit I-Cord (siehe Seite 14) und strickst ihn für 20 cm Länge. Im abgebildeten Pullover wurde der Garter Tab mit I-Cord für 72 Reihen gestrickt und damit 36 krause Knötchen erzeugt. Wenn du mit einer anderen Wolle strickst, brauchst du für deine Zunahme mindestens 16 Wiederholungen der 2 Reihen, also mindestens 32 Reihen vom Garter Tab mit I-Cord. Nimm nun aus der Seite aus deinen krausen Knötchen die M auf und folge der Anleitung für die Zunahmereihen (36 M aus 36 krausen Knötchen aufgenommen).

SCHRITT 2A:
Die Zunahmen für den Ausschnitt – 8 Zunahmestellen (du brauchst 8 MM)

Reihe 1 (Rückreihe): 3 M wie zum Li-stricken abheben (Faden vorn), 2 M re, MM einhängen, li M bis 5 M vor dem Ende stricken, MM einhängen, 2 M re, 3 M wie zum Li-stricken abheben (Faden vorn).

Reihe 2 (Hinreihe): 5 M re, MM überheben, * 2 M re, MZ *, von * bis * wiederholen bis zum letzten MM, MM überheben, 5 M re = 18 M zugenommen (54 M zwischen den MM).

Reihe 3 (Rückreihe): 3 M wie zum Li-stricken abheben (Faden vorn), 2 M re, MM überheben, * 8 M li, MM einhängen *, von * bis * 3 Mal stricken, 6 M li, * MM einhängen, 8 M li *, von * bis * 3 Mal stricken, MM überheben, 2 M re, 3 M wie zum Li-stricken abheben (Faden vorn) = es hängen nun 8 MM im Gestrick.

Nun bist du bereit für die Wiederholungsreihen.

Reihe 4 (Hinreihe): 5 M re, MM überheben, * BLZunLi HR 1, re M bis zum nächsten MM *, von * bis * 4 Mal stricken, * re M bis 2 M vor dem nächsten MM, BLZunRe HR 1 *, von *bis * 4 Mal stricken, 5 M re = 8 M zugenommen.

Reihe 5 (Rückreihe): 3 M wie zum Li-stricken abheben (Faden vorn), 2 M re, MM überheben, li M bis 5 M vor dem Ende stricken, dabei alle MM überheben, 2 M re, 3 M wie zum Li-stricken abheben (Faden vorn).

Reihe 6 (Hinreihe): 5 M re, MM überheben, * BLZunLi HR 2, re M bis zum nächsten MM *, von * bis * 4 Mal stricken, * re M bis 3 M vor dem nächsten MM, BLZunRe HR 2 *, von * bis * 4 Mal stricken, 5 M re = 8 M zugenommen.

Reihe 7 (Rückreihe): 3 M wie zum Li-stricken abheben (Faden vorn), 2 M re, MM überheben, li M bis 5 M vor dem Ende stricken, dabei alle MM überheben, 2 M re, 3 M wie zum Li-stricken abheben (Faden vorn).

Reihe 8 (Hinreihe): 5 M re, MM überheben, * BLZunLi HR 3, re M bis zum nächsten MM *, von * bis * 4 Mal stricken, * re M bis 4 M vor dem nächsten MM, BLZunRe HR 3 *, von * bis * 4 Mal stricken, 5 M re = 16 M zugenommen.

Reihe 9 (Rückreihe): 3 M wie zum Li-stricken abheben (Faden vorn), 2 M re, MM überheben, li M bis 5 M vor dem Ende stricken dabei alle MM überheben, 2 M re, 3 M wie zum Li-stricken abheben (Faden vorn).

Reihe 10 (Hinreihe): 5 M re, MM überheben, * BLZunLi HR 4, re M bis zum nächsten MM *, von * bis * 4 Mal stricken, * re M bis 6 M vor dem nächsten MM, BLZunRe HR 4 *, von * bis * 4 Mal stricken, 5 M re = keine M zugenommen.

Reihe 11 (Rückreihe): 3 M wie zum Li-stricken abheben (Faden vorn), 2 M re, MM überheben, li M bis 5 M vor dem Ende stricken dabei alle MM überheben, 2 M re, 3 M wie zum Li-stricken abheben (Faden vorn).

Wiederhole nun die Reihen 4 bis 11 fortlaufend bis dein Ausschnitt die gewünschte Größe hat, dann bist du bereit, deinen Ausschnitt zur Runde zu schließen. Im abgebildeten Pullover wurden die Zunahmereihen insgesamt 11 Mal gestrickt.

SCHRITT 3:
Zur Runde schließen und bis unter die Arme stricken

Probiere zur Sicherheit deinen Pullover noch einmal an, um zu schauen, ob dir der Ausschnitt auch so gefällt.

Nach dem Schließen zur Runde werden aus allen Rückreihen deiner Wiederholungsreihen nun Zwischenrunden. Diese Zwischenrunden strickst du nun rechts.

Nun schließt du zur Runde. Das geht wie folgt:

Für das Garter Tab:
Schließe deine M zur Runde, indem du die M deines Garter Tab am Ende der Hinreihe noch ungestrickt auf eine Hilfsnadel legst und die Hilfsnadel HINTER die linke Nadel legst. Nun strickst du die erste M der linken Nadel mit der ersten M von der Hilfsnadel zusammen, dann die nächste M der linken Nadel mit der M der Hilfsnadel zusammen und so weiter, bis alle deine M vom Garter Tab aufgebraucht sind. Du hast also nur noch die Hälfte der M des Garter Tab auf der Nadel. Die MM werden NICHT ENTFERNT, sondern bleiben dort, wo sie waren. Stricke nun die Runde zu Ende, indem du alle M re strickst. Beachte, dass dies die erste Zwischenrunde ist, dies entspricht der Rückreihe, hätten wir in Reihen gestrickt. Der Rundenanfang ist hier nun beim 1. MM.

Folge nun weiter deinem Zunahmeprinzip. Du nimmst also weiterhin bei 8 Zunahmestellen zu. Dabei strickst du die M zwischen den Zunahmen rechts.

Wiederhole deine Zunahmen bis dein Pullover unter den Armen locker zusammen geht. Kontrolliere die Passform durch regelmäßiges Anprobieren oder das Auflegen auf einen gut sitzenden Pullover. Beachte dabei die Hinweise zur Wolle und Passform auf Seite 10. Dann teilst du laut der Tabelle auf Seite 34 deine Ärmelmaschen vom Körper.

SCHRITT 4:
Die Ärmel abteilen

In der nächsten zu strickenden Runde legst du alle deine Ärmelmaschen still und teilst diese damit vom Körper ab. Dabei werden alle MM bis auf den Rundenanfangsmarkierer entfernt. Hier kannst du den Sitz deines Ausschnitts selbst bestimmen. Sofern dein Pullover im Grundmuster glatt rechts ist, kannst du hier nun den Rundenanfang seitlich unter den linken Ärmel verschieben, indem du einfach den Rundenanfangsmarkierer an dieser Stelle einsetzt. Die paar M fallen später nicht auf.

Für diesen Pullover wurde die Off Shoulder Variante gestrickt. Du kannst natürlich auch jede andere Ausschnitt-Variante wählen. Für den Off Shoulder Ausschnitt strickt du wie folgt:

Wichtig: Hierfür muss dein Ausschnitt – je nach Kleidergröße – minimal 65 cm groß sein, im abgebildeten Pullover sind es 70 cm Ausschnitt.

Stricke zunächst die Hälfte der M des linken Ärmels auf ein Nadelseil oder eine weitere Nadel, dann strickst du die M deines Rückenteils ab, und danach wieder die M des rechten Ärmels auf ein Nadelseil oder eine weitere Nadel zum Stilllegen, nun strickst du die M des Vorderteils, zum Schluss noch die restlichen M des linken Ärmels auf das Nadelseil oder die Nadel überheben, NICHT stricken, auf der sich schon die erste Hälfte des Ärmels befindet.

Damit legt dein Ausschnitt die linke Schulter frei. Möchtest du, dass er die rechte Schulter frei legt, dann nimmst du einfach die andere Seite als Vorderseite.

In der nächsten Runde schlägst du unter den stillgelegten Ärmeln für einen guten Sitz 2 - 8 M an (das sollten etwa 2 cm Breite sein) und schließt damit unter den Armen deinen Pullover jeweils wieder zur Runde.

SCHRITT 5:
Den Körper stricken

Stricke nun in Runden deinen Pullover glatt rechts und gerade nach unten bis zur gewünschten Länge. Dein Pulli sollte ab Ärmelabteilung mindestens 35 cm lang sein, damit er auf Gürtelhöhe sitzt. Zum Abschluss strickst du die Abschlusskante nach der Strickschrift. Beachte hierbei, dass deine Maschenzahl durch 12 teilbar sein muss. Passe deine Maschenzahl an, indem du überzählige M gleichmäßig verteilt abnimmst. In der Strickschrift sind nur die Musterrunden gezeichnet, in den Zwischenrunden strickst du die M, wie sie erscheinen. Kette nach der letzten Runde die M am besten mit einem I-Cord ab, dann bist du bereit für die Ärmel.

SCHRITT 6:
Die Ärmel stricken

Nun die stillgelegten Ärmelmaschen wieder aufnehmen und aus den unter dem Arm angeschlagenen M 2 M mehr als zuvor beim Körper angeschlagen wurden aus den Ecken aufnehmen. So entstehen keine Löcher. Das heißt, wenn du unter dem Arm im 4. Schritt 5 M angeschlagen hast, so nimmst du aus diesen 5 M nun 7 M auf – 5 aus den angeschlagenen M und je 1 rechts und links aus dem kleinen Übergang, also vor und nach den 5 M. Den Ärmel strickst du nun in Runden rechts. Für einen engen Ärmel nimmst du alle 2 - 4 cm rechts und links der Mitte unter dem Arm je 1 M ab, indem du eine Abnahmerunde wie folgt strickst (= 2 abgenommene M in der Abnahmerunde):

Abnahmerunde: 2 M re, 2 M re zusammenstricken, re M bis 4 M vor dem MM, 2 M re überzogen zusammenstricken, 2 M re.

Im abgebildeten Pullover mit dem vorgegebenen Garn ist das in jeder 10. Runde. Stricke dann den Ärmel bis zur gewünschten Länge – im abgebildeten Pullover wurde ein 3/4 Arm gestrickt. Beende deinen Ärmel mit der Abschlusskante, so wie beim Körper beschrieben, und stricke den 2. Ärmel genau so.

Dein Pullover ist nun fertig. Zum Schluss noch alle Fäden vernähen. Nun einmal in lauwarmem Wasser waschen und liegend trocknen, dann kann das gute Stück ausgeführt und direkt das nächste angeschlagen werden.

Strickschrift

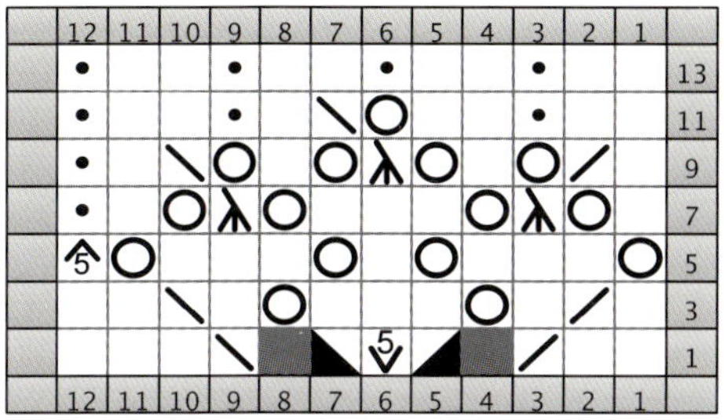

Zeichenerklärung

- □ = M re stricken
- ⊡ = M li stricken
- ⧄ = rechtsgerichtete Abnahme – 2 M re zusammenstricken
- ⧅ = linksgerichtete Abnahme – 2 M überzogen zusammenstricken (1 M abheben, 2. M stricken, abgehobene M überziehen)
- ⊙ = Umschlag – Faden über die Nadel legen
- ⅄ = doppelte Abnahme – 1 M abheben, 2 M re zusammenstricken, abgehobene M überziehen
- 5 = 5 M li zusammenstricken
- ■ = Platzhalter – keine M stricken
- ◣5◢ = 3 M re zusammenstricken, diese aber NICHT von der Nadel gleiten lassen, sondern einen Umschlag machen, noch 1 Mal re abstricken, 1 Umschlag, noch einmal re abstricken; so werden aus 3 M 5 M

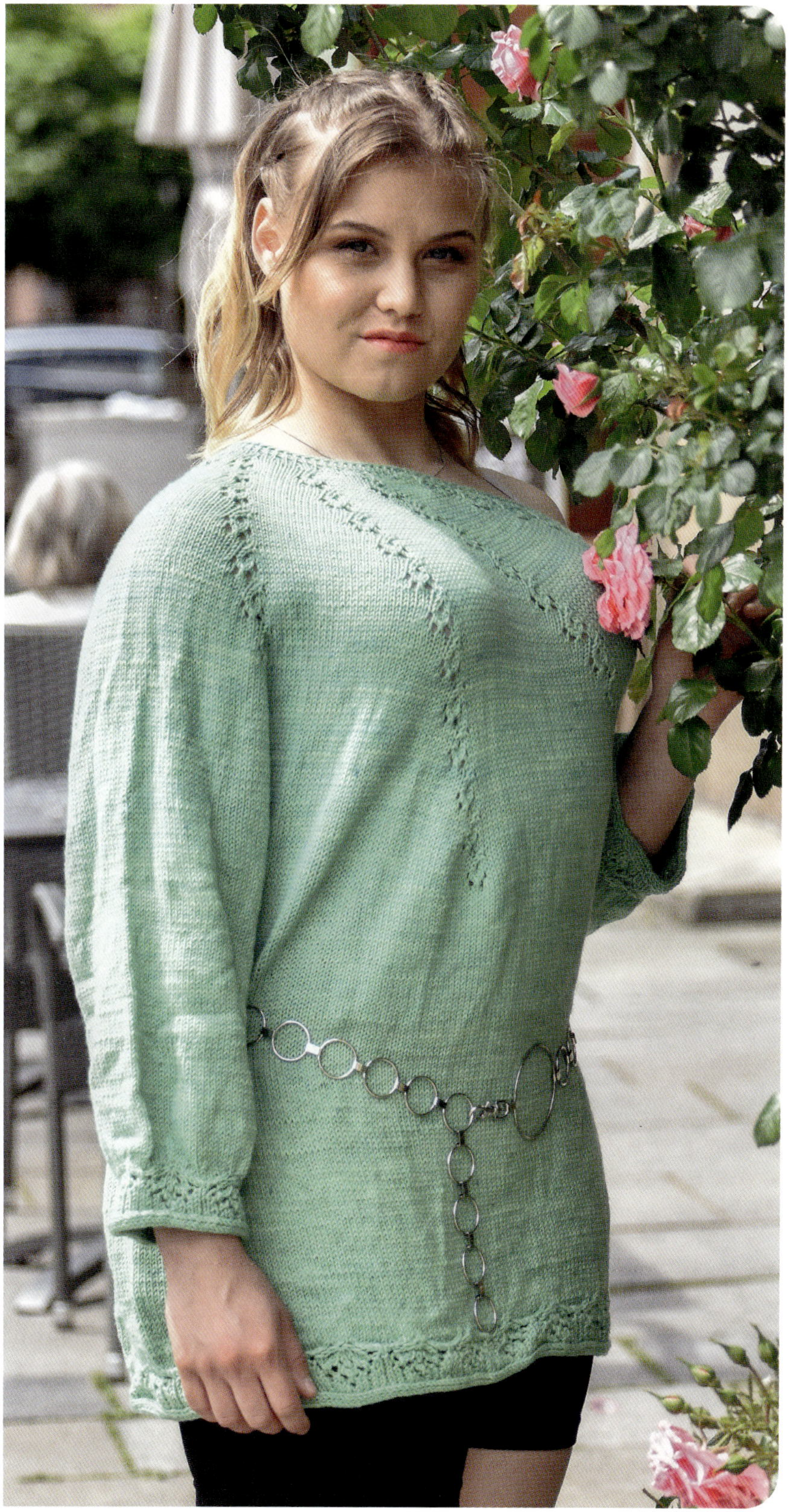

Don't stop me now

ICH BIN NICHT ZU STOPPEN

SCHWIERIGKEIT:

AUSSEHEN:

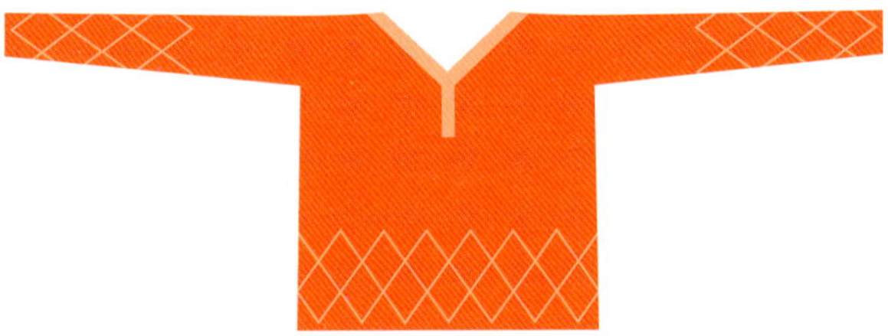

BENÖTIGTE FERTIGKEITEN:

- Lochmuster stricken
- Nach Strickschriften stricken

MATERIAL:

- Katia Cotton Merino fine (70% Bio-Baumwolle, 30% Merino, LL 75 m/25 g) in Orange (Fb 90)
- Stricknadeln 3,5 mm

VERBRAUCH:

- 300 g reichen bei Größe 40, pro weitere Größe ca. 100 g mehr bzw. weniger

Los geht's:

SCHRITT 1:
Der Anschlag

Du beginnst mit einem Garter Tab mit I-Cord (siehe Seite 14) und strickst ihn für 25 cm Länge. Im abgebildeten Pullover wurde der Garter Tab mit I-Cord für 96 Reihen gestrickt und damit 48 krause Knötchen erzeugt. Nimm nun aus der Seite aus deinen krausen Knötchen die M auf und folge der Anleitung für die Zunahmereihen (48 M aus krausen Knötchen aufgenommen).

SCHRITT 2A:
Die Zunahmen für den Ausschnitt – 8 Zunahmestellen (du brauchst 8 MM)

Reihe 1 (Rückreihe): 3 M wie zum Li-stricken abheben (Faden vorn), 2 M re, MM einhängen, li M bis 5 M vor dem Ende stricken, MM einhängen, 2 M re, 3 M wie zum Li-stricken abheben (Faden vorn).

Reihe 2 (Hinreihe): 5 M re, MM überheben, * 2 M re, MZ *, von * bis * wiederholen bis zum letzten MM, MM überheben, 5 M re = 24 M zugenommen.

Reihe 3 (Rückreihe): 3 M wie zum Li-stricken abheben (Faden vorn), 2 M re, MM überheben, * 11 M li, MM einhängen *, von * bis * 3 Mal stricken, 6 M li, * MM einhängen, 11 M li *, von * bis * 3 Mal stricken, MM überheben, 2 M re, 3 M wie zum Li-stricken abheben (Faden vorn) = es hängen nun 8 MM im Gestrick.

Nun bist du bereit für die Wiederholungsreihen.

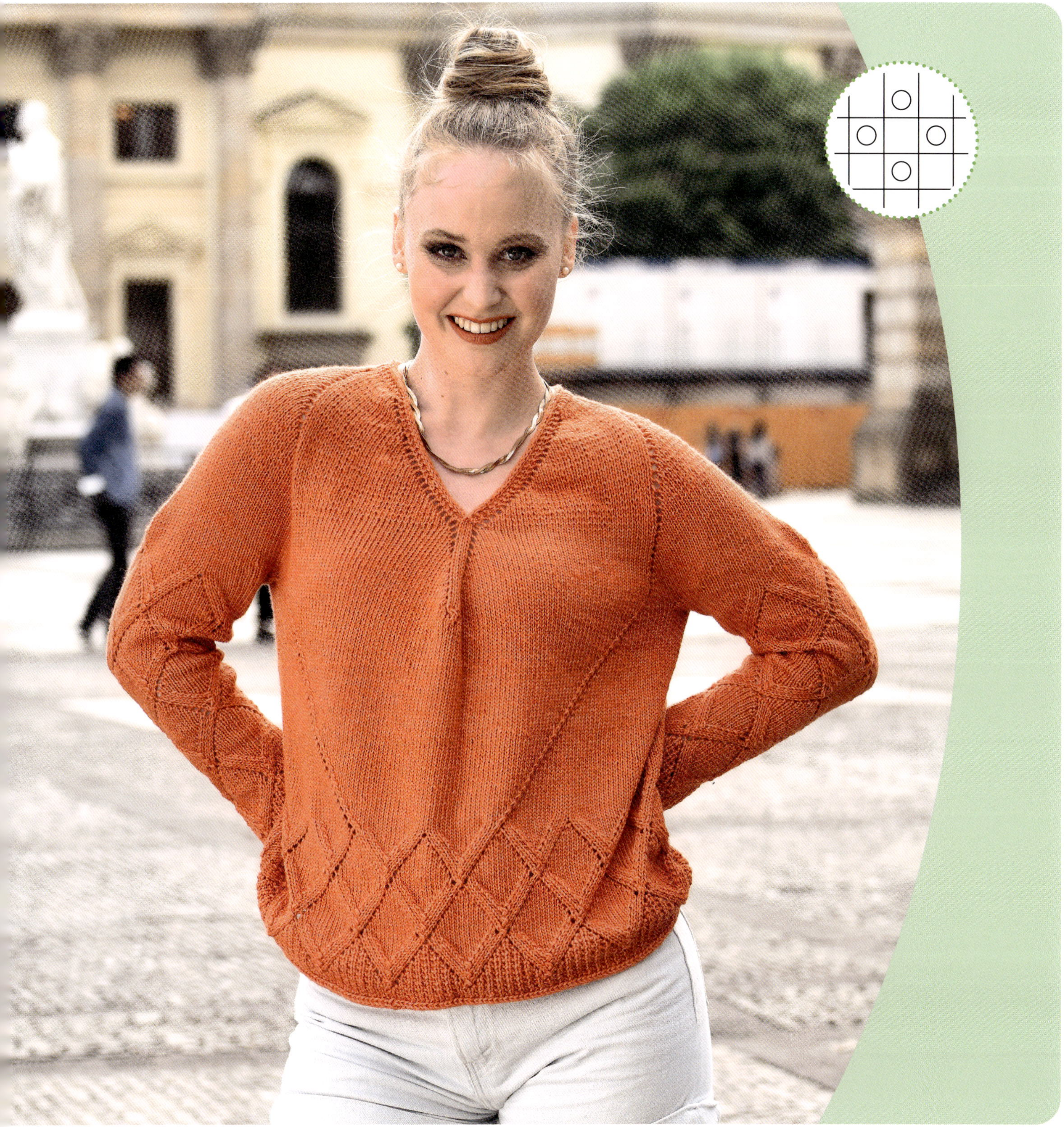

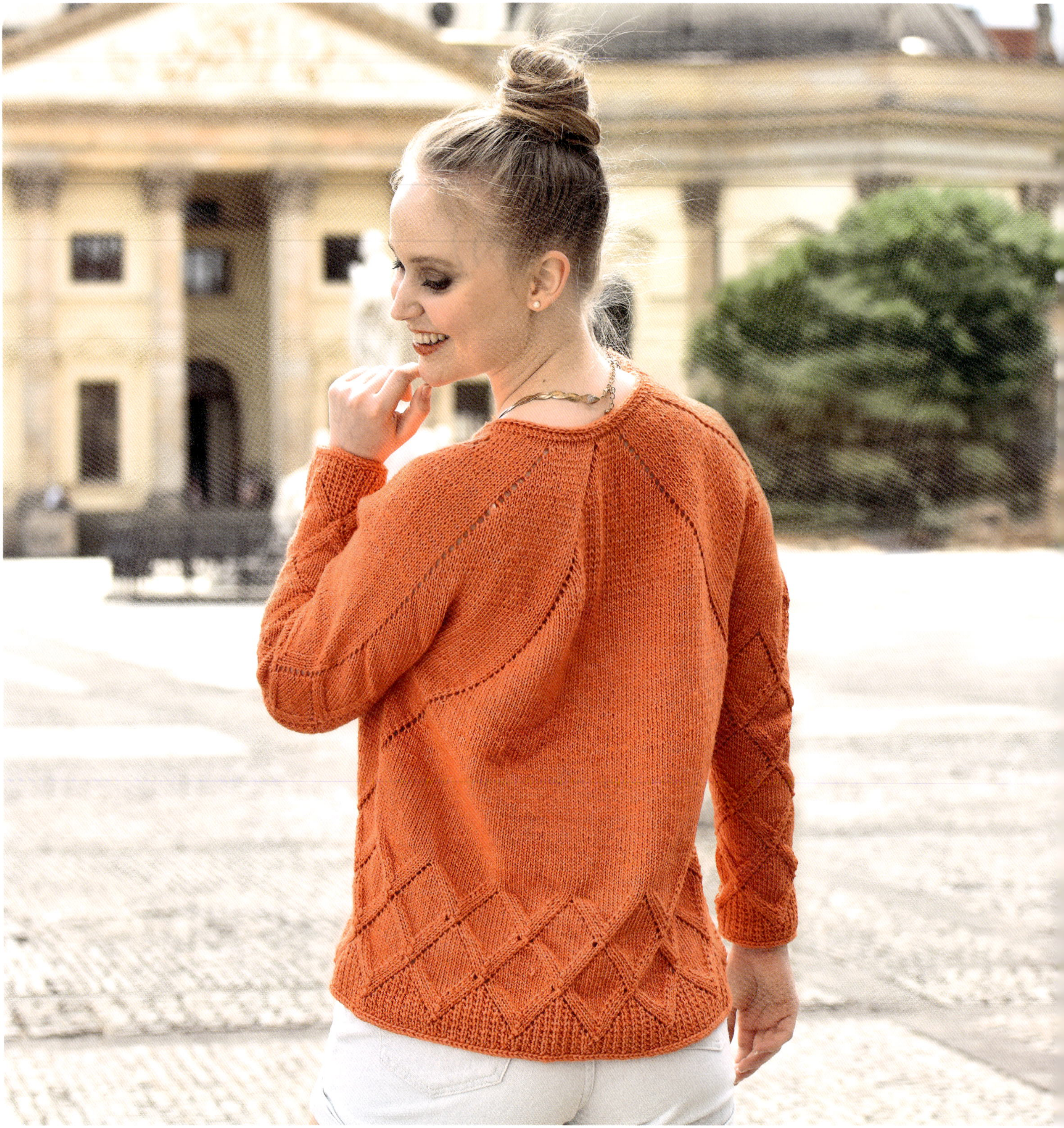

Reihe 4 (Hinreihe): 5 M re, MM überheben, * 1 U, re M bis zum nächsten MM, MM überheben *, von * bis * 4 Mal stricken, * re M bis zum nächsten MM, 1 U, MM überheben *, von * bis * 4 Mal stricken, 5 M re = 8 M zugenommen.

Reihe 5 (Rückreihe): 3 M wie zum Li-stricken abheben (Faden vorn), 2 M re, MM überheben, li M bis 5 M vor dem Ende stricken, dabei alle MM überheben, 2 M re, 3 M wie zum Li-stricken abheben (Faden vorn).

Wiederhole nun die Reihen 4 und 5 fortlaufend bis dein Ausschnitt die gewünschte Größe hat, dann bist du bereit für Schritt 3.

SCHRITT 3:
Zur Runde schließen und bis unter die Arme stricken

Probiere vor dem Schließen zur Runde deinen Ausschnitt noch einmal an, ob er die gewünschte Größe und Tiefe hat. Ist das der Fall, dann schließt du zur Runde. In der letzten Hinreihe vor dem Schließen zur Runde strickst du die M deines I-Cord re zusammen, sodass aus 3 M nun 1 M wird.

Nach dem Schließen zur Runde werden aus allen Rückreihen deiner Wiederholungsreihen nun Zwischenrunden. Diese Zwischenrunden strickst du nun rechts.

Das geht wie folgt:

Nimm die M deines Garter Tab mit I-Cord am Ende der Hinreihe noch ungestrickt auf eine Hilfsnadel und lege die Hilfsnadel HINTER die linke Nadel. Nun strickst du die erste M der linken Nadel mit der ersten M von der Hilfsnadel zusammen, dann die nächste M der linken Nadel mit der M der Hilfsnadel zusammen und so weiter, bis alle deine M vom Garter Tab aufgebraucht sind. Du hast also nur noch die Hälfte der M des Garter Tab auf der Nadel. Die MM werden NICHT ENTFERNT, sondern bleiben, dort, wo sie waren. Stricke nun die Runde zu Ende, indem du alle M re strickst. Beachte, dass dies die erste Zwischenrunde ist. Der Rundenanfang ist hier nun beim 1. MM.

Folge nun weiter deinem Zunahmeprinzip. Du nimmst also weiterhin bei 8 Zunahmestellen in jeder 2. Runde zu. Dabei strickst du die M zwischen den Zunahmen rechts.

Wiederhole deine Zunahmen bis dein Pullover unter den Armen locker zusammen geht. Kontrolliere die Passform durch regelmäßiges Anprobieren oder das Auflegen auf einen gut sitzenden Pullover. Beachte dabei die Hinweise zur Wolle und Passform auf Seite 10. Dann teilst du laut der Tabelle auf Seite 34 deine Ärmelmaschen vom Körper.

SCHRITT 4:
Die Ärmel abteilen

Lege in einer Zwischenrunde deine Ärmelmaschen still und teile diese damit vom Körper ab. Dabei werden die MM nicht entfernt.

Teile deine M wie folgt auf:

Stricke zunächst die Hälfte der M des Vorderteils, dann strickst du die Ärmelmaschen des linken Ärmels auf eine Nadel oder ein Nadelseil zum Stilllegen, nun strickst du die M deines Rückenteils ab, und danach wieder die M des rechten Ärmels auf ein Nadelseil oder eine weitere Nadel zum Stilllegen, zum Schluss noch die restlichen M des Vorderteils stricken.

In der nächsten Runde schlägst du unter den stillgelegten Ärmeln für einen guten Sitz 6 M an (das sollten etwa 2 cm Breite sein) und schließt damit unter den Armen deinen Pullover jeweils wieder zur Runde.

SCHRITT 5:
Den Körper stricken

Wiederhole die folgenden 2 Runden für weitere 15 - 20 cm ab Ärmel-Abteilung gemessen. Achte darauf, dass deine Maschenzahl durch 16 teilbar ist. Das kannst du anpassen, indem du beim Lochmuster entweder in der Muster-Runde die Abnahme weg lässt, so nimmst du M zu, oder in einer Zwischenrunde 2 M zusammenstrickst, so nimmst du M ab.

Vorbereitungsrunde 1: Die 3 M in der vorderen Mitte re überzogen zusammenstricken (aus 3 M 1 M), MM überheben, 1 U, * re M bis 2 M vor dem MM, REZ, MM überheben, 1 U *, von * bis * wiederholen bis zur hinteren Mitte, dann * re M bis zum MM, 1 U, MM überheben, RÜZ *, von * bis * wiederholen bis vor dem letzten MM, 1 U, MM entfernen.
Vorbereitungsrunde 2: Alle M re stricken.
Vorbereitungsrunde 3: MM überheben, 1 U, * re M bis 2 M vor dem MM, REZ, MM überheben, 1 U *, von * bis * wiederholen bis zur hinteren Mitte, dann * re M bis zum MM, 1 U, MM überheben, RÜZ *, von * bis * wiederholen bis 2 M vor Rundenende, REZ.
Vorbereitungsrunde 4: Alle M re stricken.
Wiederholungsrunde 1 (Musterrunde): MM überheben, * re M bis 2 M vor dem nächsten MM, REZ, MM überheben, 1 U *, von * bis * wiederholen bis zur hinteren Mitte, dann * re M bis zum MM, 1 U, MM überheben, RÜZ *, von * bis * wiederholen bis zum Rundenende
Wiederholungsrunde 2 (Zwischenrunde): Alle M re stricken.

Im abgebildeten Pullover wurde die Musterrunde 32 Mal gestrickt. Nun arbeitest du nach der Strickschrift. Es sind nur die Musterrunden gezeichnet. Die Zwischenrunden strickst du rechts. In Runde 11, 13, 15, 43, 45 und 47 strickst du an den pink markierten M deine Abnahme über den Rundenanfang drüber, sodass die Spitze der Raute genau in der Mitte zwischen den vorherigen Abnahmen ist. Wiederhole den rot umrandeten Bereich sowohl in der Runde als auch in der Höhe fortlaufend bis 5 cm vor der gewünschten Pulloverlänge. Beende deinen Pulli mit den Runden über dem rot eingerahmten Bereich. Im abgebildeten Pullover wurde der rot eingerahmte Bereich 1 Mal gestrickt. Kette zum Schluss alle M locker ab, du bist nun bereit für die Ärmel.

SCHRITT 6:
Die Ärmel stricken

Nun nimmst du die stillgelegten Ärmelmaschen wieder auf und aus den unter dem Arm angeschlagenen M nimmst du 8 M auf. So entstehen keine Löcher an den Ecken. Nun strickst du den Ärmel in Runden glatt rechts. Hänge dir in der Mitte unter dem Arm einen MM als Rundenanfangsmarkierer ein.

Führe auch hier dein Lochmuster wie beim Körperteil beschrieben für 3 - 5 Wiederholungen fort.

Zusätzlich zu deinem Lochmuster strickst du alle 6 Runden (ca 2 cm) eine Abnahmerunde wie folgt:

Abnahmerunde: 1 M re, 2 M re zusammenstricken, re M bis 3 M vor dem MM, 2 M überzogen zusammenstricken, 1 M re.

Nach den 3 - 5 Wiederholungen nimmst du nun gleichmäßig verteilt so viele M ab, dass deine Maschenzahl durch 16 teilbar ist. Folge nun der Strickschrift wie beim Körper beschrieben bis zur gewünschten Länge des Ärmels, beende wieder mit den Runden über dem rot eingerahmten Kasten und kette zum Schluss locker ab. Den 2. Ärmel strickst du genau so.

Dein Pullover ist nun fertig. Zum Schluss noch alle Fäden vernähen. Nun einmal in lauwarmem Wasser waschen und liegend trocknen, dann kann das gute Stück ausgeführt und direkt das nächste angeschlagen werden.

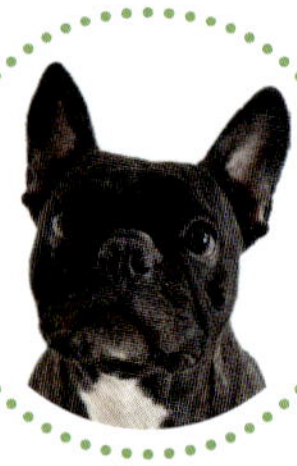

Werners Tipp

Der Pullover wirkt auch toll als Longpulli. Dafür den glatt rechten Teil einfach bis knapp über die Gürtellinie stricken und dann das Rautenmuster öfter wiederholen. Leggins drunter und schon bist du perfekt angezogen.

Strickschrift

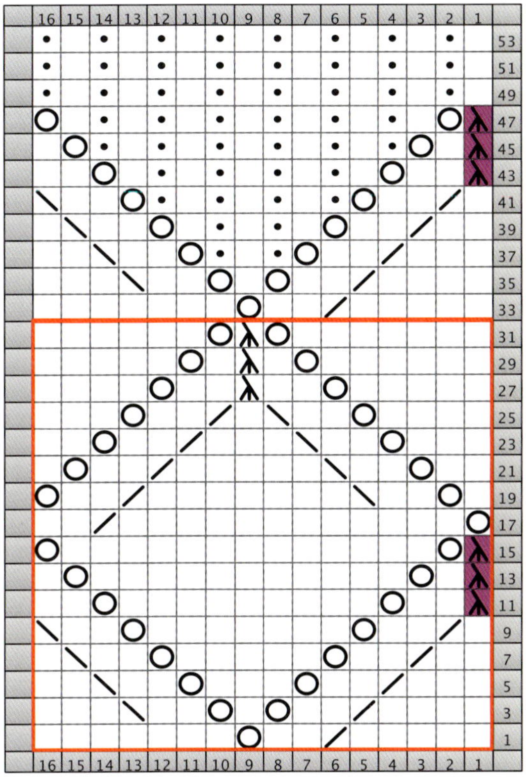

Zeichenerklärung

- ☐ = M re stricken
- ⦿ = M li stricken
- ⟋ = rechtsgerichtete Abnahme – 2 M re zusammen stricken
- ⟍ = linksgerichtete Abnahme – 2 M überzogen zusammenstricken (1 M abheben, 2. M stricken, abgehobene M überziehen)
- ○ = Umschlag – Faden über die Nadel legen
- ⅄ = doppelte Abnahme – 1 M abheben, 2 M re zusammenstricken, abgehobene M überziehen

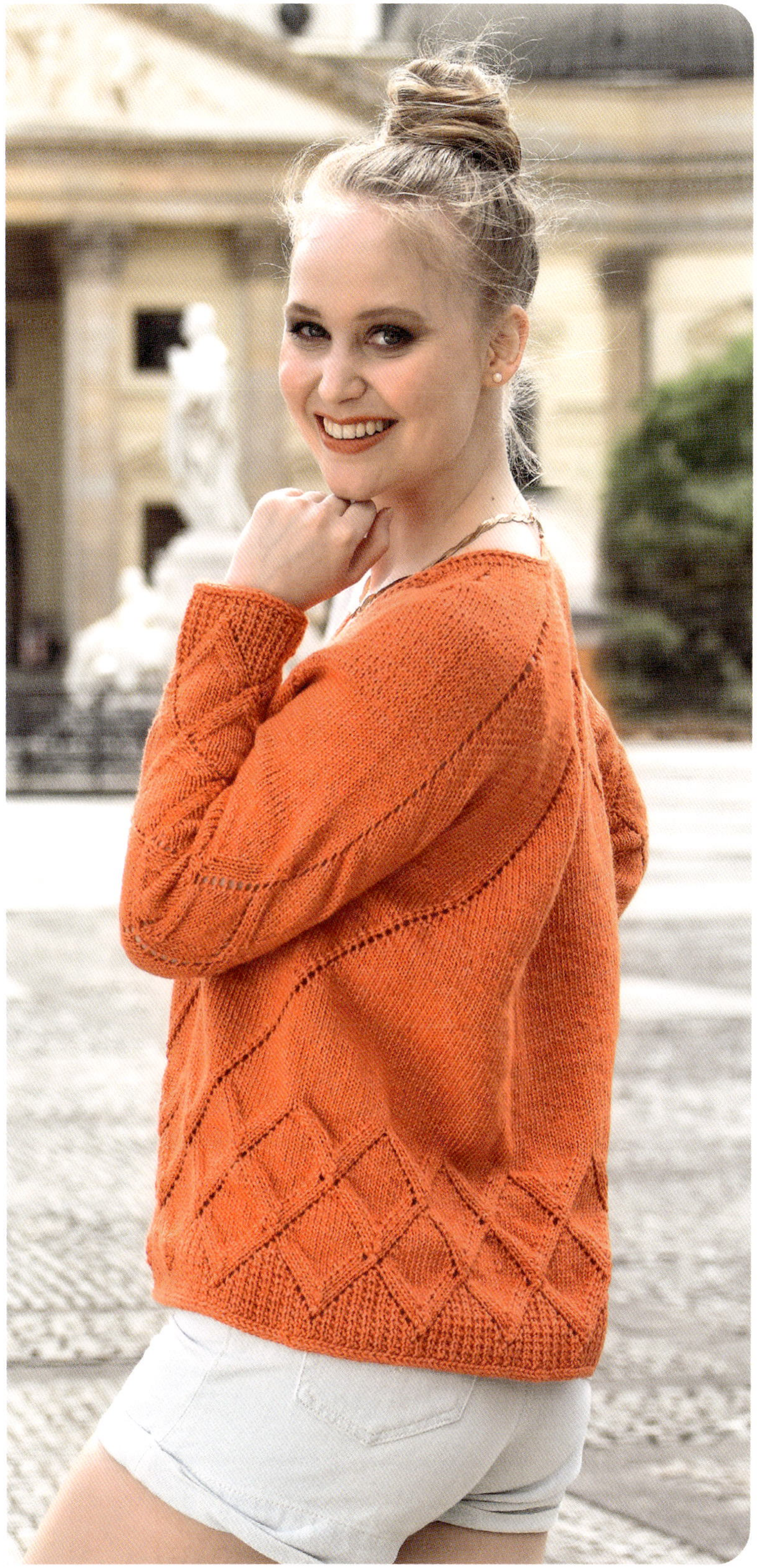

Sail away

SEGEL DAVON

SCHWIERIGKEIT:

AUSSEHEN:

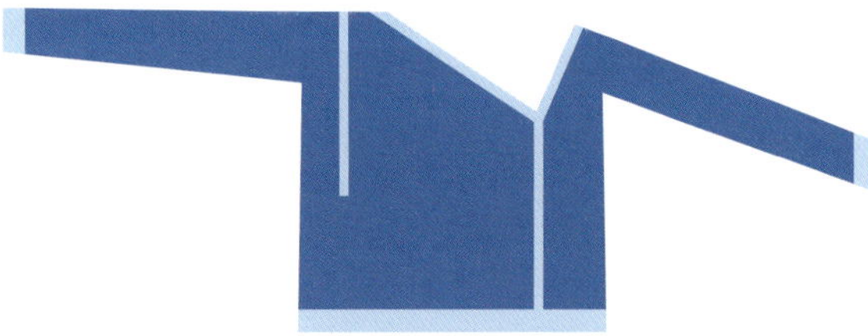

BENÖTIGTE FERTIGKEITEN:

- Zopfmuster stricken
- Nach Strickschriften stricken
- Großes Perlmuster

MATERIAL:

- ProLana Balu
  (42% Merino extra fine, 42% Lyocell (Tencel), 16% Polyamid, LL 225 m/50 g) in Himmel (Fb 53)
- Stricknadeln 4,5 mm

VERBRAUCH:

- 600 g reichen bei Größe 40, pro weitere Größe ca. 100 g mehr bzw. weniger

GRUNDMUSTER GROSSES PERLMUSTER:

In Reihen:

Reihe 1 (Hinreihe): 1 M re, 1 M li im Wechsel
Reihe 2 (Rückreihe): Alle M stricken, wie sie erscheinen
Reihe 3: 1 M li, 1 M re im Wechsel (das versetzt sich durch die Zunahmen von allein).
Reihe 4: Alle M stricken, wie sie erscheinen.

In Runden:

Runde 1: 1 M re, 1 M li im Wechsel stricken.
Runde 2: Alle M stricken, wie sie erscheinen.
Runde 3: 1 M li, 1 M re im Wechsel stricken (also die re u li M um 1 M versetzen).
Runde 4: Alle M stricken, wie sie erscheinen.

Los geht's:

SCHRITT 1:
Der Anschlag

Schlage 8 M pro Nadel in Judys Magic Cast On an. Kippe deine Arbeit nach rechts und beginne sofort nach Strickschrift A zu arbeiten. Es sind nur die Hinreihen dargestellt, in den Rückreihen strickst du alle M, auch die erste und letzte M li.

Arbeite alle Reihen und M der Strickschrift und wiederhole die Strickschrift in der Höhe fortlaufend, bis du sie insgesamt 12 Mal gestrickt hast, das sind dann ca 22 cm. Du hast nun am linken Rand insgesamt 36 krause Knötchen. Arbeite nun Reihe 1 der Strickschrift erneut und nimm dann aus den krausen Knötchen jeweils 1 M auf, wie das geht ist auf Seite 15 beschrieben. Nun hast du am Ende noch die

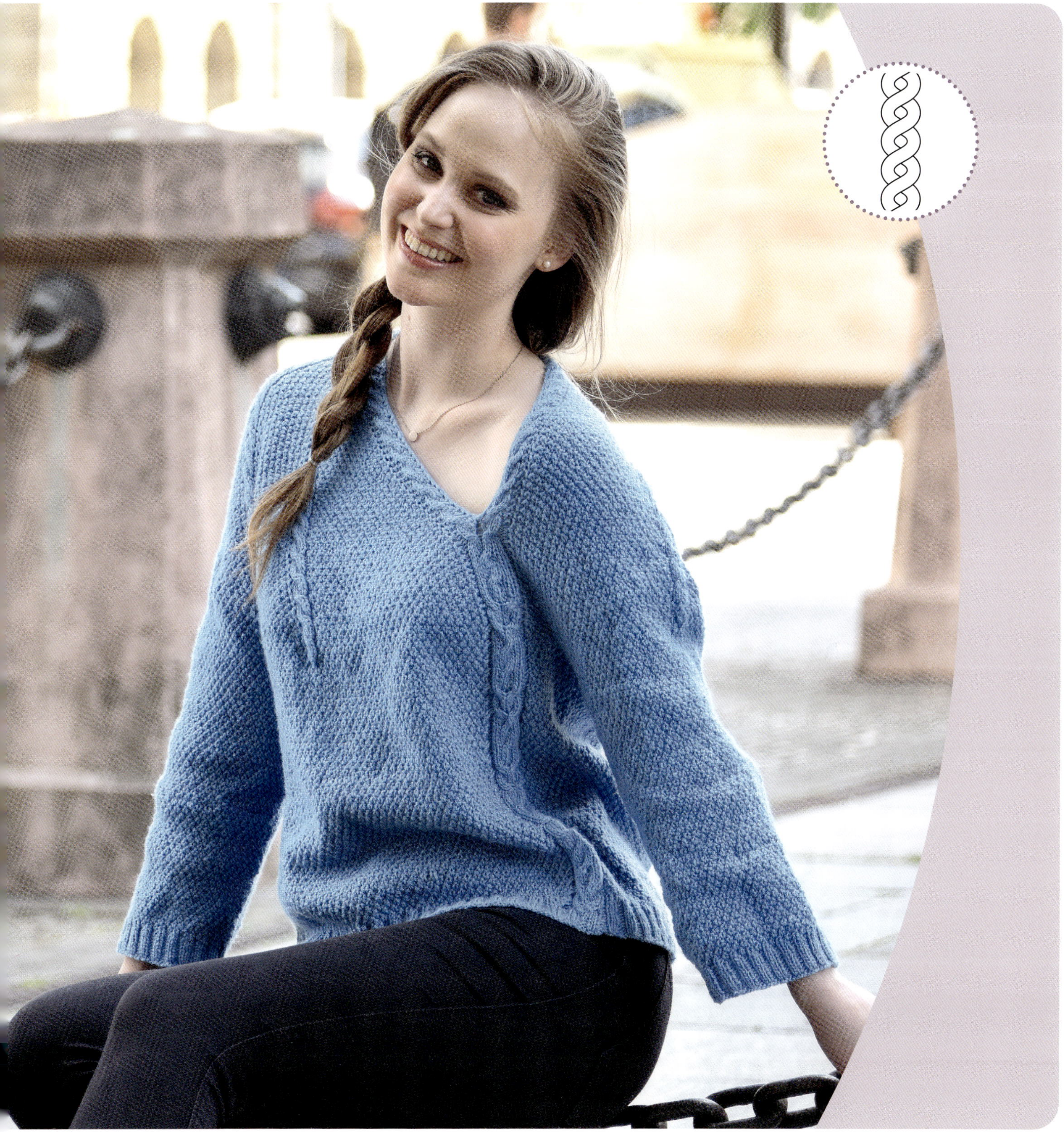

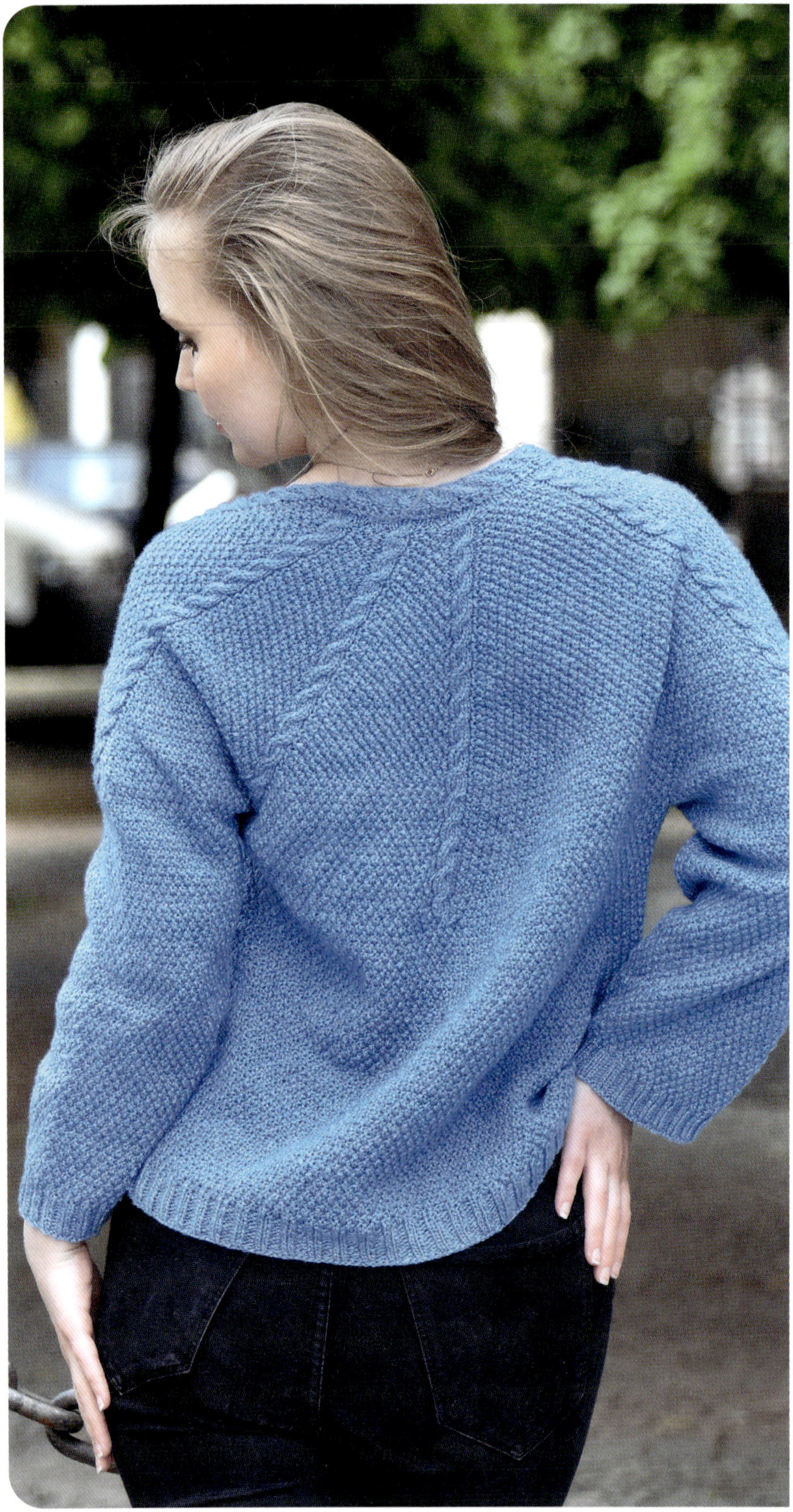

M der anderen Seite aus Judys Magic Cast On, diese strickst du nun nach Strickschrift B. Nun bist du bereit für den nächsten Teil.

SCHRITT 2A:
Die Zunahmen für den Ausschnitt – 8 Zunahmestellen (du brauchst 8 MM)

Reihe 1 (Rückreihe): Rückreihe der Blendenmaschen links stricken, MM einhängen, li M bis vor die andere Seite der Blende stricken, MM einhängen, Rückreihe der Blendenmaschen links stricken.

Reihe 2 (Hinreihe): M im Blendenmuster nach Strickschrift A stricken, MM überheben, * 2 M re, MZ *, von * bis * wiederholen bis zum letzten MM, MM überheben, M im Blendenmuster laut Strickschrift B stricken = 18 M zugenommen.

Reihe 3 (Rückreihe): Rückreihe der Blendenmaschen links stricken, MM überheben, * 8 M li, MM einhängen * insgesamt 3 Mal stricken, 6 M li, * MM einhängen, 8 M li * insgesamt 3 Mal stricken, letzten MM überheben, Rückreihe der Blendenmaschen links stricken.

Nun bist du bereit für die Wiederholungsreihen.

Reihe 4 (Hinreihe): M im Blendenmuster laut Strickschrift A stricken, MM überheben, MZ, * 1 M li, 1 M re im Wechsel bis 6 M vor dem nächsten MM, M aus Strickschrift D roter Rahmen stricken, MM überheben, MZ *, von * bis * noch 2 Mal wiederholen (= 4 Zunahmen und 3 Zöpfe zusätzlich zur Blende), 1 M li, 1 M re im Wechsel bis zum nächsten MM, MZ, MM überheben, * M aus Strickschrift E roter Rahmen stricken, 1 M re, 1 M li im Wechsel bis zum nächsten MM stricken, MZ, MM überheben *, von * bis * noch 2 Mal wiederholen (= 4 Zunahmen), M im

Blendenmuster nach Strickschrift B stricken.
-> Du hast in dieser Reihe 8 M zugenommen.

Reihe 5 (Rückreihe): Rückreihe der Blendenmaschen links stricken, MM überheben, alle M stricken wie sie erscheinen, also rechte M re und linke M li bis zum letzten MM stricken, dabei alle MM dazwischen überheben, letzten MM überheben, Rückreihe der Blendenmaschen links stricken.

Wiederhole nun die Reihen 4 und 5 fortlaufend bis dein Ausschnitt die gewünschte Größe hat, dann bist du bereit, zur Runde zu schließen. In Reihe 5 deiner Strickschriften wird später zur Runde geschlossen. Achte also darauf, dass du alle Reihen der Strickschrift bis Reihe 4 gestrickt hast, bevor du zur Runde schließt. Im abgebildeten Pullover wurde Strickschrift B 11 Mal wiederholt, bevor zur Runde geschlossen wurde.

SCHRITT 3:
Zur Runde schließen und bis unter die Arme stricken

Nun schließt du zur Runde. Das geht wie folgt:

Stricke zunächst eine Hinreihe und damit die letzte Reihe deiner Strickschriften. Am Ende nimmst du die letzten 2 M der Reihe ungestrickt auf eine Hilfsnadel. Die Hilfsnadel legst du HINTER die linke Nadel. Nun strickst du die erste M der linken Nadel mit der ersten M von der Hilfsnadel zusammen, dann die nächste M der linken Nadel mit der M der Hilfsnadel zusammen. Beende dann die Runde, indem du alle M wie sie erscheinen strickst und beachte dabei, dass diese Runde schon die erste Zwischenrunde ist. Wieder bei der Blende angekommen strickst du die ersten 5 M, wie sie erscheinen, dann ein RÜZ, ein REZ und die letzten 5 M wieder wie sie erscheinen. Der Rundenanfang ist hier der erste MM. Du hast dann in der ersten Musterrunde eine Reihe M mehr auf dem linken Teil der Blende.

Folge nun weiter deinem Zunahmeprinzip. Du nimmst also weiterhin bei 8 Zunahmestellen in jeder 2. Runde zu. Dabei strickst du die M zwischen den Zunahmen weiter 1 M li, 1 M re im Wechsel, dazwischen die Zöpfe wie gehabt. In der Mitte über deine Blendenmaschen strickst du nun nach Strickschrift C. Auch hier sind nur die Musterrunden dargestellt, die Zwischenrunden strickst du alle M, wie sie erscheinen.

Wiederhole deine Zunahmen bis dein Pullover unter den Armen locker zusammen geht. Dabei wiederholst du bei den kleinen Zöpfen alle M aus dem roten Rahmen und in der Mitte bei der ursprünglichen Blende ebenfalls die M aus dem roten Rahmen. Kontrolliere die Passform durch regelmäßiges Anprobieren oder das Auflegen auf einen gut sitzenden Pullover. Beachte dabei die Hinweise zur Wolle und Passform auf Seite 10. Dann teilst du laut der Tabelle auf Seite 34 deine Ärmelmaschen vom Körper.

SCHRITT 4:
Die Ärmel abteilen

In der nächsten zu strickenden Runde legst du alle deine Ärmelmaschen still und teilst diese damit vom Körper ab. Dabei werden alle MM bis auf den Rundenanfangsmarkierer entfernt. Hier kannst du den Sitz deines Ausschnitts selbst bestimmen. Im abgebildeten Pullover sitzt der Ausschnitt schräg links. Dafür strickst du wie folgt:

Stricke zuerst die Ärmelmaschen des linken Ärmels auf eine Nadel oder ein Nadelseil zum Stilllegen, achte dabei darauf, dass deine Zöpfe mittig sitzen und führe dein Zopfmuster dabei fort, nun strickst du die M deines Rückenteils ab, achte auch hierbei darauf, dass die Zöpfe möglichst gleichmäßig aufgeteilt sind. Danach strickst du wieder die M des rechten Ärmels auf ein Nadelseil oder eine weitere Nadel zum Stilllegen, zum Schluss noch die M des Vorderteils stricken.

Damit zeigt dein Ausschnitt schräg nach links.

In der nächsten Runde schlägst du unter den stillgelegten Ärmeln für einen guten Sitz 6 M an (das sollten etwa 2 cm Breite sein) und schließt damit unter den Armen deinen Pullover jeweils wieder zur Runde. Folge dabei weiter dem großen Perlmuster und den Strickschriften.

SCHRITT 5:
Den Körper stricken

Stricke in Runden weiter deinen Körper. Dabei strickst du an allen kleinen Zöpfen nach Beenden des roten Kastens nun die Reihen und M über dem roten Kasten. Die Mitte liegt hier nun schräg durch den schräg sitzenden Ausschnitt. In der Mitte führst du deinen großen Zopf laut Strickschrift C fort. Hast du über den kleinen Zöpfen die Strickschrift beendet, strickst du alle M im großen Perlmuster und in der Mitte führst du deinen großen Zopf weiter fort. Stricke nun deinen Pullover bis zur gewünschten Länge minus 5 cm. Dann beendest du deinen Pullover, indem du die M über dem roten Kasten aus Strickschrift C strickst und alle übrigen M im Muster 2 M re, 2 M li. Passe hier gegebenenfalls deine Maschenzahl an. Kette am Ende locker ab, nun bist du bereit für die Ärmel.

SCHRITT 6:
Die Ärmel stricken

Nun musst du die stillgelegten Ärmelmaschen wieder aufnehmen und aus den unter dem Arm angeschlagenen M 8 M aufnehmen. Das sind die 6 aufgeschlagenen M und je eine M aus den Ecken. So entstehen keine Löcher. Hänge dir in der Mitte unter dem Arm einen MM als Rundenanfangsmarkierer ein. Stricke nun hier, wie beim Körper zuvor auch, zunächst den roten Kasten über den kleinen Zöpfen zu Ende und alle M dazwischen im großen Perlmuster. Danach beendest du die kleinen Zöpfe mit den M und Reihen über dem roten Kasten und strickst danach alle M im großen Perlmuster. Alle 8 Runden (ca 3 cm) strickst du eine Abnahmerunde wie folgt:

Abnahmerunde: M im großen Perlmuster bis 1 M vor dem MM unter dem Arm stricken, 3 M überzogen zusammenstricken. Hierbei muss der MM kurz entfernt werden und vor der abgehobenen M wieder eingehängt werden.

Arbeite nun deinen Ärmel für die gewünschte Länge und beende ihn ebenfalls mit dem 2 M re, 2 M links Bündchen wie beim Körper. Natürlich kannst du deinen Ärmel auch länger oder kürzer stricken und auch mit einem anderen Bündchen beenden. Sylvies Spezialbündchen 1 oder 3 passt hier übrigens prima dazu. Kette zum Schluss locker ab und stricke den 2. Ärmel genau so.

Schau hier

Spezialbündchen 3:
http://goto.crasy.world/lochrippen

Dein Pullover ist nun fertig. Zum Schluss noch alle Fäden vernähen. Nun einmal in lauwarmem Wasser waschen und liegend trocknen, dann kann das gute Stück ausgeführt und direkt das nächste angeschlagen werden.

Strickschrift A

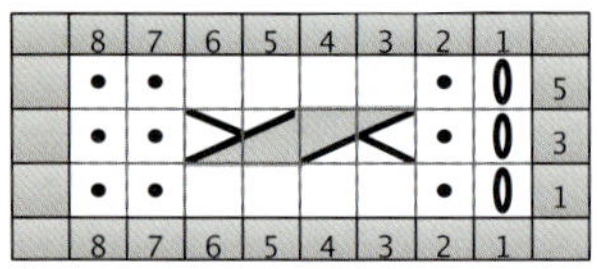

Strickschrift C

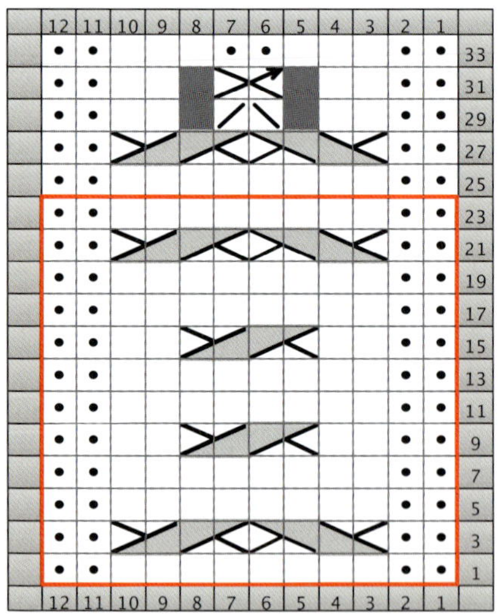

Strickschrift B

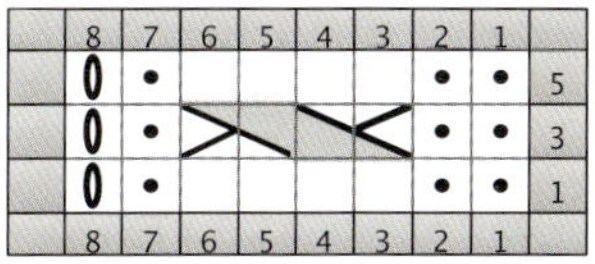

Strickschrift D

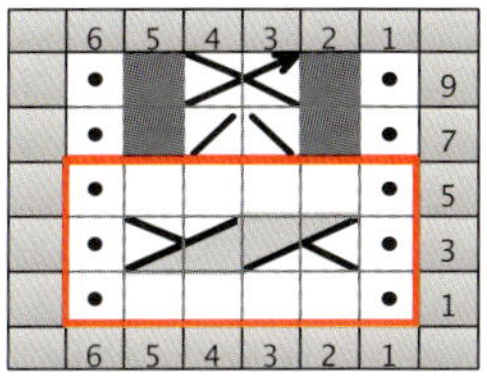

Strickschrift E

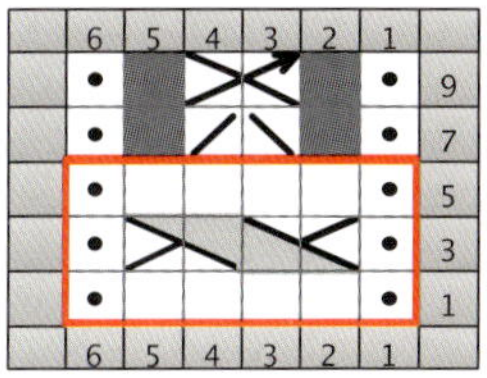

Zeichenerklärung

- = M re stricken
- = M li stricken
- = rechtsgerichtete Abnahme – 2 M re zusammenstricken
- = linksgerichtete Abnahme – 2 M überzogen zusammenstricken (1 M abheben, 2. M stricken, abgehobene M überziehen)
- = Kettrand – M am Ende der Reihe re stricken und am Anfang der Reihe wie zum Li-stricken abheben
- = Platzhalter – keine M stricken
- = 4er Zopf nach rechts: 2 M auf eine Hilfsnadel HINTER die Arbeit legen, die nächsten 2 M re stricken, die M der Hilfsnadel re stricken
- = 4er Zopf nach links: 2 M auf eine Hilfsnadel VOR die Arbeit legen, die nächsten 2 M re stricken, die M von der Hilfsnadel re stricken
- = 2 M re zusammenstricken, NICHT von der Nadel gleiten lassen, sondern die 2. M noch einmal re stricken, dann beide M von der Nadel gleiten lassen

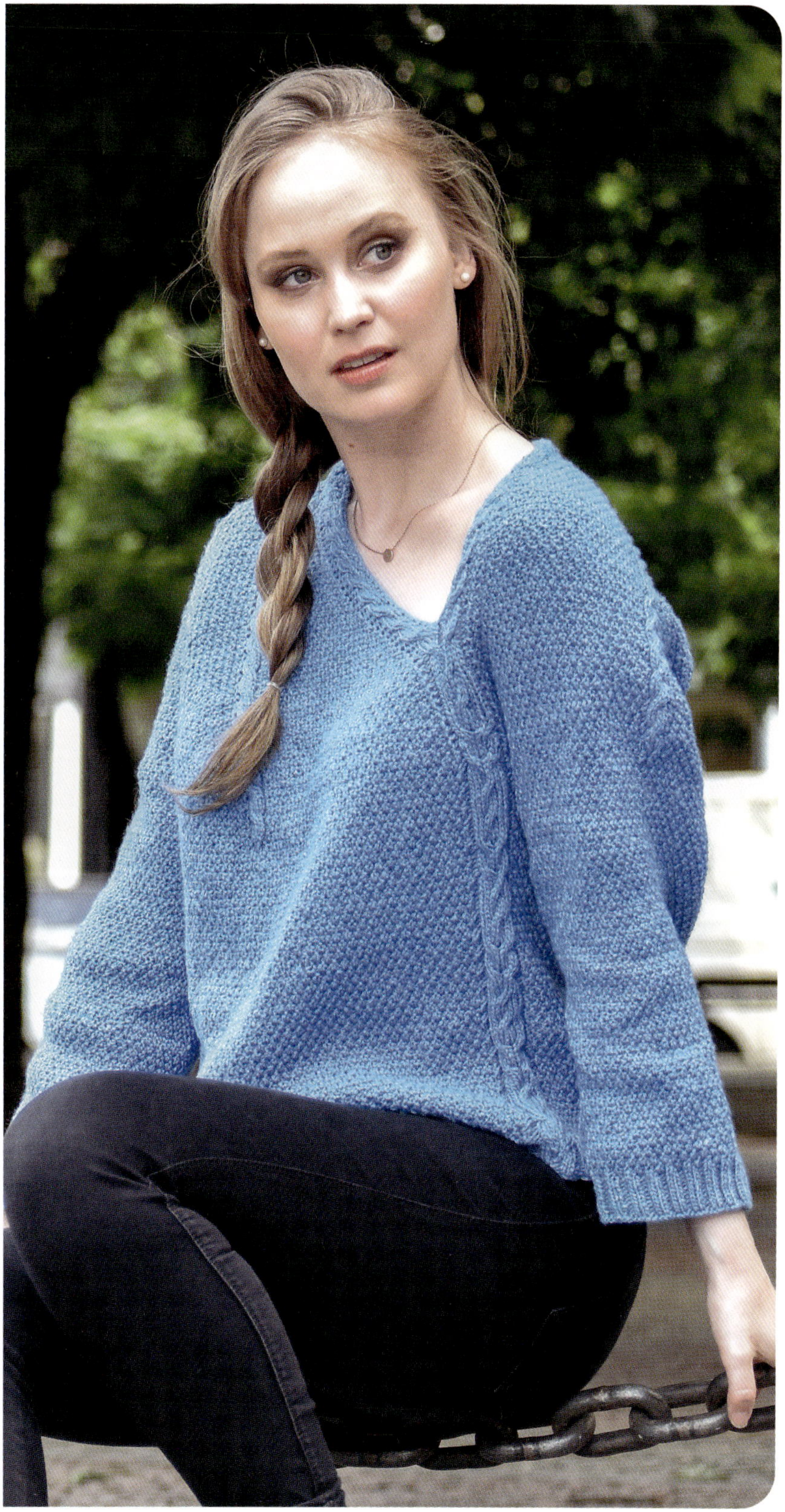

Cozy Ruffles

KUSCHELIG VERRÜSCHT

SCHWIERIGKEIT:

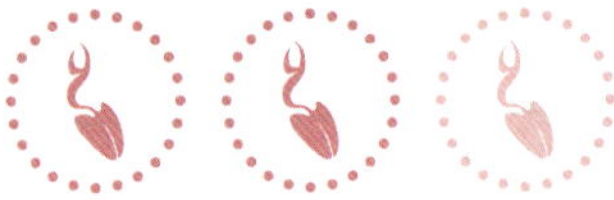

AUSSEHEN:

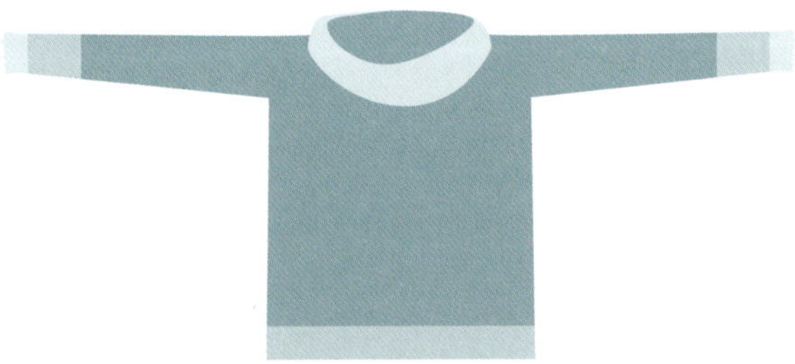

BENÖTIGTE FERTIGKEITEN:

- Nach Strickschriften stricken

MATERIAL:

- Pascuali Merino Baby (100% Schurwolle (Bio-Merino Superfine), LL 220 m/50 g) in Agave (Fb 319) Garn A und Manada (45% Mohair, 25% Seide, 15% Yak, 15% Bio-Merino extra fine, LL 200 m/25 g) in Agave (Fb 219) Garn B und Karibik (Fb 217) Garn C
- Stricknadeln 4,0 mm

VERBRAUCH:

- Je 400 g Merino Baby, 200 g Manada Agave und 25 g Karibik reichen bei Größe 44, pro weitere Größe ca. 100 g Merino Baby und 50 g Manada Agave mehr bzw. weniger

Los geht's:

SCHRITT 1:
Der Anschlag

Du beginnst mit einem Garter Tab und strickst mit doppeltem Faden mit Garn A und B. Dein Garter Tab besteht aus 2 M und 14 Reihen, also 7 krausen Knötchen. Ein Video zum Garter Tab findest du hier: http://goto.crasy.world/gartertab. Die Beschreibung zum Garter Tab findest du auf Seite 14. In der nächsten Hinreihe strickst du die M des Garter Tab ab und nimmst aus jedem krausen Knötchen eine M auf, dann strickst du die andere Seite des Garter Tab.

Wenn alle M aufgenommen sind, hast du 11 M auf deiner Nadel.

SCHRITT 2:
Die Zunahmen für den Ausschnitt

Du hast immer 2 M als Randmaschen, das sind die M aus dem Anfang und Ende vom Garter Tab:

Reihe 1 (Rückreihe): 2 M re, li M bis 2 M vor dem Ende stricken, 2 M re.
Reihe 2 (Hinreihe): 2 M re, * 1 U, 1 M re *, von * bis * bis 2 M vor dem Ende wiederholen, 1 U, 2 M re = 8 M zugenommen.
Reihe 3: 2 M re, 1 M re + 1 M li in den U der Vorreihe, li M bis 2 M vor dem Ende, 1 M re + 1 M li in den U der Vorreihe, 2 M re = 2 M zugenommen.
Reihe 4: 2 M re, 1 U, re M bis vor die letzten 2 M, 1 U, 2 M re = 2 M zugenommen.

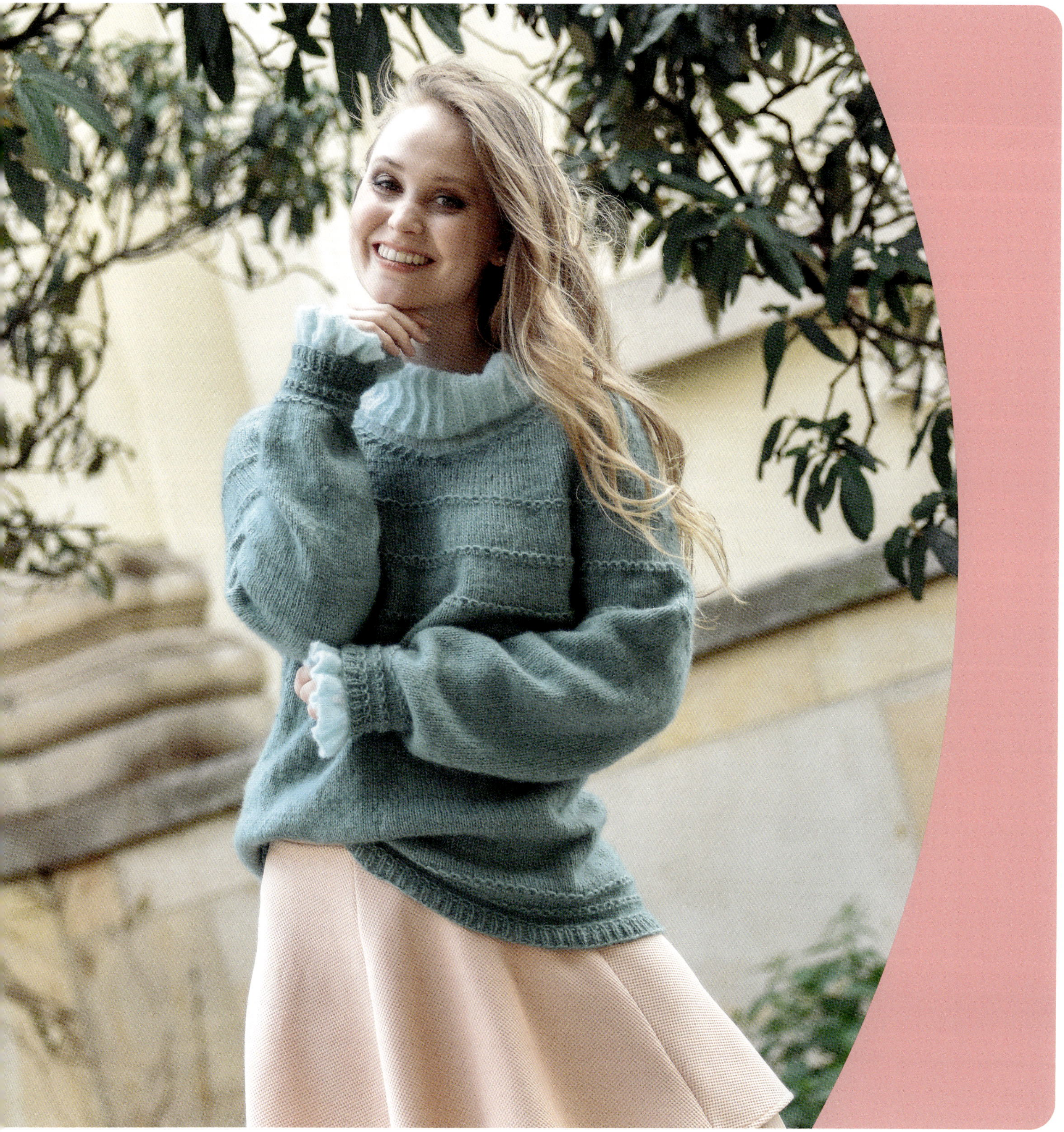

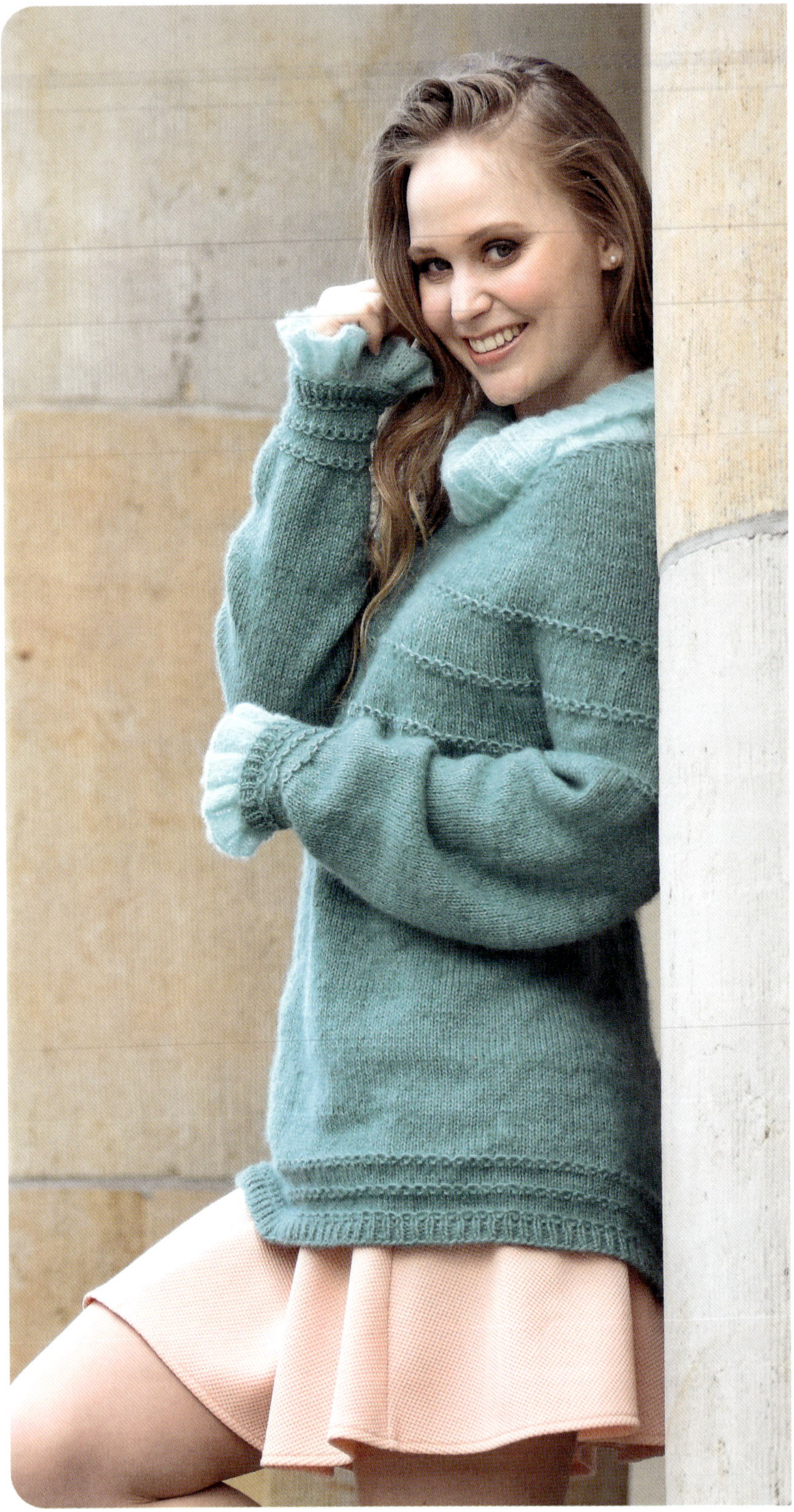

Reihe 5: 2 M re, 1 M re + 1 M li in den U der Vorreihe, li M bis vor die letzten 2 M, 1 M re + 1 M li in den U der Vorreihe, 2 M re = 2 M zugenommen.

Reihe 4 und 5 wiederholst du nun zunächst 2 Mal, dann folgt eine Prozentreihe:

Prozentreihe (Hinreihe): 2 M re, 1 U, 5 M re, * MZ, 5 M re *, von * bis * bis 2 M vor dem Ende wiederholen, 1 U, 2 M re.

ACHTUNG – es passiert nicht immer, dass in der Prozentreihe am Ende auch 5 M vor den Randmaschen übrig bleiben, das kann auch weniger sein, das ist total in Ordnung, denn es ist ja eine prozentuale Zunahme 😉.

Nach der Prozentreihe strickst du einmal Reihe 5 und strickst dann Reihe 4 und 5 insgesamt 5 Mal (also 10 Reihen), dann folgt wieder eine Prozentreihe, gefolgt von einer Reihe 5. Nun strickst du Reihe 4 und 5 insgesamt 6 Mal gefolgt von einer Prozentreihe und einer Reihe 5.

Mit jeder Wiederholung strickst du also deine Wiederholungsreihen 4 und 5 einmal mehr. In jeder Wiederholung der Prozentreihe wird die Maschenzahl prozentual erhöht. Die Auflistung auf Seite 32 gibt dir hier eine Hilfestellung für deine Zunahmen und Maschenzahlen.

SCHRITT 3:
Zur Runde schließen und bis unter die Arme stricken

Wiederhole deine Reihen 4 und 5 plus und die Prozentreihe nach dem genannten Prinzip, bis dein Strickstück an der kraus rechts Kante einen Ausschnitt von 60 cm Weite hat. Im abgebildeten Pullover wurden 4 Prozentreihen gestrickt und 3 weitere Reihen, bevor zur Runde geschlossen wurde.

Dann schließt du zur Runde, indem du deine krausen Randmaschen mit deinem 3 Needle Bind Off ankettest, dadurch entsteht eine geschlossene Rundung. Hänge dir hier nun einen MM als Rundenanfangsmarkierer ein.

Ab hier wird nur noch in den Prozentrunden zugenommen. Stricke nun nach jeder Prozentrunde zunächst die 2 Musterrunden und alle restlichen Runden glatt rechts. Nach dem Schließen zur Runde beendest du zunächst deine Zwischenreihen bzw. Zwischenrunden mit der gleichen Anzahl wie in der Wiederholung davor. Sprich: Schließt du nach Runde 52, sind es bis zur nächsten Prozentrunde insgesamt 15 Reihen bzw. Runden. Schließt du nach Reihe 70 zur Runde, so sind es 17 Reihen bzw. Runden bis zur nächsten Prozentrunde. Danach wird von Prozentrunde zu Prozentrunde immer eine Zwischenrunde mehr gestrickt. Möchtest du deine Maschenzahlen zwischendurch kontrollieren, kannst du den EaSy EfA Rechner auf www.crasy.world benutzen. Deine Prozentrunde sieht nun ein wenig anders aus und zwar wie folgt.

Prozentrunde: * 4 M re, MZ *, von *bis * wiederholen bis zum Rundenanfang.

ACHTUNG – es passiert nicht immer, dass in der Prozentrunde am Ende auch 4 M vor dem Rundenübergang übrig bleiben, das kann auch weniger sein, das ist total in Ordnung, denn es ist ja eine prozentuale Zunahme 😉.

Wenn dir eine vollständige Prozentrunde mit entsprechendem Rundenabstand zuviel wird, dann kannst du nach der Hälfte der Runden eine halbe Prozentrunde (siehe Seite 28) stricken.

Musterrunde 1: * 1 M li, 1 M wie zum Li-stricken abheben mit Faden vorn * in der Runde fortlaufend wiederholen.
Musterrunde 2: 1 M re, 1 M li im Wechsel stricken.

Wiederhole deine Zunahmen bis dein Pullover unter den Armen locker zusammen geht. Kontrolliere die Passform durch regelmäßiges Anprobieren oder das Auflegen auf einen gut sitzenden Pullover. Beachte dabei die Hinweise zur Wolle und Passform auf Seite 10. Dann teilst du laut der Tabelle auf Seite 34 deine Ärmelmaschen vom Körper.

SCHRITT 4:
Die Ärmel abteilen

In der nächsten zu strickenden Runde legst du alle deine Ärmelmaschen still und teilst diese damit vom Körper ab. Versetze dabei den Rundenanfang seitlich unter den linken Ärmel, indem du einfach den Rundenanfangsmarkierer an dieser Stelle einsetzt. Die paar M fallen später nicht auf.

Für den mittig sitzenden Ausschnitt teilst du deine Ärmel wie folgt ab:

Stricke zunächst die Hälfte der M des Vorderteils, dann strickst du die Ärmelmaschen des linken Ärmels auf eine Nadel oder ein Nadelseil zum Stilllegen, nun strickst du die M deines Rückenteils ab, und danach wieder die M des rechten Ärmels auf ein Nadelseil oder eine weitere Nadel zum Stilllegen, zum Schluss noch die restlichen M des Vorderteils stricken.

In der nächsten Runde schlägst du unter den stillgelegten Ärmeln für einen guten Sitz 5 M an (das sollten etwa 2 cm Breite sein) und schließt damit unter den Armen deinen Pullover jeweils wieder zur Runde.

SCHRITT 5:
Den Körper stricken

Stricke nun in Runden glatt rechts bis 10 cm vor der gewünschten Länge deines Pullovers. Ich empfehle dir, den Pullover ab Ärmelabteilung 30 - 40 cm lang zu stricken.

Den Abschluss strickst du wie folgt:

Runde 1: * 1 M li, 1 M wie zum Li-stricken abheben mit Faden vorn * in der Runde fortlaufend wiederholen.
Runde 2: 1 M re, 1 M li im Wechsel stricken.
Runde 3 bis 7: Alle M re stricken.
Runde 8: Wie Runde 1 stricken.
Runde 9: Wie Runde 2 stricken.
Runde 10 - 14: Alle M re stricken.
Runde 15: Wie Runde 1 stricken.
Runde 16: Wie Runde 2 stricken.

Runde 17: Alle M re stricken.
Runde 18 - 20: Wie Runde 2 stricken.

Am Ende alle M locker abketten, du bist nun bereit für die Ärmel.

SCHRITT 6:
Die Ärmel stricken

Nun nimmst du die stillgelegten Ärmelmaschen wieder auf und aus den 5 unter dem Arm angeschlagenen M nimmst du 7 M auf, die 5 angeschlagenen und je 1 rechts und links davon. So entstehen keine Löcher. Hänge dir in die Mitte unter dem Arm einen MM ein. Den Ärmel strickst du nun in Runden glatt rechts. Nimm dabei alle 6 Runden (2,5 cm) rechts und links der Mitte unter dem Arm je 1 M ab, indem du eine Abnahmerunde wie folgt strickst:

Abnahmerunde: 2 M re, REZ, re M bis 4 M vor dem MM, RÜZ, 2 M re.

Stricke dann den Ärmel bis zur gewünschten Länge. Im abgebildeten Pullover wurde der Ärmel 33 cm lang gestrickt, also bis 5 cm vor dem Handgelenk. Beende dann deinen Ärmel mit 20 Runden Bündchen wie beim Körper beschrieben und kette danach alle M locker ab. Klappe dann dein Bündchen nach außen um. Nimm nun aus den linken Knötchen der Runde 17 von innen jeweils eine M mit Garn C auf. Stricke nun 2 Runden glatt rechts und passe dabei deine Maschenzahl so an, dass sie durch 4 teilbar ist. Arbeite nun nach der Strickschrift. Es sind in der Strickschrift alle Runden dargestellt. Wiederhole die Strickschrift in der Runde und arbeite sie in der Höhe einmal ab. Dann die M abketten und den 2. Ärmel genau so stricken.

SCHRITT 7:
Der weite Fluff-Kragen

Nimm jetzt die M am Ausschnitt von innen, wie beim Ärmel aus den linken Knötchen von der Vorderseite des Pullovers auf und stricke deinen Kragen mit Garn C von außen gesehen wie folgt an:

Runde 1: * 3 M re, MZ *, von * bis * fortlaufend wiederholen und gegebenenfalls die letzten M so anpassen, dass es am Ende aufgeht. Die Maschenzahl ist nun durch 4 teilbar.
Alle weiteren Runden: 3 M re, 1 M li im Wechsel stricken.

Arbeite deinen Kragen nun für mindestens 30 cm Länge, damit er gut fällt und sich am Ende auch gut drapieren lässt. Du kannst ihn selbstverständlich auch länger stricken. Am besten einmal auf ein langes Seil ziehen und zwischendurch anprobieren.

Dein Pullover ist nun fertig. Zum Schluss noch alle Fäden vernähen. Nun einmal in lauwarmem Wasser waschen und liegend trocknen, dann kann das gute Stück ausgeführt und direkt das nächste angeschlagen werden.

Schau hier

Das Video zu Maschen unter dem Bündchen aufnehmen:
http://goto.crasy.world/zweilagen

Schau hier

Das Video zur Rüsche:
http://goto.crasy.world/ruesche

Strickschrift

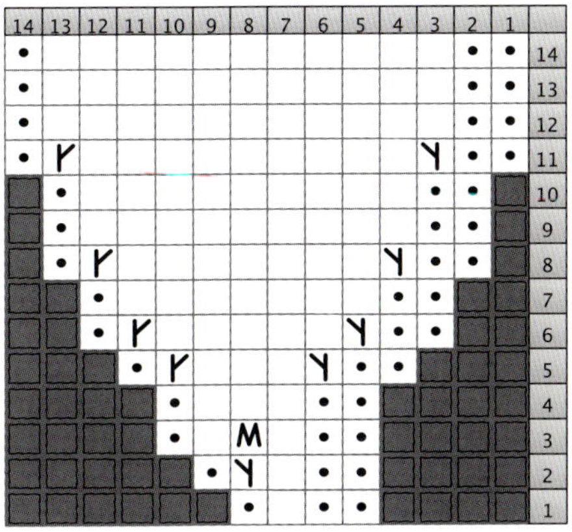

Zeichenerklärung

☐ = M re stricken

● = M li stricken

ᚴ = rechtsgerichtete Zunahme – die re Nadel in die M unter der noch zu strickenden M auf der li Nadel einstechen und 1 M herausstricken

Y = linksgerichtete Zunahme – die li Nadel in die unter die eben gestrickte M auf der re Nadel einstechen und 1 M herausstricken

M = Zunahme aus dem Querfaden – den Querfaden zwischen 2 M auf die li Nadel heben und re verschränkt abstricken

■ = Platzhalter – keine M stricken

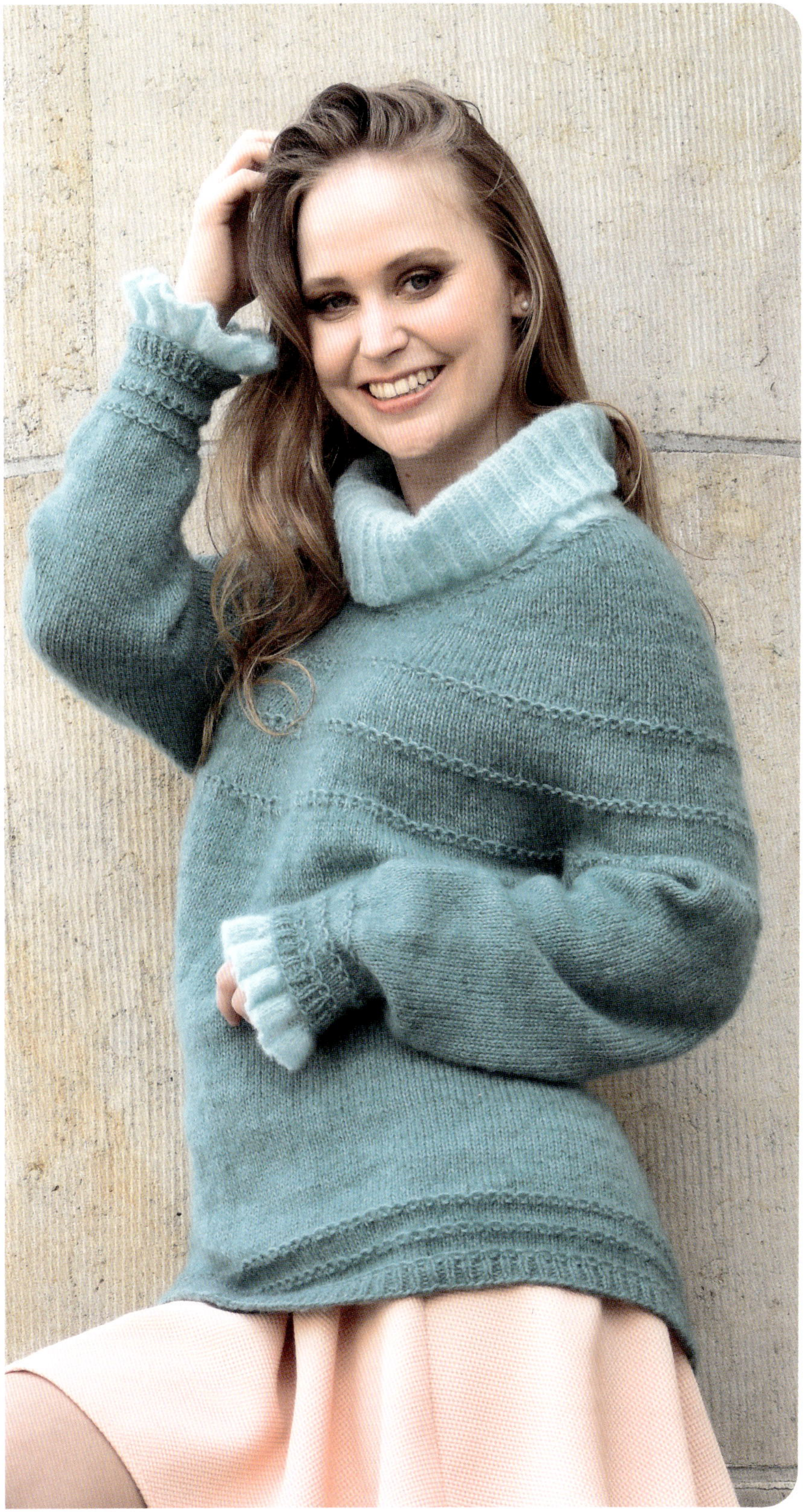

Forget me not

VERGISSMEINNICHT

SCHWIERIGKEIT:

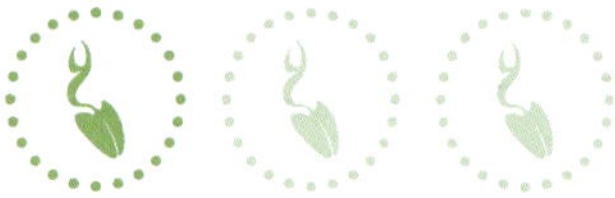

AUSSEHEN:

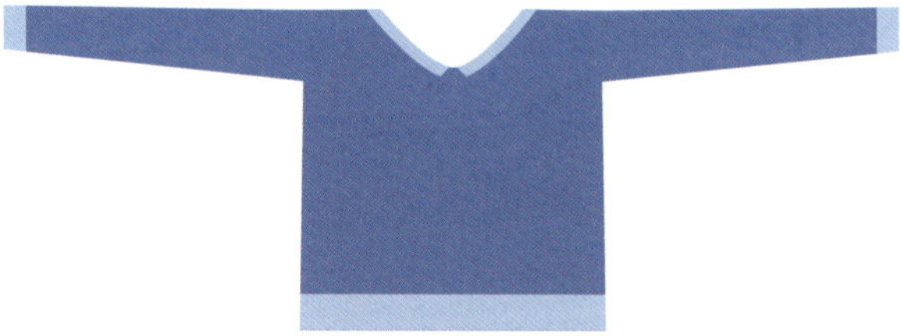

BENÖTIGTE FERTIGKEITEN:

- Rechte und linke Maschen stricken
- Zu- und Abnahmen arbeiten

MATERIAL:

- Woll Butt Primo Kaschmirina (85% Baumwolle, 15% Kaschmir, LL 125 m/50 g) in Jeans (Fb 99.142.12)
- Stricknadeln 3,5 mm

VERBRAUCH:

- 550 g reichen bei Größe 40, pro weitere Größe ca. 100 g mehr bzw. weniger

BESONDERE ABKÜRZUNGEN:

StZunRe = Sternzunahme rechts: 3 M re zusammenstricken, diese aber NICHT von der Nadel gleiten lassen, sondern einen Umschlag machen, noch einmal re abstricken, 1 Umschlag, noch einmal re abstricken; so werden aus 3 M 5 M.

StZunLi = Sternzunahme links: 3 M re verschränkt zusammenstricken, diese aber NICHT von der Nadel gleiten lassen, sondern einen Umschlag machen, noch einmal re verschränkt abstricken, 1 Umschlag, noch einmal re verschränkt abstricken; so werden aus 3 M 5 M.

Los geht's:

SCHRITT 1:
Der Anschlag

Du beginnst mit einem Garter Tab, bestehend aus 2 M und 14 Reihen. Ein Video zum Garter Tab findest du hier: http://goto.crasy.world/gartertab. Die Beschreibung zum Garter Tab findest du auf Seite 14. In der nächsten Hinreihe strickst du die M des Garter Tab ab und nimmst aus jedem krausen Knötchen eine M auf, dann strickst du die andere Seite des Garter Tab.

Wenn alle M aufgenommen sind, hast du 11 M auf deiner Nadel.

SCHRITT 2:
Die Zunahmen für den Ausschnitt

Du hast immer 2 M als Randmaschen, das sind die M aus dem Anfang und Ende vom Garter Tab:

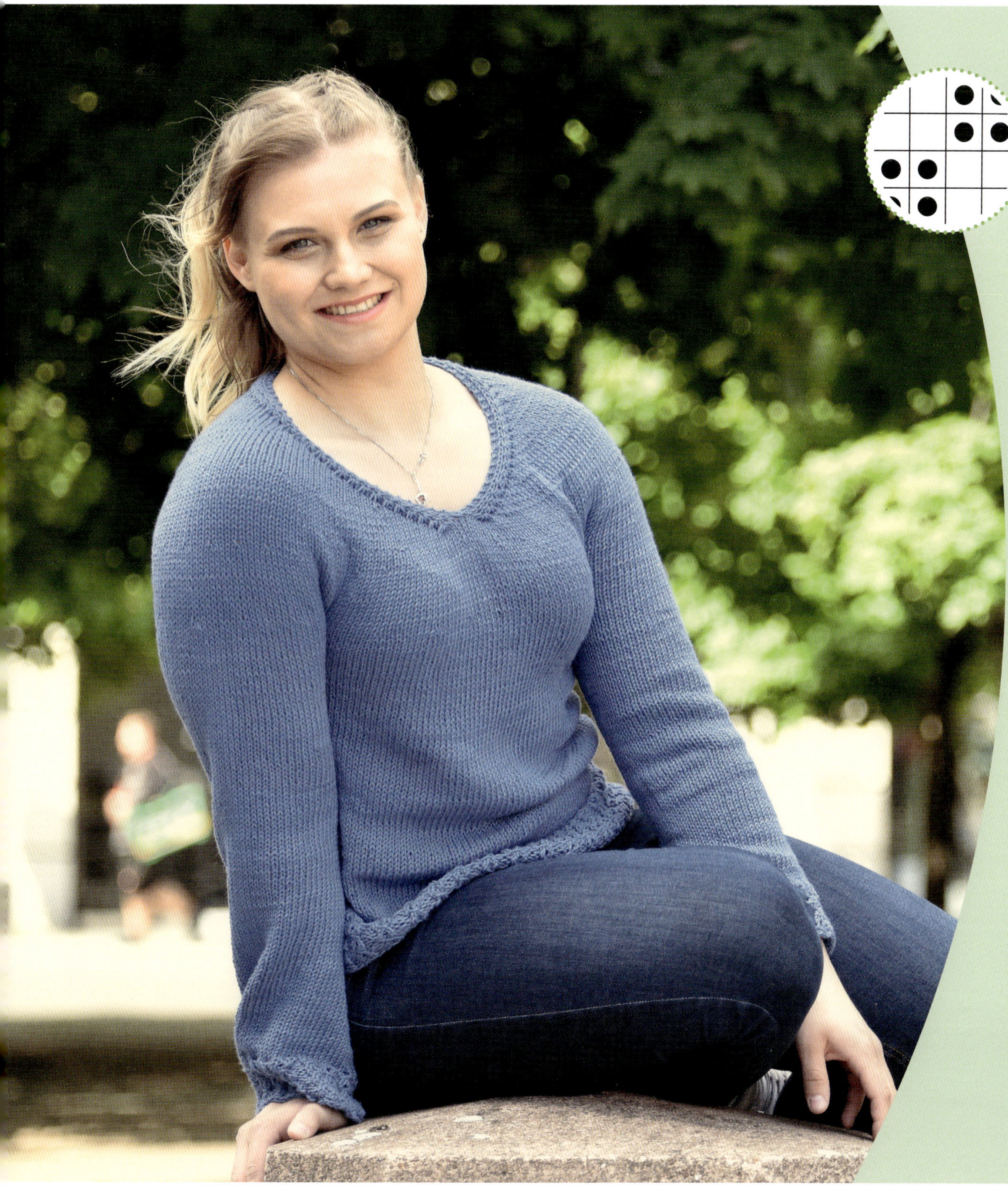

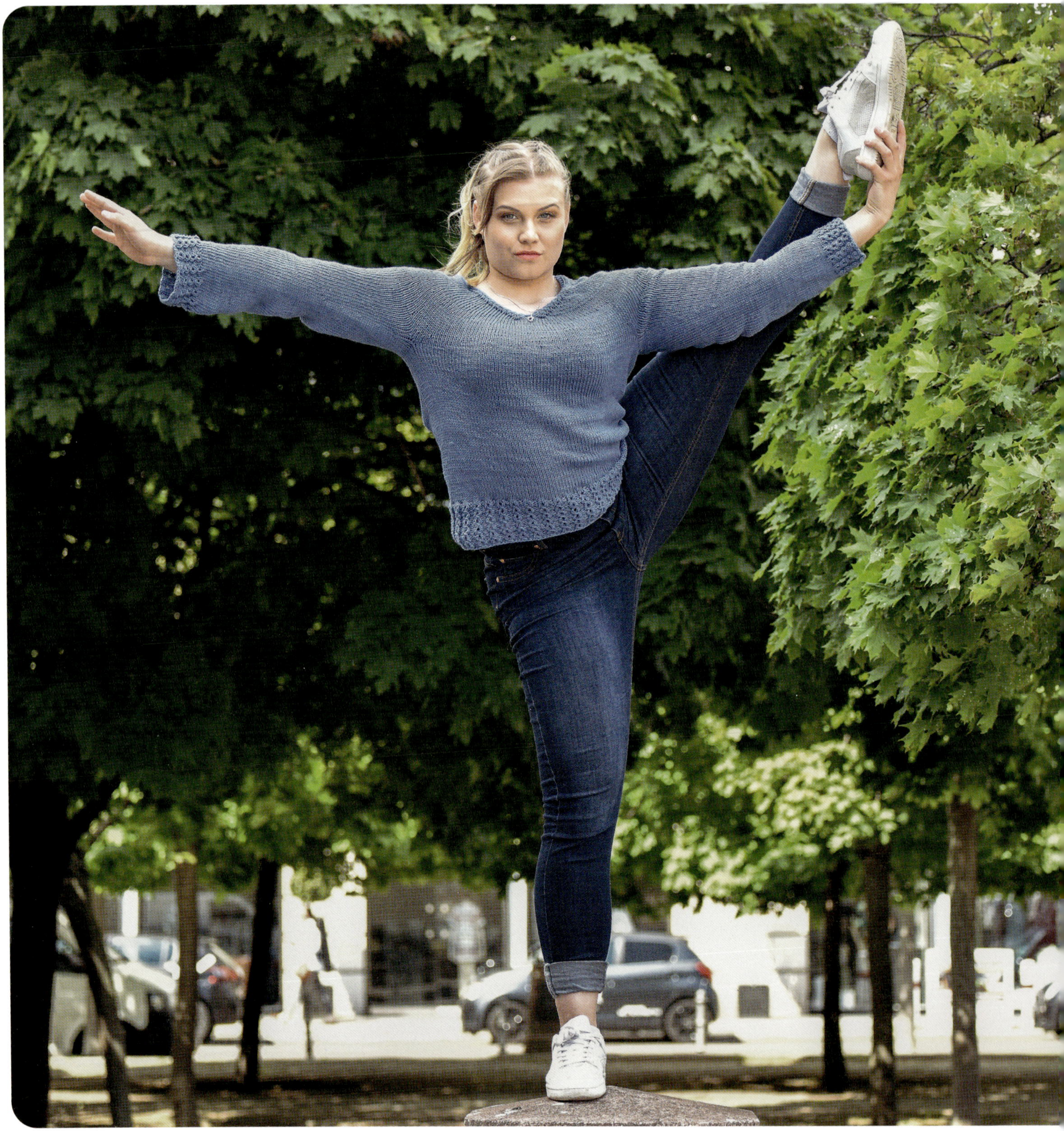

Reihe 1 (Rückreihe): 2 M re, li M bis 2 M vor dem Ende stricken, 2 M re.
Reihe 2 (Hinreihe): 2 M re, MM einhängen, * MZ, 1 M re *, von * bis * bis 2 M vor dem Ende wiederholen, MZ, MM einhängen, 2 M re = 8 M zugenommen.
Reihe 3: 2 M re, li M bis 2 M vor dem Ende, 2 M re.
Reihe 4: 2 M re, MM überheben, 1 M re, StZunLi, re M bis 4 M vor dem MM, StZunRe, 1 M re, MM überheben, 2 M re = 4 M zugenommen.
Reihe 5: 2 M re, li M bis vor die letzten 2 M, 2 M re.

Reihe 4 und 5 wiederholst du nun zunächst 2 Mal, dann folgt eine Prozentreihe.

Prozentreihe (Hinreihe): 2 M re, MM überheben, 1 M re, StZunLi, 1 M re, * MZ, 5 M re *, von * bis * bis 4 M vor dem MM wiederholen, StZunRe, 1 M re, MM überheben, 2 M re.

ACHTUNG – es passiert nicht immer, dass in der Prozentreihe am Ende auch 5 M vor den Randmaschen übrig bleiben, das kann auch weniger sein, das ist total in Ordnung, denn es ist ja eine prozentuale Zunahme 😉.

Nach der Prozentreihe strickst du einmal Reihe 5 und strickst dann Reihe 4 und 5 insgesamt 5 Mal (also 10 Reihen), dann folgt wieder eine Prozentreihe, gefolgt von einer Reihe 5. Nun strickst du Reihe 4 und 5 insgesamt 6 mal gefolgt von einer Prozentreihe und einer Reihe 5.

Mit jeder Wiederholung strickst du also deine Wiederholungsreihen 4 und 5 einmal mehr. Wiederhole das so lange, bis du die gewünschte Ausschnittgröße erreicht hast. Im abgebildeten Pullover wurden die Sternzunahmen 29 Mal gestrickt, das ergibt eine Ausschnittweite von 60 cm. In jeder Wiederholung der Prozentreihe wird deine Maschenzahl prozentual erhöht. Die Tabelle und Auflistung auf Seite 32 gibt dir hier eine Hilfestellung für deine Zunahmen und Maschenzahlen.

SCHRITT 3:
Zur Runde schließen und bis unter die Arme stricken

Wiederhole deine Reihen 4 und 5 plus und die Prozentreihe nach dem genannten Prinzip 7 Mal.

Dann schließt du zur Runde, indem du deine krausen Randmaschen mit deinem 3 Needle Bind Off abkettest, dadurch entsteht eine geschlossene Rundung. Hänge dir hier nun einen MM als Rundenanfangsmarkierer ein.

Ab hier wird nur noch in den Prozentrunden zugenommen. Stricke nun zwischen den Prozentrunden glatt rechts. Nach dem Schließen zur Runde beendest du zunächst deine Zwischenreihen bzw. Zwischenrunden mit der gleichen Anzahl wie in der Wiederholung davor. Sprich: Schließt du nach Runde 52, sind es bis zur nächsten Prozentrunde insgesamt 15 Reihen bzw. Runden. Schließt du nach Reihe 70 zur Runde, so sind es 17 Reihen bzw. Runden bis zur nächsten Prozentrunde. Danach wird von Prozentrunde zu Prozentrunde immer eine Zwischenrunde mehr gestrickt. Möchtest du deine Maschenzahlen zwischendurch kontrollieren, kannst du den EaSy EfA Rechner auf www.crasy.world benutzen. Deine Prozentrunde sieht nun ein wenig anders aus und zwar wie folgt.

Prozentrunde: * 4 M re, MZ *, von * bis * wiederholen bis zum Rundenanfang.

ACHTUNG – es passiert nicht immer, dass in der Prozentrunde am Ende auch 4 M vor dem Rundenübergang übrig bleiben, das kann auch weniger sein, das ist total in Ordnung, denn es ist ja eine prozentuale Zunahme 😉.

Wiederhole deine Zunahmen bis dein Pullover unter den Armen locker zusammen geht. Kontrolliere die Passform durch regelmäßiges Anprobieren oder das Auflegen auf einen gut sitzenden Pullover. Beachte dabei die Hinweise zur Wolle und Passform auf Seite 10. Dann teilst du laut der Tabelle auf Seite 34 deine Ärmelmaschen vom Körper.

Wenn dir eine vollständige Prozentrunde mit dem entsprechenden Rundenabstand zu viel wird, kannst du nach der Hälfte der Runden eine halbe Prozentrunde (siehe Seite 28) stricken.

SCHRITT 4:
Die Ärmel abteilen

In der nächsten zu strickenden Runde legst du alle deine Ärmelmaschen still und teilst diese damit vom Körper ab. Hier kannst du den Rundenanfang seitlich unter den linken Ärmel verschieben, indem du einfach den Rundenanfangsmarkierer an dieser Stelle einsetzt. Die paar M fallen später nicht auf.

Stricke zunächst die Hälfte der M des Vorderteils, dann strickst du die Ärmelmaschen des linken Ärmels auf eine Nadel oder ein Nadelseil zum Stilllegen, nun strickst du die M deines Rückenteils ab, und danach wieder die M des rechten Ärmels auf ein Nadelseil oder eine weitere Nadel zum Stilllegen, zum Schluss noch die restlichen M des Vorderteils stricken.

In der nächsten Runde schlägst du unter den stillgelegten Ärmeln 6 M an (das sollten etwa 2 cm Breite sein) für einen guten Sitz und schließt damit unter den Armen deinen Pullover jeweils wieder zur Runde.

SCHRITT 5:
Den Körper stricken

Stricke nun in Runden glatt rechts bis 10 cm vor die gewünschte Länge des Pullovers. Der kann sowohl als bauchfreier Kurzpullover als auch als Longpulli oder als Kleid gestrickt werden. In der gewünschten Länge (im abgebildeten Pullover sind es 35 cm ab Ärmelabteilung gemessen) strickst du nun dein Bündchen für 24 Runden im Kaffeeböhnchen-Muster. Achte hierbei darauf, dass vor dem Bündchen die Maschenzahl durch 4 teilbar ist und gleiche das notfalls durch Zu- oder Abnehmen der entsprechenden M aus. Nach dem Bündchen kettest du die M locker ab und strickst die Ärmel.

Kaffeeböhnchen:
Maschenzahl ist hier teilbar durch 4. Die M werden immer nur in Runde 1 gezählt.
Runde 1: 2 M re, 2 M li.
Runde 2: 1 M re, 1 Umschlag, 1 M re, 2 M li.
Runde 3: 3 M re, 2 M li.
Runde 4: 3 M re, die erste M über die 2 re gestrickten M ziehen, 2 M li.
Die 1.-4. Runde fortlaufend wiederholen.

SCHRITT 6:
Die Ärmel stricken

Nun die stillgelegten Ärmelmaschen wieder aufnehmen und aus den unter dem Arm angeschlagenen M nimmst du 8 M auf. Das sind die 6 aufgeschlagenen M und je eine M aus den Ecken. So entstehen keine Löcher an den Übergängen. Hänge dir in die Mitte der 8 M einen MM als Rundenanfangsmarkierer ein. Stricke nun den Ärmel in Runden glatt rechts. Nimm nun alle 8 Runden (ca 3 cm) je 2 M ab, indem du die 3. und 4. M nach dem Rundenanfangsmarkierer re zusammenstrickst und die 3. und 4. M vor dem Ende der Runde re überzogen zusammen strickst. Arbeite dann den Ärmel bis etwa 4 cm vor der gewünschten Länge – von Kurzarm über 3/4 Arm bis Langarm kannst du die Länge ganz frei bestimmen und wählen – und beende ihn mit 16 Runden Kaffeeböhnchen-Muster. Gleiche hier notfalls auch die Maschenzahl aus, damit sie durch 4 teilbar ist. Den 2. Ärmel strickst du genauso.

Dein Pullover ist nun fertig. Zum Schluss noch alle Fäden vernähen. Nun einmal in lauwarmem Wasser waschen und liegend trocknen.

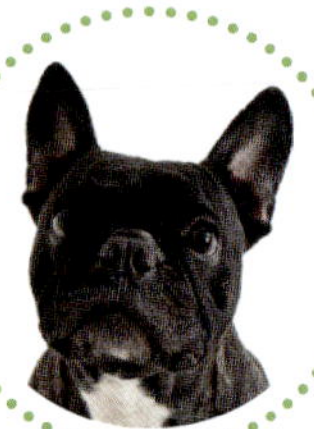

Werners Tipp

Besonders schön sieht es auch aus, wenn du ab Taillenhöhe an der linken Seite ein Kaffeeböhnchen zwischen 2 linken Rippen strickst und mit jeder Wiederholung der Kaffeeböhnchen rechts und links davon jeweils ein weiteres Kaffeeböhnchen beginnst. So strickst du ein Dreieck aus Kaffeeböhnchen ein. Das Dreieck wird mit jeder Wiederholung immer breiter bis zur gewünschten Pulloverlänge.

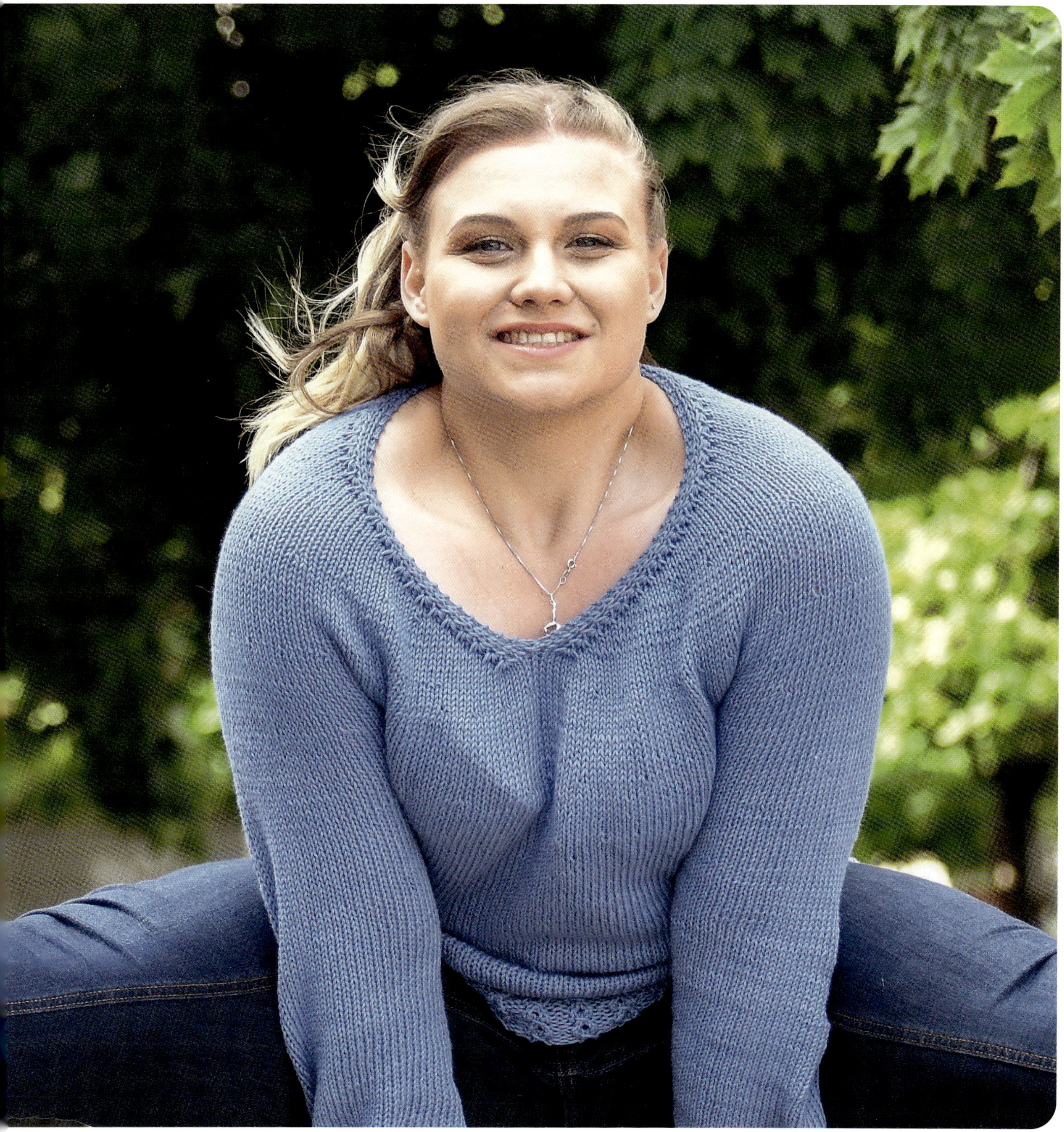

Great Jacquard Love

GROSSE JACQUARD LIEBE

SCHWIERIGKEIT:

AUSSEHEN:

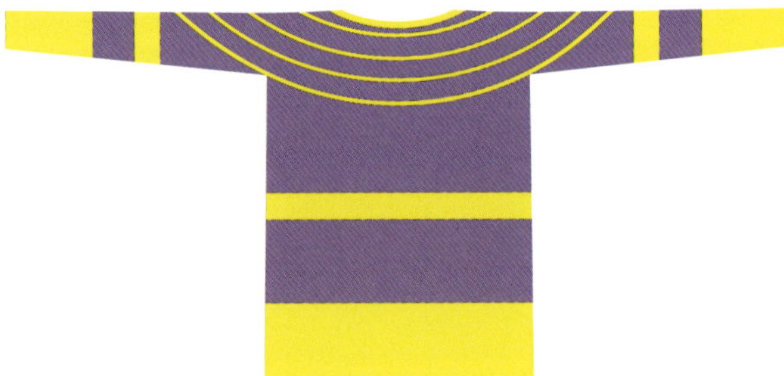

BENÖTIGTE FERTIGKEITEN:

- Jacquardmuster stricken
- Nach Zählmustern arbeiten

MATERIAL:

- Rowan Felted Tweed (50% Schurwolle, 25% Viskose, 25% Alpaka, LL 175 m/50 g) in Astor (Fb 217), Rage (Fb 150), Lime (Fb 213), Sulfur (Fb 220) und Mineral (Fb 181)
- Stricknadeln 3,5 mm

VERBRAUCH:

- 500 g Astor und je 50 g Rage, Lime, Sulfur und Mineral reichen bei Größe 44, pro weitere Größe ca. 100 g mehr bzw. weniger in Astor

Los geht's:

SCHRITT 1:
Der Anschlag

Du beginnst mit einem Garter Tab in Farbe A (Astor) bestehend aus 2 M und 14 Reihen, also 7 krausen Knötchen. Ein Video zum Garter Tab findest du hier: http://goto.crasy.world/gartertab. Die Beschreibung zum Garter Tab findest du auf Seite 14. In der nächsten Reihe strickst du die M des Garter Tab ab und nimmst aus jedem krausen Knötchen eine M auf, dann strickst du die andere Seite des Garter Tab.

Sind alle M aufgenommen, hast du 11 M auf deiner Nadel.

SCHRITT 2:
Die Zunahmen für den Ausschnitt

Du hast immer 2 M als Randmaschen, das sind die M aus dem Anfang und Ende vom Garter Tab:

Reihe 1 (Rückreihe): 2 M re, li M bis 2 M vor dem Ende stricken, 2 M re.
Reihe 2 (Hinreihe): 2 M re,* MZ, 1 M re *, von * bis * bis 2 M vor dem Ende wiederholen, MZ, 2 M re = 8 M zugenommen.
Reihe 3: 2 M re, MZ, li M bis 2 M vor dem Ende, MZ, 2 M re = 2 M zugenommen.
Reihe 4: 2 M re, MZ, re M bis vor die letzten 2 M, MZ, 2 M re = 2 M zugenommen.
Reihe 5: 2 M re, MZ, li M bis vor die letzten 2 M, MZ, 2 M re = 2 M zugenommen.

Reihe 4 und 5 wiederholst du nun zunächst 2 Mal, dann folgt eine Prozentreihe:

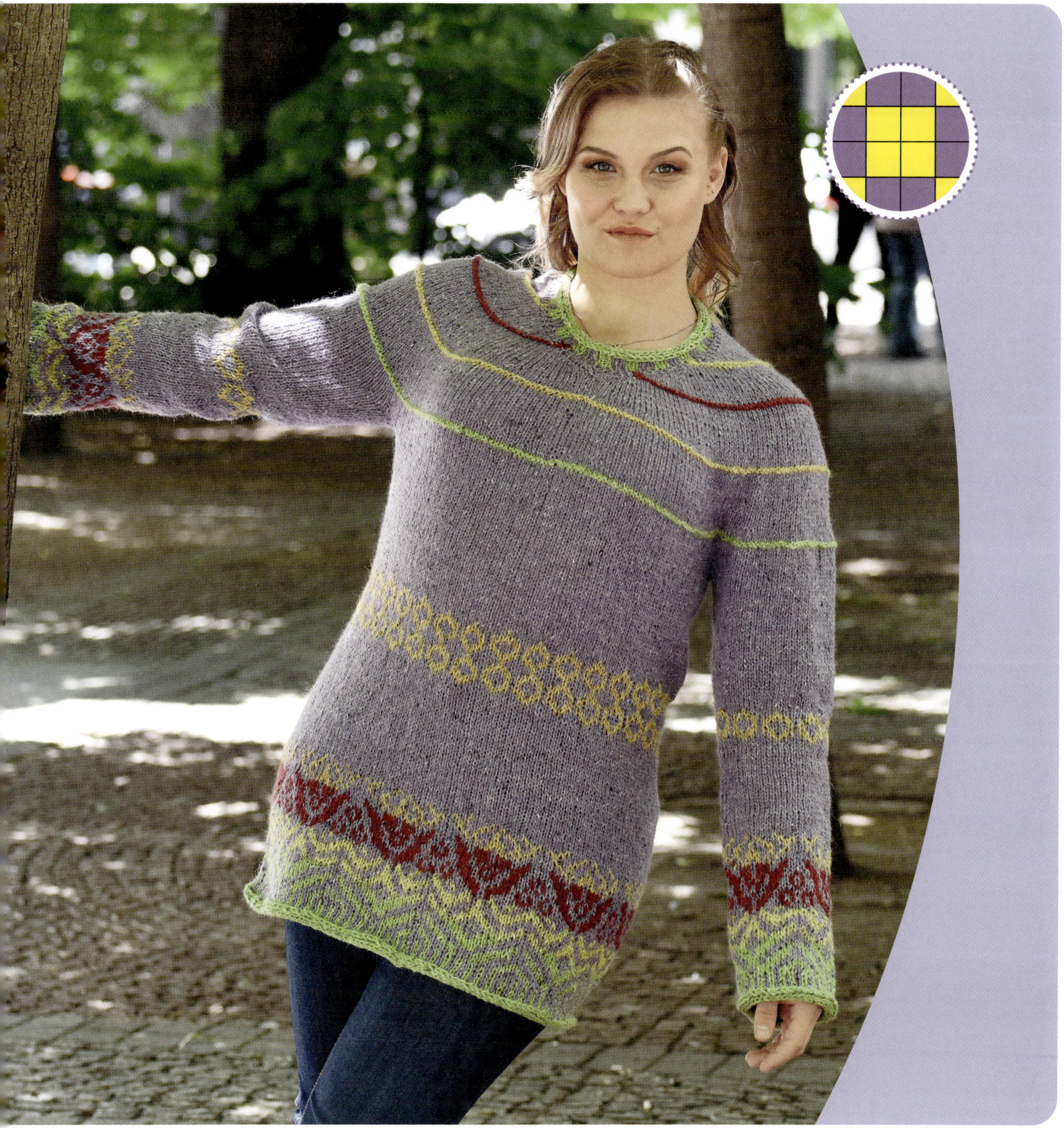

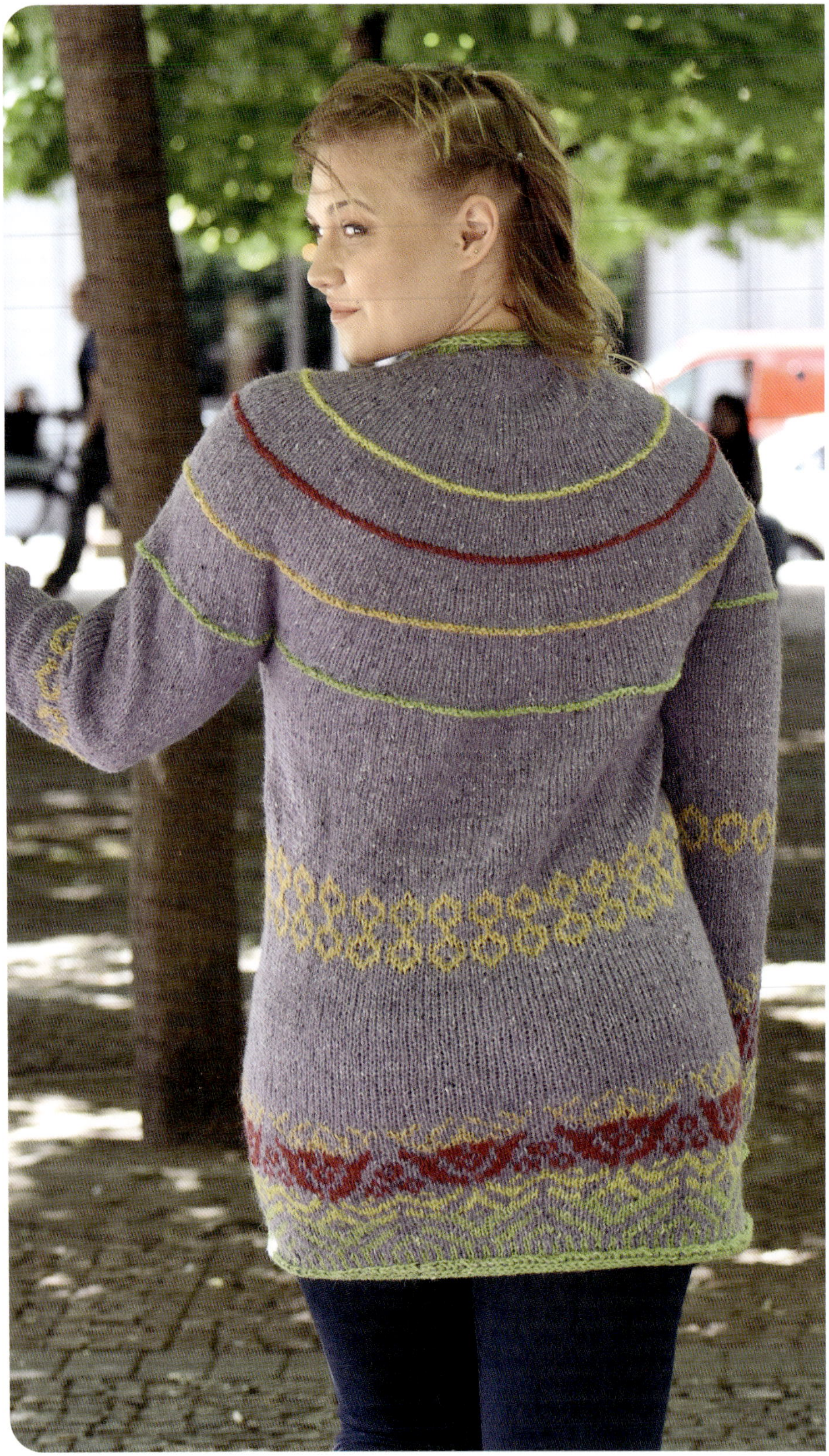

Prozentreihe (Hinreihe): 2 M re, * MZ, 5 M re *, von * bis * bis 2 M vor dem Ende wiederholen, MZ, 2 M re.

ACHTUNG – es passiert nicht immer, dass in der Prozentreihe am Ende auch 5 M vor den Randmaschen übrig bleiben, das kann auch weniger sein, das ist total in Ordnung, denn es ist ja eine prozentuale Zunahme 😉.

Nach der Prozentreihe strickst du einmal Reihe 5 und strickst dann Reihe 4 und 5 insgesamt 5 Mal (also 10 Reihen), dann folgt wieder eine Prozentreihe, gefolgt von einer Reihe 5. Nun strickst du Reihe 4 und 5 insgesamt 6 Mal gefolgt von einer Prozentreihe und einer Reihe 5.

Mit jeder Wiederholung strickst du also deine Wiederholungsreihen 4 und 5 einmal mehr. In jeder Wiederholung der Prozentreihe wird deine Maschenzahl prozentual erhöht. Nachdem du die Prozentreihe 3 Mal gestrickt hast kommt zusätzlich ein wenig Farbe ins Spiel. Stricke hierfür jeweils in der ersten Wiederholung von Reihe 4 und 5 nach der Prozentreihe eine Hin- und Rückreihe re M (also eine Krausrippe) mit allen beschriebenen Zunahmen mit einer Konstrastfarbe.

Nach Prozentreihe 3 in Farbe B (Sulfur).
Nach Prozentreihe 4 in Farbe C (Rage).
Nach Prozentrunde 5 in Farbe D (Mineral).
Nach Prozentrunde 6 in Farbe E (Lime).

Die Tabelle und Auflistung auf Seite 32 gibt dir hier eine Hilfestellung für deine Zunahmen und Maschenzahlen.

SCHRITT 3:
Zur Runde schließen und bis unter die Arme stricken

Wiederhole deine Reihen 4 und 5 plus die Prozentreihe nach dem genannten Prinzip, bis dein Strickstück an der kraus rechts Kante einen Ausschnitt von 60 cm Weite hat. Im abgebildeten Pullover wurden 4 Prozentreihen gestrickt und 3 weitere Reihen, bevor zur Runde geschlossen wurde.

Dann schließt du zur Runde, indem du deine krausen Randmaschen mit deinem 3 Needle Bind Off ankettest, dadurch entsteht eine geschlossene Rundung. Hänge dir hier nun einen MM als Rundenanfangsmarkierer ein.

Ab hier wird nur noch in den Prozentrunden zugenommen. Stricke nun zwischen den Prozentrunden glatt rechts in Farbe Astor. Nach dem Schließen zur Runde beendest du zunächst deine Zwischenreihen bzw. Zwischenrunden mit der gleichen Anzahl wie in der Wiederholung davor. Sprich: Schließt du nach Runde 52 sind es bis zur nächsten Prozentrunde insgesamt 15 Reihen bzw. Runden. Schließt du nach Reihe 70 zur Runde, so sind es 17 Reihen bzw. Runden bis zur nächsten Prozentrunde. Danach wird von Prozentrunde zu Prozentrunde immer eine Zwischenrunde mehr gestrickt. Möchtest du deine Maschenzahlen zwischendurch kontrollieren, kannst du den EaSy EfA Rechner auf www.crasy.world benutzen.

Deine Prozentrunde sieht nun ein wenig anders aus und zwar wie folgt:

Prozentrunde: * 4 M re, MZ *, von * bis * wiederholen bis zum Rundenanfang.

ACHTUNG – es passiert nicht immer, dass in der Prozentrunde am Ende auch 4 M vor dem Rundenübergang übrig bleiben, das kann auch weniger sein, das ist total in Ordnung, denn es ist ja eine prozentuale Zunahme 😉.

Wiederhole deine Zunahmen bis dein Pullover unter den Armen locker zusammen geht. Kontrolliere die Passform durch regelmäßiges Anprobieren oder das Auflegen auf einen gut sitzenden Pullover. Beachte dabei die Hinweise zur Wolle und Passform auf Seite 10. Dann teilst du laut der Tabelle auf Seite 34 deine Ärmelmaschen vom Körper.

Wenn dir eine vollständige Prozentrunde mit dem entsprechenden Rundenabstand zuviel wird, dann kannst du nach der Hälfte der Runden eine halbe Prozentrunde (Seite 28) stricken.

SCHRITT 4:
Die Ärmel abteilen

In der nächsten zu strickenden Runde legst du alle deine Ärmelmaschen still und teilst diese damit vom Körper ab. Versetze dabei den Rundenanfang seitlich unter den linken Ärmel, indem du einfach den Rundenanfangsmarkierer an dieser Stelle einsetzt. Die paar M fallen später nicht auf.

Für den mittig sitzenden Ausschnitt teilst du deine Ärmel wie folgt ab:

Stricke zuerst die Hälfte der M des Vorderteils, dann strickst du die Ärmelmaschen des linken Ärmels auf eine Nadel oder ein Nadelseil zum Stilllegen, nun strickst du die M deines Rückenteils ab, dann wieder die M des rechten Ärmels auf ein Nadelseil oder eine weitere Nadel zum Stilllegen, zum Schluss noch die restlichen M des Vorderteils stricken.

In der nächsten Runde schlägst du unter den stillgelegten Ärmeln 5 M an (das sollten etwa 2 cm Breite sein) für einen guten Sitz und schließt damit unter den Armen deinen Pullover jeweils wieder zur Runde.

SCHRITT 5:
Den Körper stricken

Stricke nun in Runden glatt rechts für etwa 15 cm nach der Ärmelabteilung. Du solltest hier etwa auf Taillenhöhe sein. Probiere deinen Pulli an, um das zu kontrollieren. Passe nun deine Maschenzahl durch gleichmäßiges Abnehmen von M so an, dass sie durch 18 teilbar ist.

Nun strickst du nach Zählmuster A einen kleinen Musterstreifen, der wie ein Gürtel wirkt. Es sind alle Runden gezeichnet. Wiederhole das Muster fortlaufend in der Runde und 2 Mal in der Höhe.

Stricke danach ca. 12 cm glatt rechts in Farbe A weiter, das waren im abgebildeten Pullover 30 Runden. Dann strickst du zum Abschluss einmal nach Zählmuster B. Auch hier sind alle Runden gezeichnet. Das Muster wiederholst du in der Runde fortlaufend. Hast du das Zählmuster einmal abgearbeitet, kettest du mit einem I-Cord in Farbe E ab.

SCHRITT 6:
Die Ärmel stricken

Nun nimmst du die stillgelegten Ärmelmaschen wieder auf und aus den 5 unter dem Arm angeschlagenen M nimmst du 7 M auf. Das sind die 5 angeschlagenen und je 1 rechts und links davon. So entstehen keine Löcher. Hänge dir in die Mitte unter dem Arm einen MM ein. Den Ärmel strickst du nun in Runden glatt rechts. Nimm dabei alle 8 Runden (ca 3 cm) rechts und links der Mitte unter dem Arm je 1 M ab, indem du eine Abnahmerunde wie folgt strickst:

Abbnahmerunde: 2 M re, REZ, re M bis 4 M vor dem MM, RÜZ, 2 M re.

Stricke dann den Ärmel für etwa 12 cm ab der Maschenaufnahme gemessen. Du solltest hier etwa 4 - 5 cm über dem Ellenbogen sein. Passe nun hier auch deine Maschenzahl so an, dass sie durch 18 teilbar ist, indem du M gleichmäßig verteilt abnimmst. Stricke nun den Musterstreifen nach Zählmuster A, indem du das Zählmuster in der Runde fortlaufend wiederholst und in der Höhe 1 Mal strickst. Dann arbeitest du glatt rechts in Farbe A für weitere 10 cm weiter und beendest den Ärmel mit Zählmuster B, wie zuvor den Körper auch. Am Ende alle M mit einem I-Cord in Farbe E abketten und den 2. Ärmel genau so stricken.

SCHRITT 7:
Das Halsbündchen stricken

Nimm jetzt die M am Ausschnitt aus den krausen Knötchen der krausen Randmaschen auf und stricke deinen Kragen wie folgt an:

2 M re in Farbe A, 2 M re in Farbe E im Wechsel für 7 Runden (ca 2 cm). Am Ende die M mit einem I-Cord in Farbe E abketten.

Dein Pullover ist nun fertig. Damit die Bündchen nicht rollen und das Farbmuster sich schön entfaltet nun den Pulli einmal in lauwarmem Wasser einlegen und für 5 Minuten entspannen lassen. Dann heraus nehmen, gut ausdrücken und liegend trocknen lassen. Na? Welcher wird wohl dein nächster Pulli?

Zählmuster B

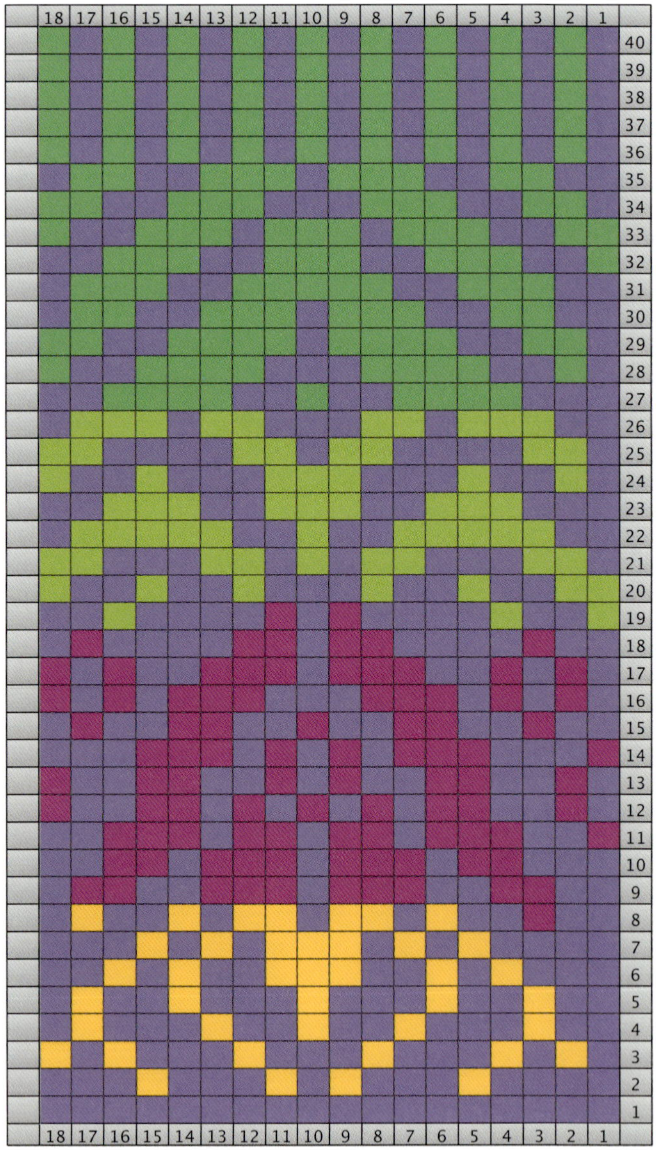

Zählmuster A

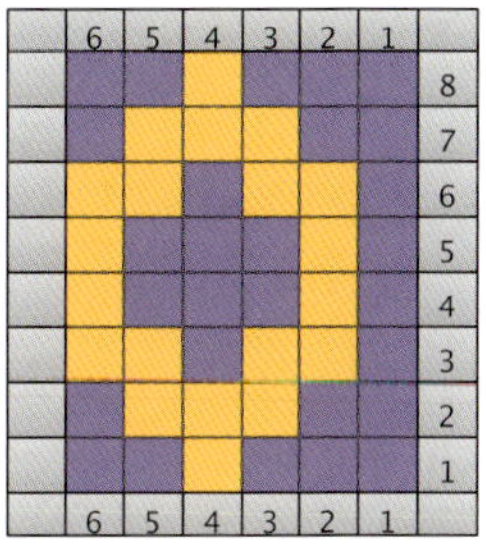

Zeichenerklärung

- = Grundfarbe Farbe A
- = Schmuckfarbe Farbe B
- = Schmuckfarbe Farbe C
- = Schmuckfarbe Farbe D
- = Schmuckfarbe Farbe E

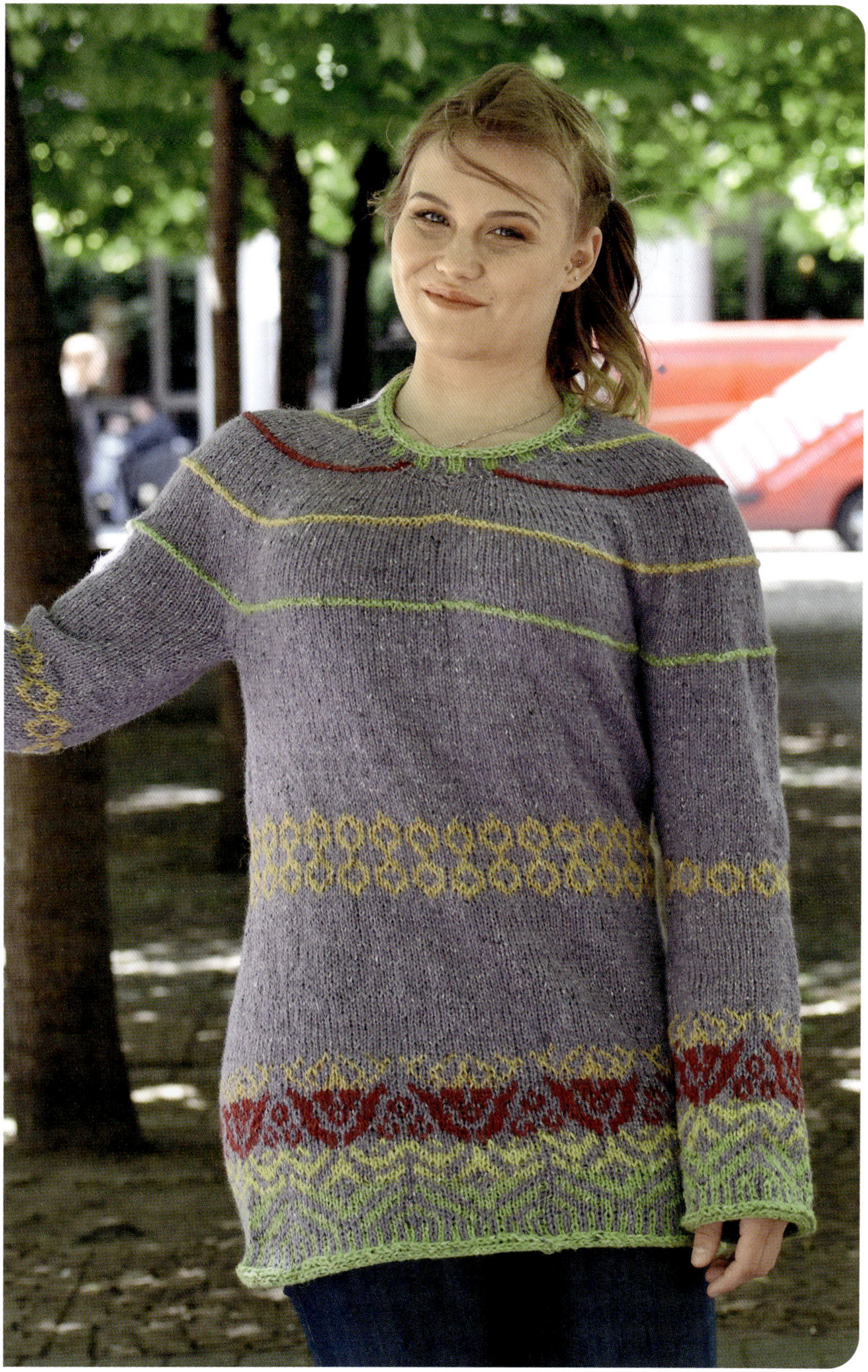

Pure structure

STRUKTUR PUR

SCHWIERIGKEIT:

AUSSEHEN:

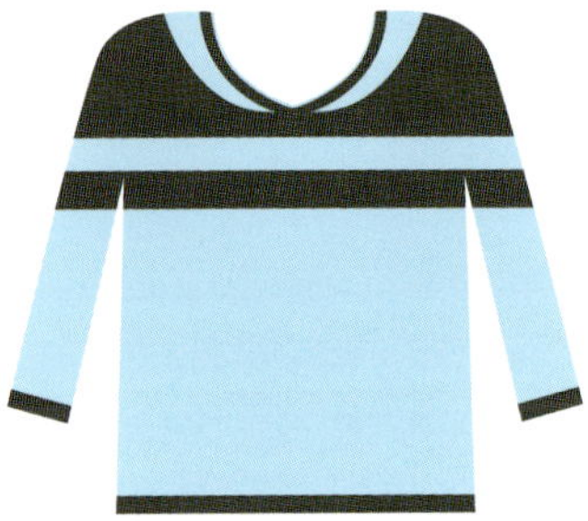

BENÖTIGTE FERTIGKEITEN:

- Nach Strickschriften stricken

MATERIAL:

- Schachenmayr Merino extrafine (100% Schurwolle, LL 120 m/50 g) in Holz meliert (Fb 114)
- Stricknadeln 3,5 mm

VERBRAUCH:

- 700 g reichen bei Größe 44, pro weitere Größe ca. 100 g mehr bzw. weniger

Los geht's:

SCHRITT 1:
Der Anschlag

Du beginnst mit einem Garter Tab bestehend aus 2 M und 14 Reihen, also 7 krausen Knötchen. Ein Video zum Garter Tab findest du hier: http://goto.crasy.world/gartertab. Die Beschreibung zum Garter Tab findest du auf Seite 14. In der nächsten Reihe strickst du die M des Garter Tab ab und nimmst aus jedem krausen Knötchen eine M auf, dann strickst du die andere Seite des Garter Tab.

Wenn alle M aufgenommen sind, hast du 11 M auf deiner Nadel.

SCHRITT 2:
Die Zunahmen für den Ausschnitt

Du hast immer 2 M als Randmaschen, das sind die M aus dem Anfang und Ende vom Garter Tab:

Reihe 1 (Rückreihe): 2 M re, li M bis 2 M vor dem Ende stricken, 2 M re.
Reihe 2 (Hinreihe): 2 M re, * MZ, 1 M re *, von * bis * bis 2 M vor dem Ende wiederholen, MZ, 2 M re = 19 M.
Reihe 3: 2 M re, MZ, li M bis 2 M vor dem Ende, MZ, 2 M re = 21 M.
Reihe 4: 2 M re, MZ, re M bis vor die letzten 2 M, MZ, 2 M re = 23 M.
Reihe 5: 2 M re, MZ, li M bis vor die letzten 2 M, MZ, 2 M re = 25 M.

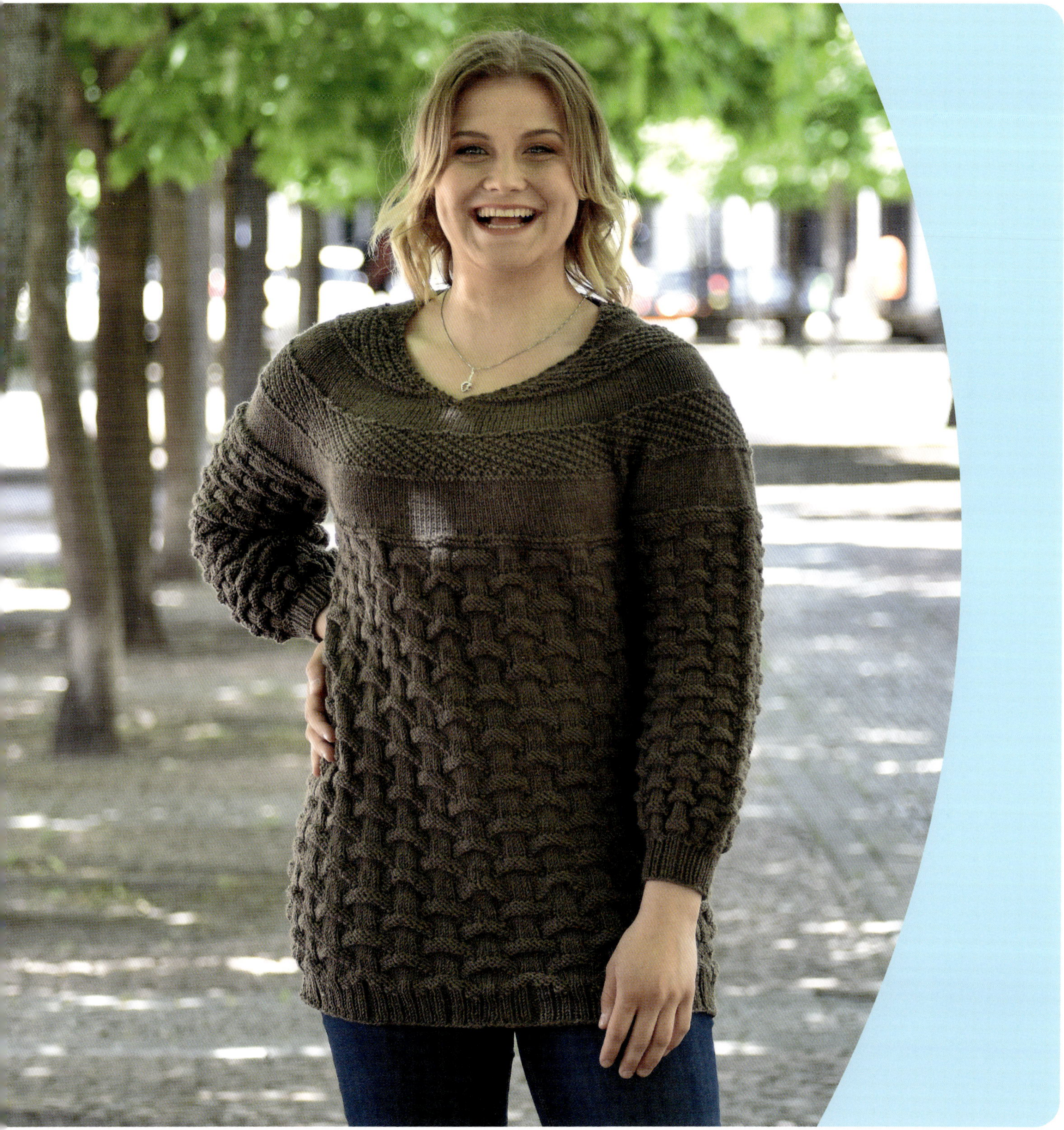

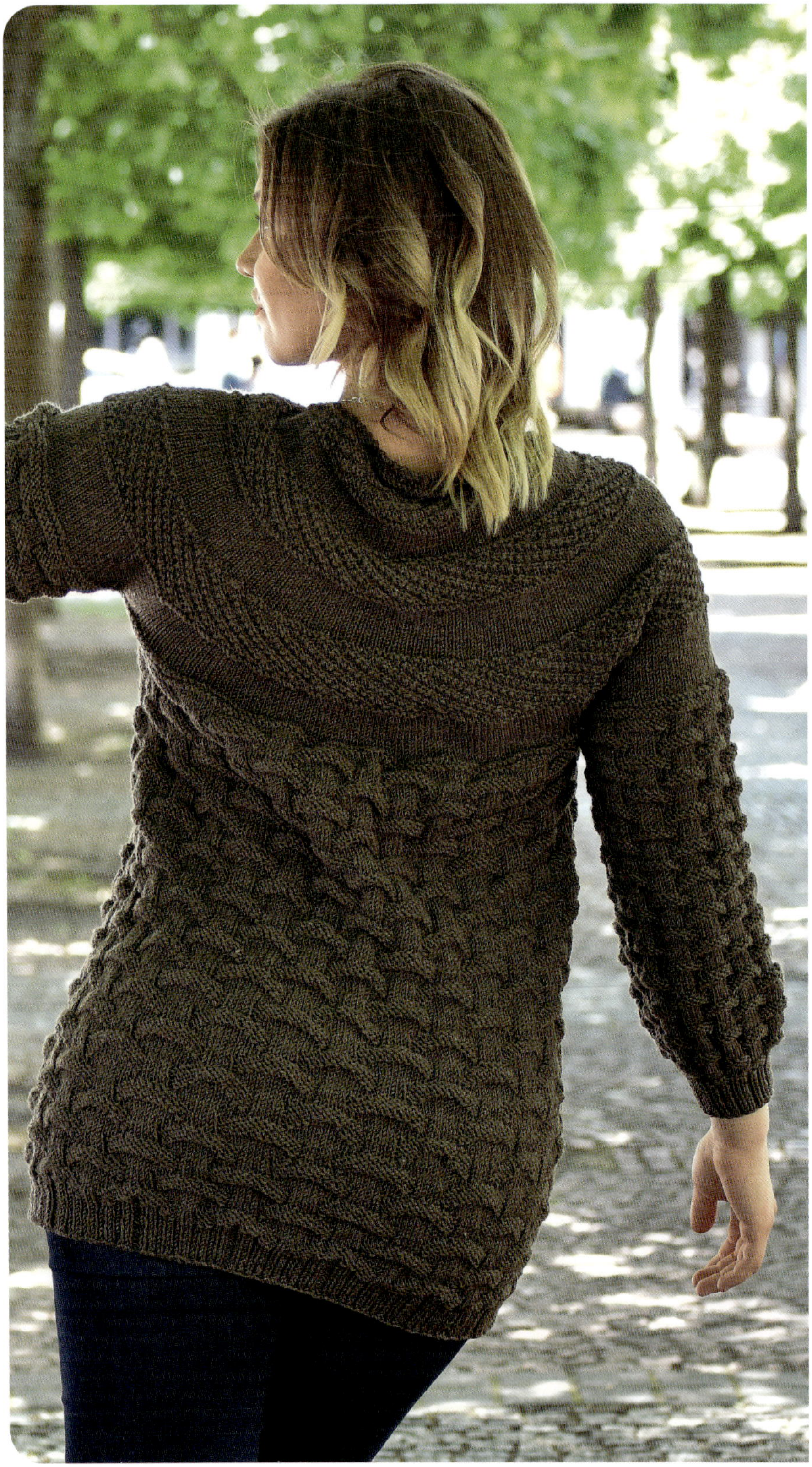

Reihe 4A: 2 M re, MZ, * 2 M re, 2 M li * im Wechsel bis vor die letzten 2 M, enden mit 2 M re, MZ, 2 M re = 2 M zugenommen.
Reihe 5A: 2 M re, MZ, * 2 M re, 2 M li * im Wechsel stricken, MZ, 2 M re = 2 M zugenommen.
Reihe 5B: 2 M re, MZ, re M bis vor die letzten 2 M, MZ, 2 M re = 2 M zugenommen.

Reihe 6 und 8: Wie Reihe 4 stricken = je 2 M zugenommen.
Reihe 7 und 9: Wie Reihe 5 stricken = je 2 M zugenommen.
Reihe 10 = Prozentreihe: = 40 M.
Reihe 11: Wie Reihe 5B stricken.
Reihe 12: Wie Reihe 4 stricken.
Reihe 13, 15, 17, 19 und 21: Wie Reihe 5A stricken = je 2 M zugenommen.
Reihe 14, 16, 18, 20: Wie Reihe 4A stricken = je 2 M zugenommen.
Reihe 22 = Prozentreihe: = 75 M.
Reihe 23: Wie Reihe 5B stricken.
Reihe 24, 26, 28, 30, 32 und 34: Wie Reihe 4 stricken = je 2 M zugenommen.
Reihe 25, 27, 29, 31, 33 und 35: Wie Reihe 5 stricken = je 2 M zugenommen.
Reihe 36 = Prozentreihe: = 122 M.
Reihe 37: Wie Reihe 5B stricken.
Reihe 38: Wie Reihe 4 stricken.
Reihe 39, 41, 43, 45, 47, 49 und 51: Wie Reihe 4A stricken = je 2 M zugenommen.
Reihe 40, 42, 44, 46, 48 und 50: Wie Reihe 5A stricken = je 2 M zugenommen.
Reihe 52 = Prozentreihe: = 183 M.
Reihe 53: Wie Reihe 5B stricken.
Reihe 54, 56, 58, 60, 62, 64, 66 und 68: Wie Reihe 4 stricken = je 2 M zugenommen.
Reihe 55, 57, 59, 61, 63, 65 und 67: Wie Reihe 5 stricken = je 2 M zugenommen.

Zur Runde schließen in den Reihen 54-68.

Prozentreihe (Hinreihe): 2 M re, * MZ, 5 M re *, von * bis * bis 2 M vor dem Ende wiederholen, MZ, 2 M re.

ACHTUNG – es passiert nicht immer, dass in der Prozentreihe am Ende auch 5 M vor den Randmaschen übrig bleiben, das kann auch weniger sein, das ist total in Ordnung, denn es ist ja eine prozentuale Zunahme 😉.

SCHRITT 3:
Zur Runde schließen und bis unter die Arme stricken

Wiederhole deine Reihen und die Prozentreihe nach dem genannten Prinzip, bis dein Strickstück an der kraus rechts Kante einen Ausschnitt von 65 cm Weite hat. Im abgebildeten Pullover wurden in Reihe 62 zur Runde geschlossen.

Dann schließt du zur Runde, indem du deine krausen Randmaschen mit deinem 3 Needle Bind Off ankettest, dadurch entsteht eine geschlossene Rundung. Hänge dir hier nun einen MM als Rundenanfangsmarkierer ein.

Ab hier wird nur noch in den Prozentrunden zugenommen. Stricke weiter nach dem bisherigen Musterprinzip. Du wechselst also nach jeder Prozentrunde immer zwischen einem glatt rechten Streifen und einem Streifen im Versatzmuster. Nach dem Schließen zur Runde beendest du zunächst deine Zwischenreihen bzw. Zwischenrunden mit der gleichen Anzahl wie in der Wiederholung davor. Sprich: Schließt du nach Runde 52 sind es bis zur nächsten Prozentrunde insgesamt 15 Reihen bzw. Runden. Schließt du nach Reihe 70 zur Runde, so sind es 17 Reihe bzw. Runden bis zur nächsten Prozentrunde. Danach wird von Prozentrunde zu Prozentrunde immer eine Zwischenrunde mehr gestrickt. Möchtest du deine Maschenzahlen zwischendurch kontrollieren, kannst du den EaSy EfA Rechner auf www.crasy.world benutzen. Deine Prozentrunde sieht nun ein wenig anders aus und zwar wie folgt.

Prozentrunde: * 4 M re, MZ *, von * bis * wiederholen bis zum Rundenanfang.

ACHTUNG – es passiert nicht immer, dass in der Prozentrunde am Ende auch 4 M vor dem Rundenübergang übrig bleiben, das kann auch weniger sein, das ist total in Ordnung, denn es ist ja eine prozentuale Zunahme 😉.

Wiederhole deine Zunahmen bis dein Pullover unter den Armen locker zusammen geht. Kontrolliere die Passform durch regelmäßiges Anprobieren oder das Auflegen auf einen gut sitzenden Pullover. Beachte dabei die Hinweise zur Wolle und Passform auf Seite 10. Dann teilst du laut der Tabelle auf Seite 34 deine Ärmelmaschen vom Körper.

Wenn dir eine vollständige Prozentrunde mit dem entsprechenden Rundenabstand zuviel wird, dann kannst du nach der Hälfte der Runden eine halbe Prozentrunde (siehe Seite 28) stricken.

SCHRITT 4:
Die Ärmel abteilen

In der nächsten zu strickenden Runde legst du alle deine Ärmelmaschen still und teilst diese damit vom Körper ab. Versetze dabei den Rundenanfang seitlich unter den linken Ärmel, indem du einfach den Rundenanfangsmarkierer an dieser Stelle einsetzt. Die paar M fallen später nicht auf.

Für den mittig sitzenden Ausschnitt teilst du deine Ärmel wie folgt ab:

Stricke zunächst die Hälfte der M des Vorderteils, dann strickst du die Ärmelmaschen des linken Ärmels auf eine Nadel oder ein Nadelseil zum Stilllegen, nun strickst du die M deines Rückenteils ab, und danach wieder die M des rechten Ärmels auf ein Nadelseil oder eine weitere Nadel zum Stilllegen, zum Schluss noch die restlichen M des Vorderteils stricken.

In der nächsten Runde schlägst du unter den stillgelegten Ärmeln für einen guten Sitz 5 M an (das sollten etwa 2 cm Breite sein) und schließt damit unter den Armen deinen Pullover jeweils wieder zur Runde. Stricke danach noch eine Runde li M, gefolgt von einer Runde re M und einer Runde li M. Passe dabei in der Runde re M deine Maschenzahl so an, dass sie durch 16 teilbar ist, indem du fehlende M gleichmäßig verteilt zunimmst, oder M, die zu viel sind, gleichmäßig verteilt abnimmst, je nachdem, welche Zahl näher an der gewünschten Maschenzahl dran ist.

SCHRITT 5:
Den Körper stricken

Folge nun für den Körper direkt der Strickschrift A. Es sind alle Runden gezeichnet. Die Strickschrift wird fortlaufend in der Runde wiederholt. In der Höhe wiederholst du fortlaufend den roten Kasten, bis dein Pullover die gewünschte Länge minus 5 cm erreicht hat. Stricke dann alle Runden und M über dem roten Kasten. Wenn dein Bündchen noch zu kurz erscheint, kannst du das Rippenmuster aus Runde 23 - 26 einfach bis zur gewünschten Länge wiederholen. Am Ende noch locker abketten, dann bist du bereit für die Ärmel.

SCHRITT 6:
Die Ärmel stricken

Nun nimmst du die stillgelegten Ärmelmaschen wieder auf und aus den 5 unter dem Arm angeschlagenen M nimmst du 7 M auf. Das sind die 5 angeschlagenen und je 1 rechts und links davon. So entstehen keine Löcher. Hänge dir in die Mitte unter dem Arm einen MM ein. Stricke zunächst eine Runde li M, dann eine Runde re M und eine Runde li M. In der rechten Runde passt du nun deine Maschenzahl so an, dass sie durch 14 teilbar ist. Folge nun der Strickschrift B. Es sind alle Runden gezeichnet. Wiederhole hierfür die M der Strickschrift fortlaufend in der Runde und den rot eingerahmten Bereich fortlaufend in der Höhe, bis dein Ärmel die gewünschte Länge minus 5 cm hat. In diesem Ärmel wird erst am Ende des Ärmels abgenommen, die Strickschrift enthält hierbei alle benötigten Abnahmen. Stricke zum Schluss die Runden über dem rot eingerahmten Bereich. Hier wird nun in der ersten Runde nach dem roten Kasten deine Maschenzahl des Ärmels halbiert. Wenn dein Ärmelbündchen dir nach der letzten Runde noch zu kurz erscheint, kannst du Runde 20 bis zur gewünschten Länge wiederholen. Den 2. Ärmel strickst du genau so.

Dein Pullover ist nun fertig. Zum Schluss noch alle Fäden vernähen. Nun einmal in lauwarmem Wasser waschen und liegend trocknen, dann kann das gute Stück ausgeführt und direkt das nächste angeschlagen werden.

Schau hier

Was bedeutet „keine Masche" in der Strickschrift: http://goto.crasy.world/keinemasche

Strickschrift A

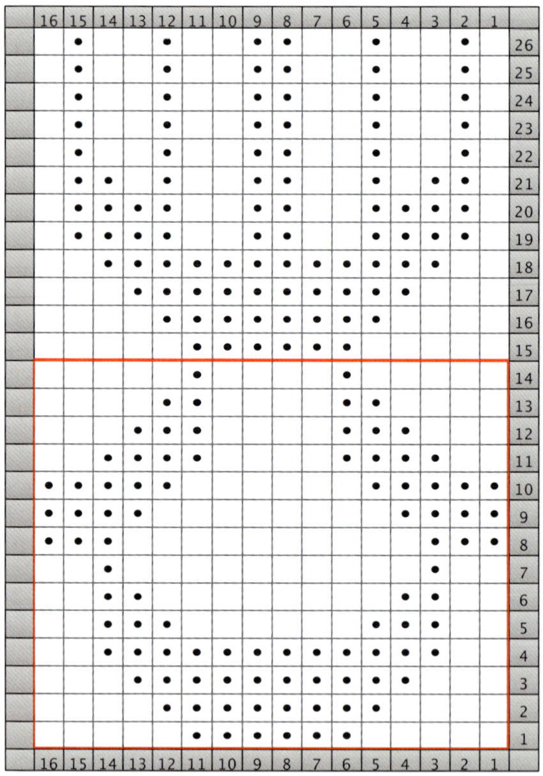

Strickschrift B

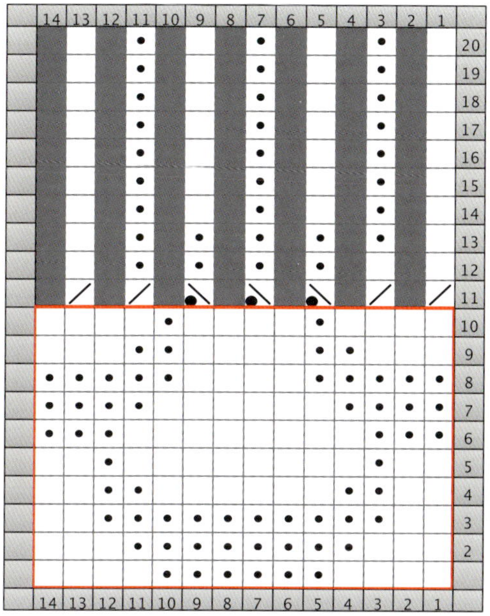

Zeichenerklärung

- ☐ = M re stricken
- ⊡ = M li stricken
- ⧄ = rechtsgerichtete Abnahme – 2 M re zusammenstricken
- ⧅ = 2 M links zusammenstricken
- ■ = Platzhalter – keine M stricken

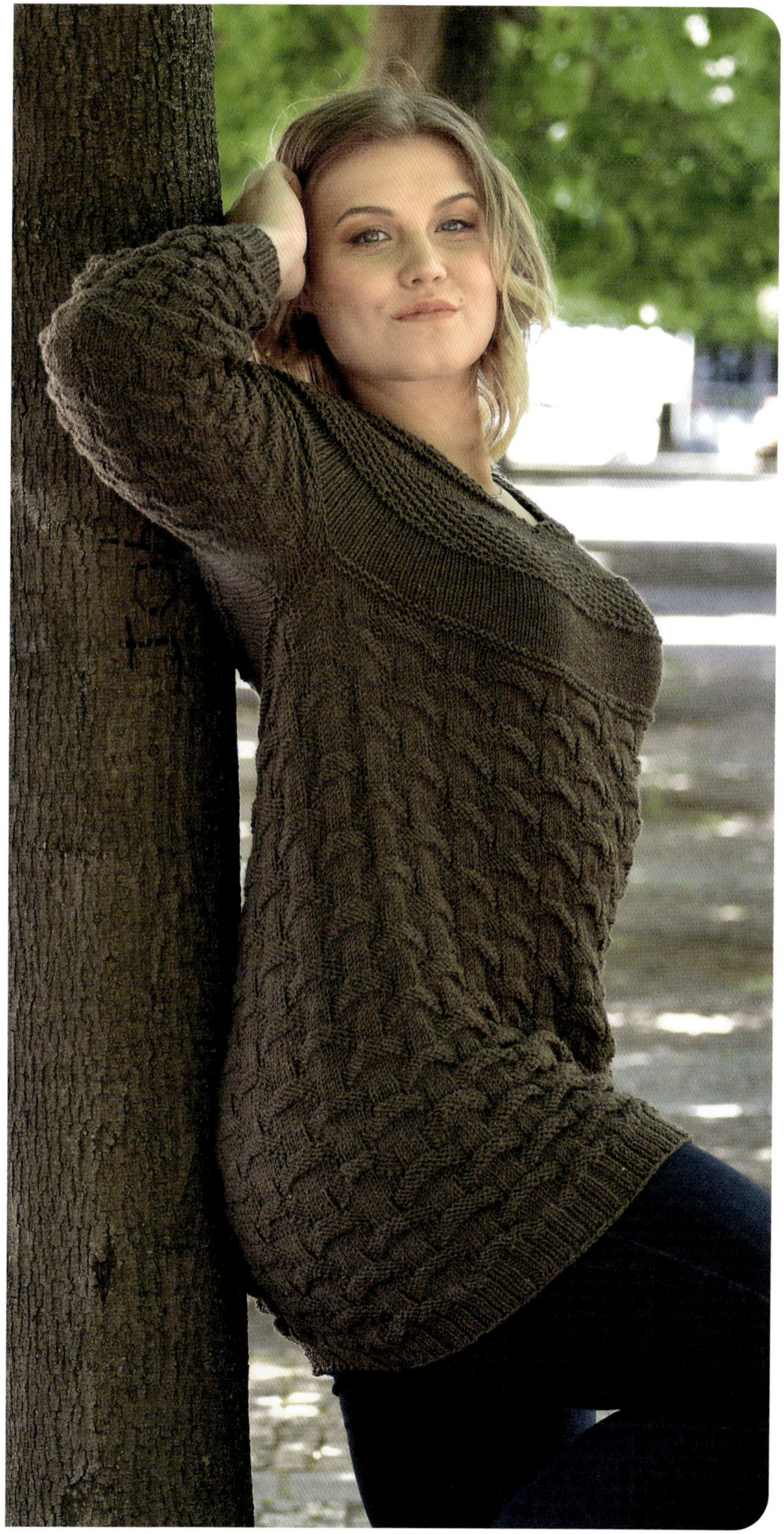

Lovely Layers

SCHÖN GESCHICHTET

SCHWIERIGKEIT:

AUSSEHEN:

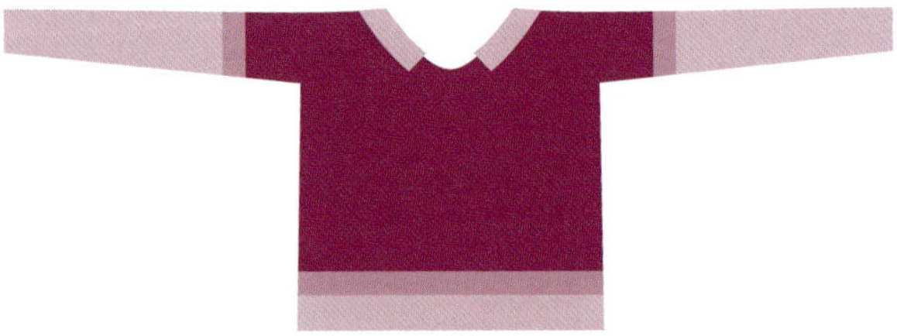

BENÖTIGTE FERTIGKEITEN:

- Rechte und linke Maschen stricken
- Zu- und Abnahmen arbeiten

MATERIAL:

- LANGYARNS Regina (50% Baumwolle, 24% Alpaka, 20% Seide, 6% Wolle, LL 175 m/50 g) in Bordeaux (Fb 64) und Paillettes (55% Polyamid, 45% Polyester, LL 125 m/25 g) in Weiß (Fb 001) und Merino Lace (100% Schurwolle (Merino extrafine), LL 200 m/25 g) in Weiß (Fb 94)
- Stricknadeln 3,5 mm

VERBRAUCH:

- 500 g Regina, 50 g Merino Lace und 25 g Paillettes reichen bei Größe 40, pro weitere Größe ca. 100 g Regina mehr bzw. weniger

Los geht's:

SCHRITT 1:
Der Anschlag

Du beginnst mit einem Garter Tab in Farbe A (Bordeaux) bestehend aus 2 M und 14 Reihen, also 7 krausen Knötchen. Ein Video zum Garter Tab findest du hier: http://goto.crasy.world/gartertab. Die Beschreibung zum Garter Tab findest du auf Seite 14. In der nächsten Reihe strickst du die M des Garter Tab ab und nimmst aus jedem krausen Knötchen eine M auf, dann strickst du die andere Seite des Garter Tab.

Wenn alle M aufgenommen sind, hast du 11 M auf deiner Nadel.

SCHRITT 2:
Die Zunahmen für den Ausschnitt

Du hast immer 2 M als Randmaschen, das sind die M aus dem Anfang und Ende vom Garter Tab:

Reihe 1 (Rückreihe): 2 M re, li M bis 2 M vor dem Ende stricken, 2 M re.
Reihe 2 (Hinreihe): 2 M re, * MZ, 1 M re *, von * bis * bis 2 M vor dem Ende wiederholen, MZ, 2 M re = 8 M zugenommen.
Reihe 3: 2 M re, MZ, li M bis 2 M vor dem Ende, MZ, 2 M re = 2 M zugenommen.
Reihe 4: 2 M re, MZ, re M bis vor die letzten 2 M, MZ, 2 M re = 2 M zugenommen.
Reihe 5: 2 M re, MZ, li M bis vor die letzten 2 M, MZ, 2 M re = 2 M zugenommen.

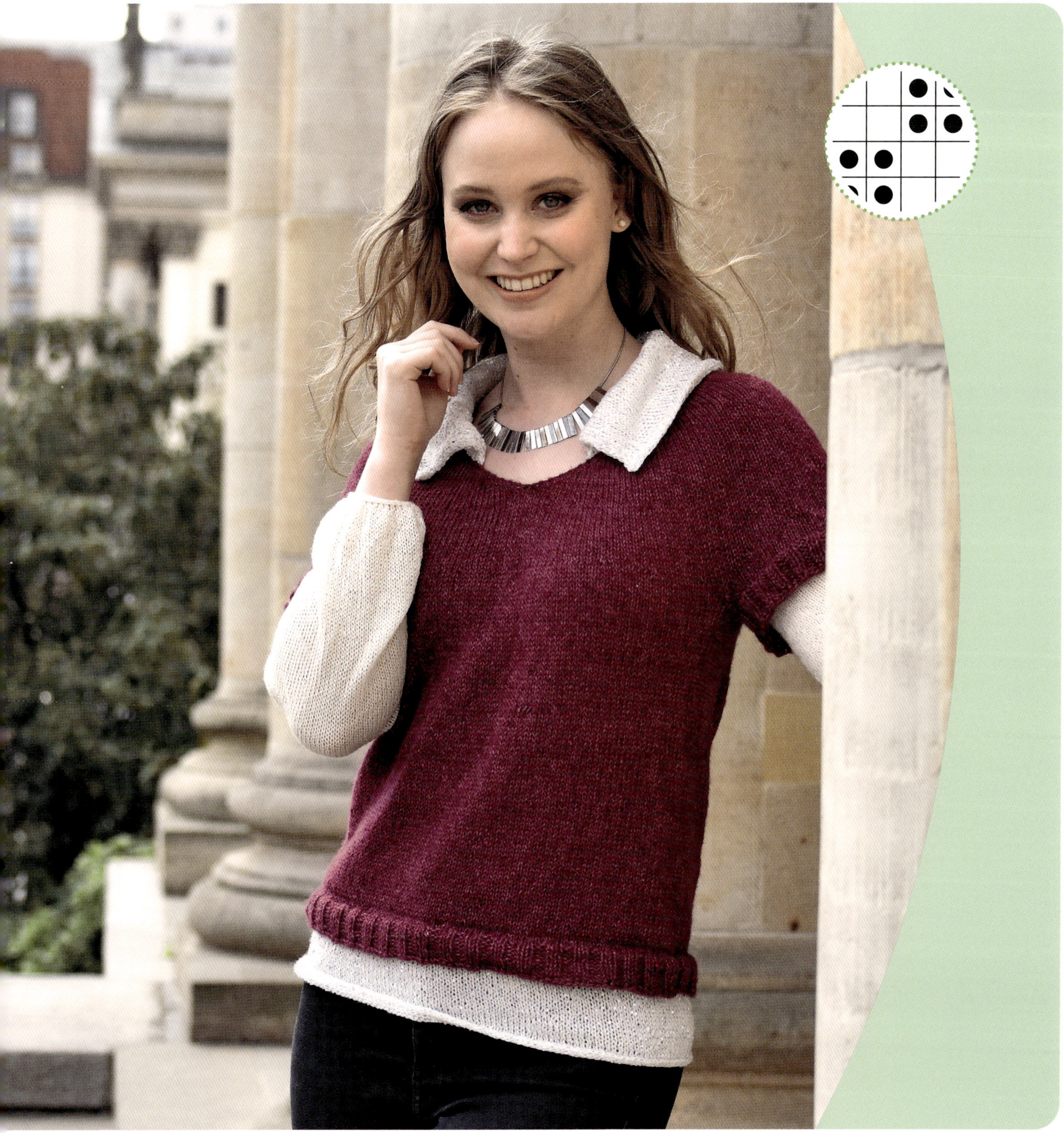

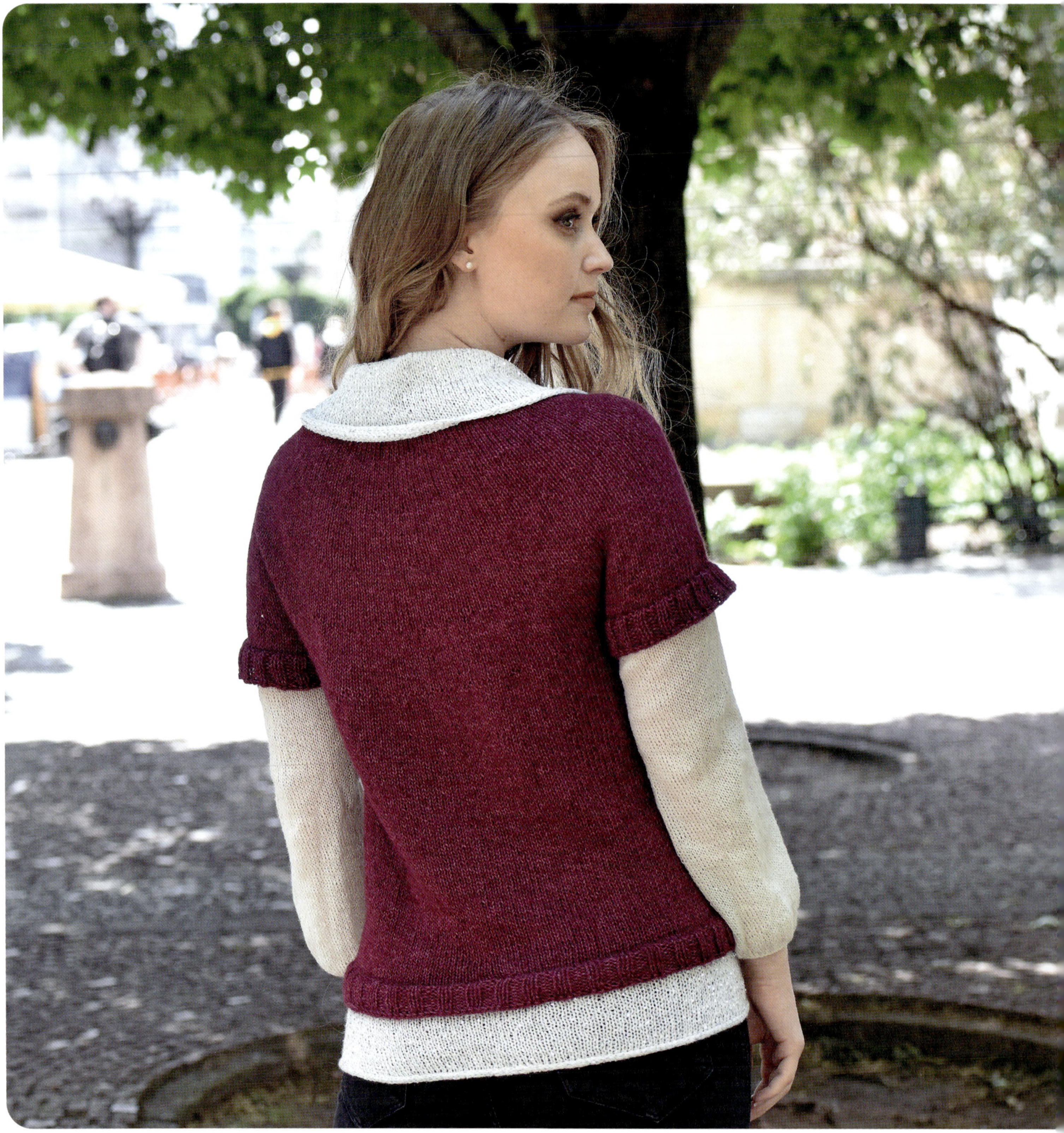

Reihe 4 und 5 wiederholst du nun zunächst 2 Mal, dann folgt eine Prozentreihe.

Prozentreihe (Hinreihe): 2 M re, * MZ, 5 M re *, von * bis * bis 2 M vor dem Ende wiederholen, MZ, 2 M re.

ACHTUNG – es passiert nicht immer, dass in der Prozentreihe am Ende auch 5 M vor den Randmaschen übrig bleiben, das kann auch weniger sein, das ist total in Ordnung, denn es ist ja eine prozentuale Zunahme 😉.

Nach der Prozentreihe strickst du einmal Reihe 5 und strickst dann Reihe 4 und 5 insgesamt 5 Mal (also 10 Reihen), dann folgt wieder eine Prozentreihe, gefolgt von einer Reihe 5. Nun strickst du Reihe 4 und 5 insgesamt 6 Mal gefolgt von einer Prozentreihe und einer Reihe 5.

Mit jeder Wiederholung strickst du also deine Wiederholungsreihen 4 und 5 einmal mehr. In jeder Wiederholung der Prozentreihe nimmst wird deine Maschenzahl prozentual erhöht. Die Tabelle und Auflistung auf Seite 32 gibt dir hier eine Hilfestellung für deine Zunahmen und Maschenzahlen.

Wenn dir eine vollständige Prozentrunde mit dem entsprechenden Rundenabstand zuviel wird, dann kannst du nach der Hälfte der Runden eine halbe Prozentrunde (siehe Seite 28) stricken.

SCHRITT 3:
Zur Runde schließen und bis unter die Arme stricken

Wiederhole deine Reihen 4 und 5 plus die Prozentreihe nach dem genannten Prinzip, bis dein Strickstück an der kraus rechts Kante einen Ausschnitt von 60 cm Weite hat. Im abgebildeten Pullover wurden 4 Prozentreihen gestrickt und 3 weitere Reihen, bevor zur Runde geschlossen wurde.

Dann schließt du zur Runde, indem du deine krausen Randmaschen mit deinem 3 Needle Bind Off abkettest, dadurch entsteht eine geschlossene Rundung. Hänge dir hier nun einen MM als Rundenanfangsmarkierer ein.

Ab hier wird nur noch in den Prozentrunden zugenommen. Stricke nun zwischen den Prozentrunden glatt rechts. Nach dem Schließen zur Runde beendest du zunächst deine Zwischenreihen bzw. Zwischenrunden mit der gleichen Anzahl wie in der Wiederholung davor. Sprich: Schließt du nach Runde 52 sind es bis zur nächsten Prozentrunde insgesamt 15 Reihen bzw. Runden. Schließt du nach Reihe 70 zur Runde, so sind es 17 Reihen bzw. Runden bis zur nächsten Prozentrunde. Danach wird von Prozentrunde zu Prozentrunde immer eine Zwischenrunde mehr gestrickt. Möchtest du deine Maschenzahlen zwischendurch kontrollieren, kannst du den EaSy EfA Rechner auf www.crasy.world benutzen. Deine Prozentrunde sieht nun ein wenig anders aus und zwar wie folgt.

Prozentrunde: * 4 M re, MZ *, von * bis * wiederholen bis zum Rundenanfang

ACHTUNG – es passiert nicht immer, dass in der Prozentrunde am Ende auch 4 M vor dem Rundenübergang übrig bleiben, das kann auch weniger sein, das ist total in Ordnung, denn es ist ja eine prozentuale Zunahme 😉.

Wiederhole deine Zunahmen bis dein Pullover unter den Armen locker zusammen geht. Kontrolliere die Passform durch regelmäßiges Anprobieren oder das Auflegen auf einen gut sitzenden Pullover. Beachte dabei die Hinweise zur Wolle und Passform auf Seite 10. Dann teilst du laut der Tabelle auf Seite 34 deine Ärmelmaschen vom Körper.

Wenn dir eine vollständige Prozentrunde mit dem entsprechenden Rundenabstand zuviel wird, dann kannst du nach der Hälfte der Runden eine halbe Prozentrunde (siehe Seite 28) stricken.

SCHRITT 4:
Die Ärmel abteilen

In der nächsten zu strickenden Runde legst du alle deine Ärmelmaschen still und teilst diese damit vom Körper ab. Versetze dabei den Rundenanfang seitlich unter den linken Ärmel, indem du einfach den Rundenanfangsmarkierer an dieser Stelle einsetzt. Die paar M fallen später nicht auf.

Für den mittig sitzenden Ausschnitt teilst du deine Ärmel wie folgt ab:

Stricke zunächst die Hälfte der M des Vorderteils, dann strickst du die Ärmelmaschen des linken Ärmels auf eine Nadel oder ein Nadelseil zum Stilllegen, nun strickst du die M deines Rückenteils ab, und danach wieder die M des rechten Ärmels auf ein Nadelseil oder eine weitere Nadel zum Stilllegen, zum Schluss noch die restlichen M des Vorderteils stricken.

In der nächsten Runde schlägst du unter den stillgelegten Ärmeln für einen guten Sitz 5 M an (das sollten etwa 2 cm Breite sein) und schließt damit unter den Armen deinen Pullover jeweils wieder zur Runde.

SCHRITT 5:
Den Körper stricken

Stricke nun in Runden glatt rechts bis zur gewünschten Länge deines Pullovers. Ich empfehle dir den Pullover ab Ärmelabteilung 40-50 cm lang zu stricken. In der letzten Runde strickst du jede 8. und 9. M re zusammen. Achte dabei darauf, dass deine Maschenzahl zum Schluss durch 4 teilbar ist. Beende den Pullover mit 10 Runden Bündchen im Muster 2 M re, 2 M li im Wechsel. Kette danach dein Bündchen locker ab. Klappe nun das Bündchen nach oben um, sodass du die linken Knötchen innen sehen kannst. Nimm nun aus der vorletzten Runde vor dem Bündchen aus jeder li M eine M auf deine Nadel – stecke hier zunächst nur die Nadel hindurch, das macht es dir später leichter. Jetzt hast du wieder so viele M auf der Nadel wie zuvor vor der Abnahmerunde vor dem Bündchen. Der Pulloverabschluss wird jetzt mit doppeltem Faden und Farbe B (Paillettes) und Farbe C (Merino weiß) gestrickt. Stricke dafür 26 Runden bzw. 10 cm glatt rechts. Kette dann mit einem I-Cord (siehe Seite 16) ab. Du bist nun bereit für die Ärmel.

SCHRITT 6:
Die Ärmel stricken

Nun nimmst du die stillgelegten Ärmelmaschen wieder auf und aus den 5 unter dem Arm angeschlagenen M nimmst du 7 M auf. Das sind die 5 angeschlagenen und je 1 rechts und links davon. So entstehen keine Löcher. Hänge dir in die Mitte unter dem Arm einen MM ein, Stricke nun 4 Runden glatt rechts, dann strickst du 10 Runden im Bündchenmuster 2 M re, 2 M li im Wechsel. Kette dann die M locker ab. Nimm nun aus der vorletzten Runde vor dem Bündchen von innen aus jeder li M eine M auf deine Nadel – stecke hier zunächst nur die Nadel hindurch, das macht es dir später leichter. Der Ärmel wird jetzt mit einfachem Faden und Farbe C (Merino weiß) gestrickt. Stricke dafür bis zur gewünschten Länge glatt rechts. Dann halbierst du die Maschenzahl, indem du fortlaufend 2 M re zusammenstrickst. Kette dann mit einem I-Cord (siehe Seite 16) ab und stricke den 2. Ärmel genau so.

SCHRITT 7:
Halsausschnitt oder Halsbündchen stricken wenn benötigt

Nimm jetzt die M am Ausschnitt aus den krausen Knötchen der krausen Randmaschen mit doppeltem Faden und Farbe B (Paillettes) und Farbe C (Merino weiß) so auf, dass in der vorderen Mitte 10 cm frei bleiben, und stricke deinen Kragen wie folgt an. Achte dabei darauf, dass die rechte Strickseite nach innen zum Hals zeigt, denn sie wird später umgeklappt:

Reihe 1: * 1 M re, MZ * bis zum Ende wiederholen, enden mit 1 M re.
Reihe 2: Alle M re stricken.
Reihe 3: 3 M wie zum Li-stricken abheben (I-Cord-Rand), li M bis 3 M vor dem Ende stricken, 3 M wie zum Li-stricken abheben (I-Cord-Rand).

Wiederhole nun Reihe 2 und 3 bis du 12 cm Höhe hast, dann kettest du alle M mit einem I-Cord ab bis zum I-Cord am Ende der Reihe und nähst die 3 M des I-Cords mit den 3 M des Rand-I-Cords im Maschenstich zusammen.

Dein Pullover ist nun fertig. Zum Schluss noch alle Fäden vernähen. Nun einmal in lauwarmem Wasser waschen und liegend trocknen, dann kann das gute Stück ausgeführt und direkt das nächste angeschlagen werden.

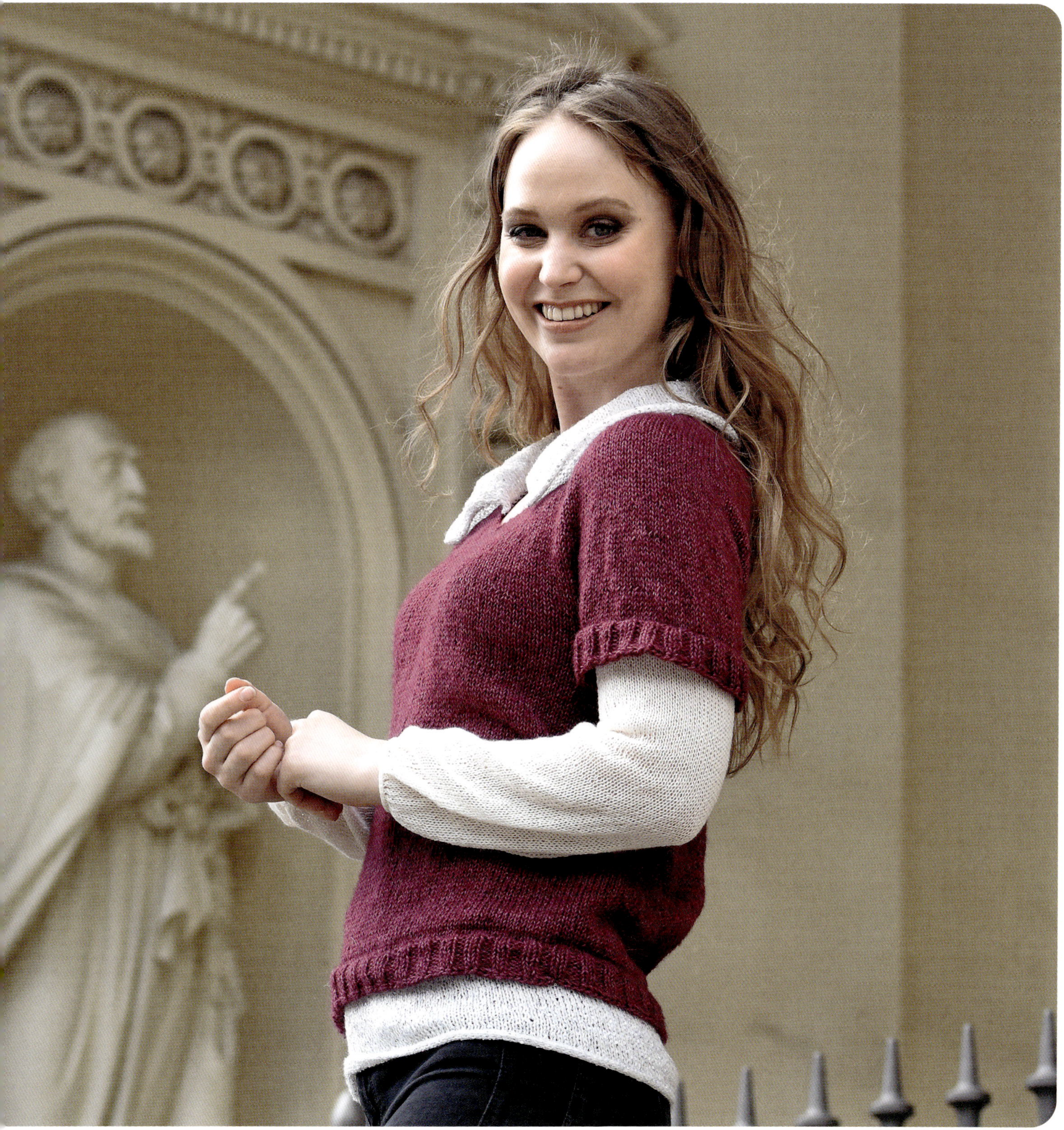

Red seduction

ROTE VERFÜHRUNG

SCHWIERIGKEIT:

AUSSEHEN:

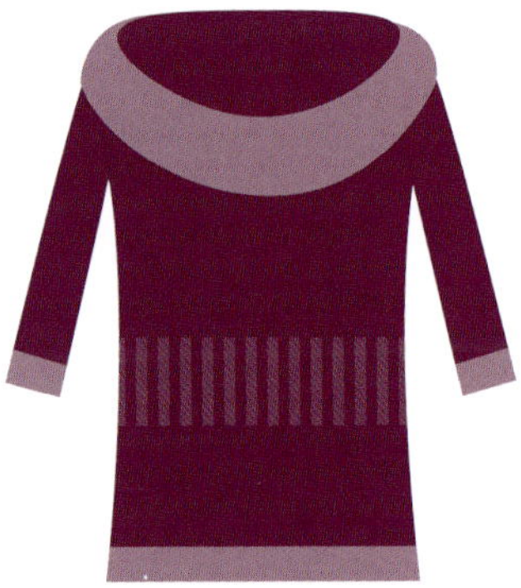

BENÖTIGTE FERTIGKEITEN:

- Rechte und linke Maschen stricken
- Zu- und Abnahmen arbeiten

MATERIAL:

- ggh Mussante
  (37% Schurwolle, 30% Viskose, 20% Polyamid,
  8% Angora, 5% Kaschmir, LL 150 m/50 g)
  in Zyklam (Fb 40)
- Stricknadeln 3,5 mm

VERBRAUCH:

- 700 g reichen bei Größe 44,
  pro weitere Größe ca. 100 g mehr bzw weniger

Los geht's:

SCHRITT 1:
Der Anschlag

Du beginnst mit einem Garter Tab, bestehend aus 2 M und 14 Reihen, also 7 krausen Knötchen. Ein Video zum Garter Tab findest du hier: http://goto.crasy.world/gartertab.
Die Beschreibung zum Garter Tab findest du auf Seite 14.
In der nächsten Hinreihe strickst du die M des Garter Tab ab und nimmst aus jedem krausen Knötchen eine M auf, dann strickst du die andere Seite des Garter Tab.

Wenn alle M aufgenommen sind, hast du 11 M auf deiner Nadel.

SCHRITT 2:
Die Zunahmen für den Ausschnitt

Du hast immer 2 M als Randmaschen, das sind die M aus dem Anfang und Ende vom Garter Tab:

Reihe 1 (Rückreihe): 2 M re, li M bis 2 M vor dem Ende stricken, 2 M re.
Reihe 2 (Hinreihe): 2 M re, * MZ, 1 M re *, von * bis * bis 2 M vor dem Ende wiederholen, MZ, 2 M re = 8 M zugenommen.
Reihe 3: 2 M re, MZ, li M bis 2 M vor dem Ende, MZ, 2 M re – 2 M zugenommen.
Reihe 4: 2 M re, MZ, re M bis vor die letzten 2 M, MZ, 2 M re = 2 M zugenommen.
Reihe 5: 2 M re, MZ, li M bis vor die letzten 2 M, MZ, 2 M re = 2 M zugenommen.

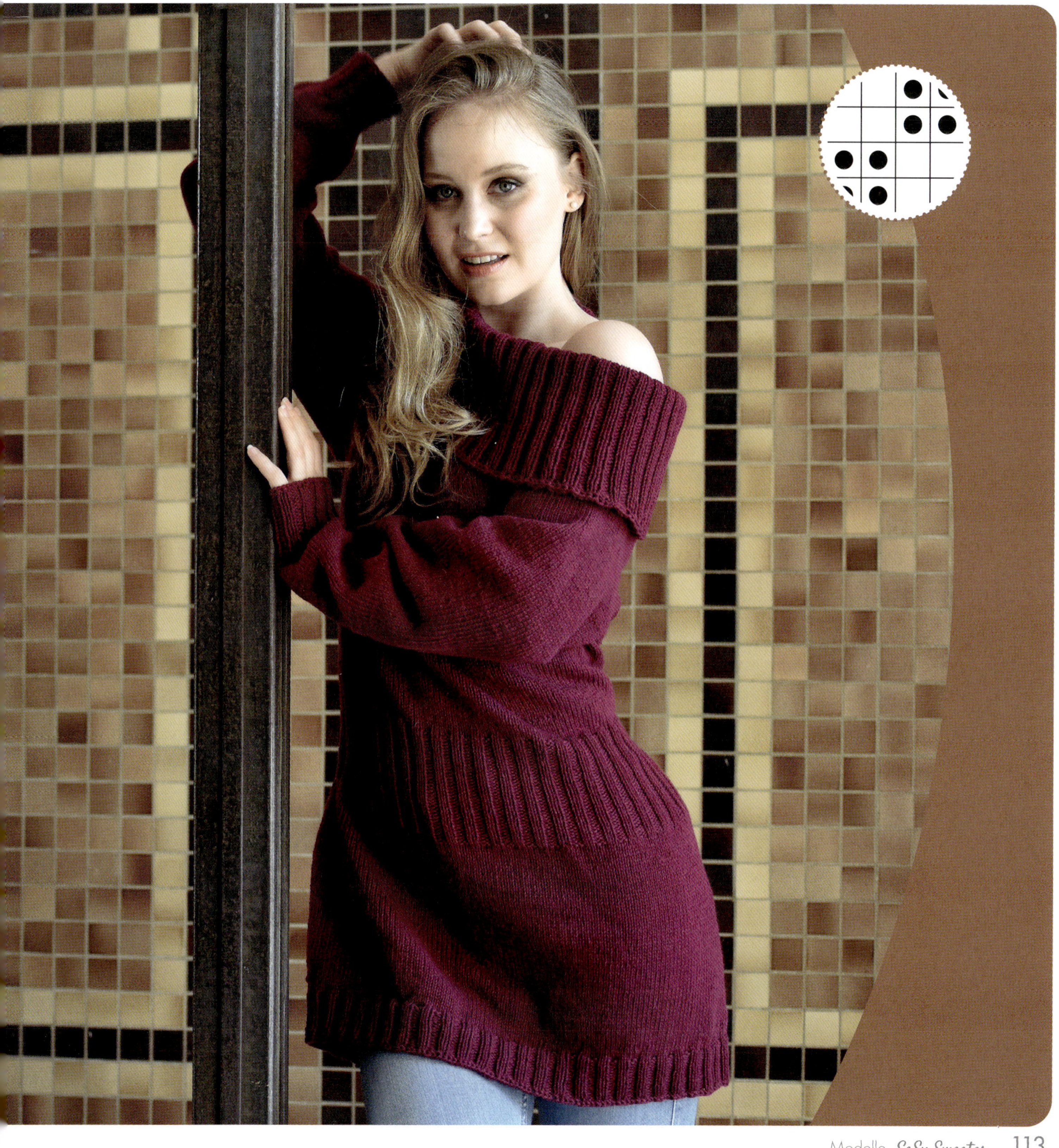

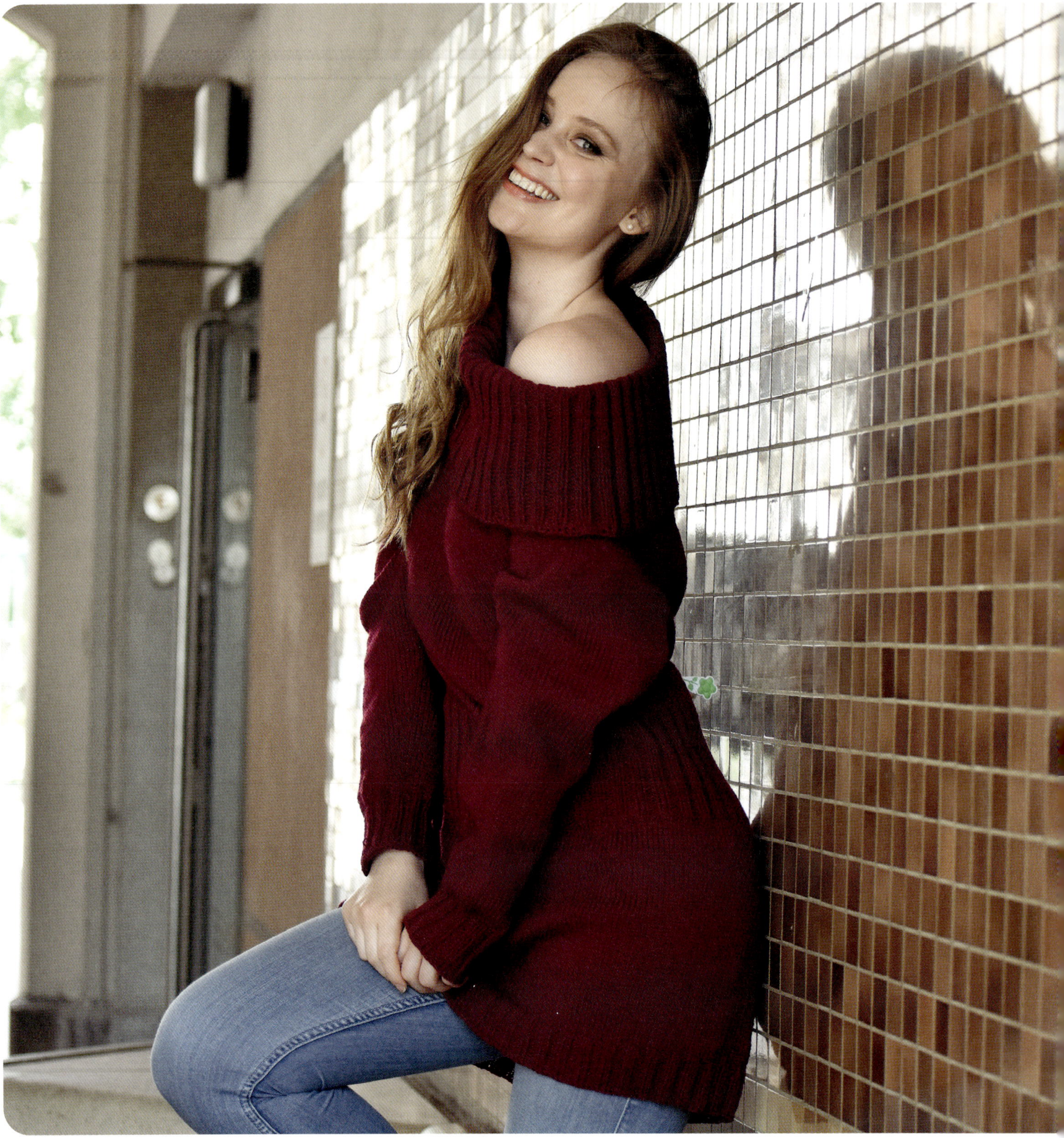

Reihe 4 und 5 wiederholst du nun zunächst 2 Mal, dann folgt eine Prozentreihe.

Prozentreihe (Hinreihe): 2 M re, * MZ, 5 M re *, von * bis * bis 2 M vor dem Ende wiederholen, MZ, 2 M re.

ACHTUNG – es passiert nicht immer, dass in der Prozentreihe am Ende auch 5 M vor den Randmaschen übrig bleiben, das kann auch weniger sein, das ist total in Ordnung, denn es ist ja eine prozentuale Zunahme 😉.

Nach der Prozentreihe strickst du einmal Reihe 5 und strickst dann Reihe 4 und 5 insgesamt 5 Mal (also 10 Reihen), dann folgt wieder eine Prozentreihe, gefolgt von einer Reihe 5. Nun strickst du Reihe 4 und 5 insgesamt 6 Mal gefolgt von einer Prozentreihe und einer Reihe 5.

Mit jeder Wiederholung strickst du also deine Wiederholungsreihen 4 und 5 einmal mehr. In jeder Wiederholung der Prozentreihe nimmst wird deine Maschenzahl prozentual erhöht. Die Tabelle und Auflistung auf Seite 32 gibt dir hier eine Hilfestellung für deine Zunahmen und Maschenzahlen.

Wenn dir eine vollständige Prozentrunde mit dem entsprechenden Rundenabstand zuviel wird, dann kannst du nach der Hälfte der Runden eine halbe Prozentrunde (Seite 28) stricken.

SCHRITT 3:
Zur Runde schließen und bis unter die Arme stricken

Wiederhole deine Reihen 4 und 5 plus die Prozentreihe nach dem genannten Prinzip, bis dein Strickstück an der kraus rechts Kante einen Ausschnitt von 60 cm Weite hat. Im abgebildeten Pullover wurden 5 Prozentreihen gestrickt und 3 weitere Reihen bevor zur Runde geschlossen wurde.

Dann schließt du zur Runde, indem du deine krausen Randmaschen mit deinem 3 Needle Bind Off ankettest, dadurch entsteht eine geschlossene Rundung. Hänge dir hier nun einen MM als Rundenanfangsmarkierer ein.

Ab hier wird nur noch in den Prozentrunden zugenommen. Stricke nun zwischen den Prozentrunden glatt rechts. Nach dem Schließen zur Runde beendest du zunächst deine Zwischenreihen bzw. Zwischenrunden mit der gleichen Anzahl wie in der Wiederholung davor. Sprich: Schließt du nach Runde 52 sind es bis zur nächsten Prozentrunde insgesamt 15 Reihen bzw. Runden. Schließt du nach Reihe 70 zur Runde, so sind es 17 Reihen bzw. Runden bis zur nächsten Prozentrunde. Danach wird von Prozentrunde zu Prozentrunde immer eine Zwischenrunde mehr gestrickt. Möchtest du deine Maschenzahlen zwischendurch kontrollieren, kannst du den EaSy EfA Rechner auf www.crasy.world benutzen. Deine Prozentrunde sieht nun ein wenig anders aus und zwar wie folgt.

Prozentrunde: * 4 M re, MZ *, von * bis * wiederholen bis zum Rundenanfang.

ACHTUNG – es passiert nicht immer, dass in der Prozentrunde am Ende auch 4 M vor dem Rundenübergang übrig bleiben, das kann auch weniger sein, das ist total in Ordnung, denn es ist ja eine prozentuale Zunahme 😉.

Wiederhole deine Zunahmen bis dein Pullover unter den Armen locker zusammen geht. Kontrolliere die Passform durch regelmäßiges Anprobieren oder das Auflegen auf einen gut sitzenden Pullover. Beachte dabei die Hinweise zur Wolle und Passform auf Seite 10. Dann teilst du laut der Tabelle auf Seite 34 deine Ärmelmaschen vom Körper.

Wenn dir eine vollständige Prozentrunde mit dem entsprechenden Rundenabstand zuviel wird, dann kannst du nach der Hälfte der Runden eine halbe Prozentrunde (siehe Seite 28) stricken.

SCHRITT 4:
Die Ärmel abteilen

In der nächsten zu strickenden Runde legst du alle deine Ärmelmaschen still und teilst diese damit vom Körper ab. Versetze dabei den Rundenanfang seitlich unter den linken Ärmel, indem du einfach den Rundenanfangsmarkierer an dieser Stelle einsetzt. Die paar M fallen später nicht auf.

Für den schräg sitzenden Ausschnitt teilst du deine Ärmel wie folgt ab:

Stricke zuerst Ärmelmaschen des linken Ärmels auf eine Nadel oder ein Nadelseil zum Stilllegen, nun strickst du die M deines Rückenteils ab, und danach strickst du wieder die M des rechten Ärmels auf ein Nadelseil oder eine weitere Nadel zum Stilllegen, zum Schluss noch die M des Vorderteils stricken.

Damit zeigt dein Ausschnitt schräg nach links. Möchtest du, dass er schräg nach rechts zeigt, dann beginnst du zunächst mit sämtlichen M des Vorderteils und endest mit die M des rechten Ärmels stilllegen.

In der nächsten Runde schlägst du unter den stillgelegten Ärmeln für einen guten Sitz 5 M an (das sollten etwa 2 cm Breite sein) und schließt damit unter den Armen deinen Pullover jeweils wieder zur Runde.

SCHRITT 5:
Den Körper stricken

Stricke nun in Runden glatt rechts bis ca 12-15 cm unter der Ärmelabteilung. Du solltest hier etwas 4 cm über der Taille sein. Kontrolliere das am besten durch Anprobieren, denn jeder Körper ist anders. Achte darauf, dass deine Maschenzahl teilbar durch 4 ist. Nun strickst du für 15 cm im Rippenmuster 2 M re, 2 M li im Wechsel. Dann strickst du glatt rechts in Runden weiter bis zu der gewünschten Länge des Pullovers. Beende deinen Pulli, indem du jede 4. und 5. M zusammenstrickst und danach 8 Runden im Bündchenmuster 2 M re, 2 M li im Wechsel strickst. Am Ende locker abketten, dann bist du bereit für die Ärmel.

SCHRITT 6:
Die Ärmel stricken

Nun nimmst du die stillgelegten Ärmelmaschen wieder auf und aus den 5 unter dem Arm angeschlagenen M nimmst du 7 M auf. Das sind die 5 angeschlagenen M und je 1 rechts und links davon. So entstehen keine Löcher. Hänge dir in die Mitte unter dem Arm einen MM ein. Den Ärmel strickst du nun in Runden glatt rechts. Nimm dabei alle 6 Runden (2 cm) rechts und links der Mitte unter dem Arm je 1 M ab, indem du eine Abnahmerunde wie folgt strickst:

Abnahmerunde: 2 M re, REZ, re M bis 4 M vor dem MM, RÜZ, 2 M re.

Stricke dann den Ärmel bis zur gewünschten Länge. Im abgebildeten Pullover wurde der Ärmel 36 cm lang gestrickt, also bis 5 cm vor dem Handgelenk. Beende dann deinen Ärmel mit 16 Runden Bündchen 2 M re, 2 M li im Wechsel und passe dafür deine Maschenzahl gegebenenfalls noch in der letzten Runde an. Den 2. Ärmel strickst du genau so.

SCHRITT 7:
Der weite Kragen

Nimm jetzt die M am Ausschnitt aus den krausen Knötchen und je eine M zwischen den Knötchen von der Vorderseite des Pullovers auf. Du hast also doppelt so viele M wie krause Knötchen auf der Nadel. Stricke dann deinen Kragen von außen gesehen wie folgt an:

Runde 1: * 1 M re, MZ, 2 M li *, von * bis * fortlaufend wiederholen und gegebenenfalls die letzten M so anpassen, dass es am Ende aufgeht.
Alle weiteren Runden: 2 M re, 2 M li im Wechsel stricken.

Arbeite deinen Kragen nun für mindestens 30 cm Länge, damit er gut fällt und sich am Ende auch gut drapieren lässt. Du kannst ihn natürlich auch länger stricken. Am besten einmal auf ein langes Seil ziehen und zwischendurch anprobieren.

Dein Pullover ist nun fertig. Zum Schluss noch alle Fäden vernähen. Nun einmal in lauwarmem Wasser waschen und liegend trocknen, dann kann das gute Stück ausgeführt und direkt das nächste angeschlagen werden.

Tipp: Den großen Kragen kannst du auf ganz unterschiedliche Art und Weise drapieren. Zieh ihn nach vorn, so klappt er sich ein wenig zusammen und fällt wie ein Wasserfall-Kragen. Probiere es aus, es macht Spaß damit zu spielen.

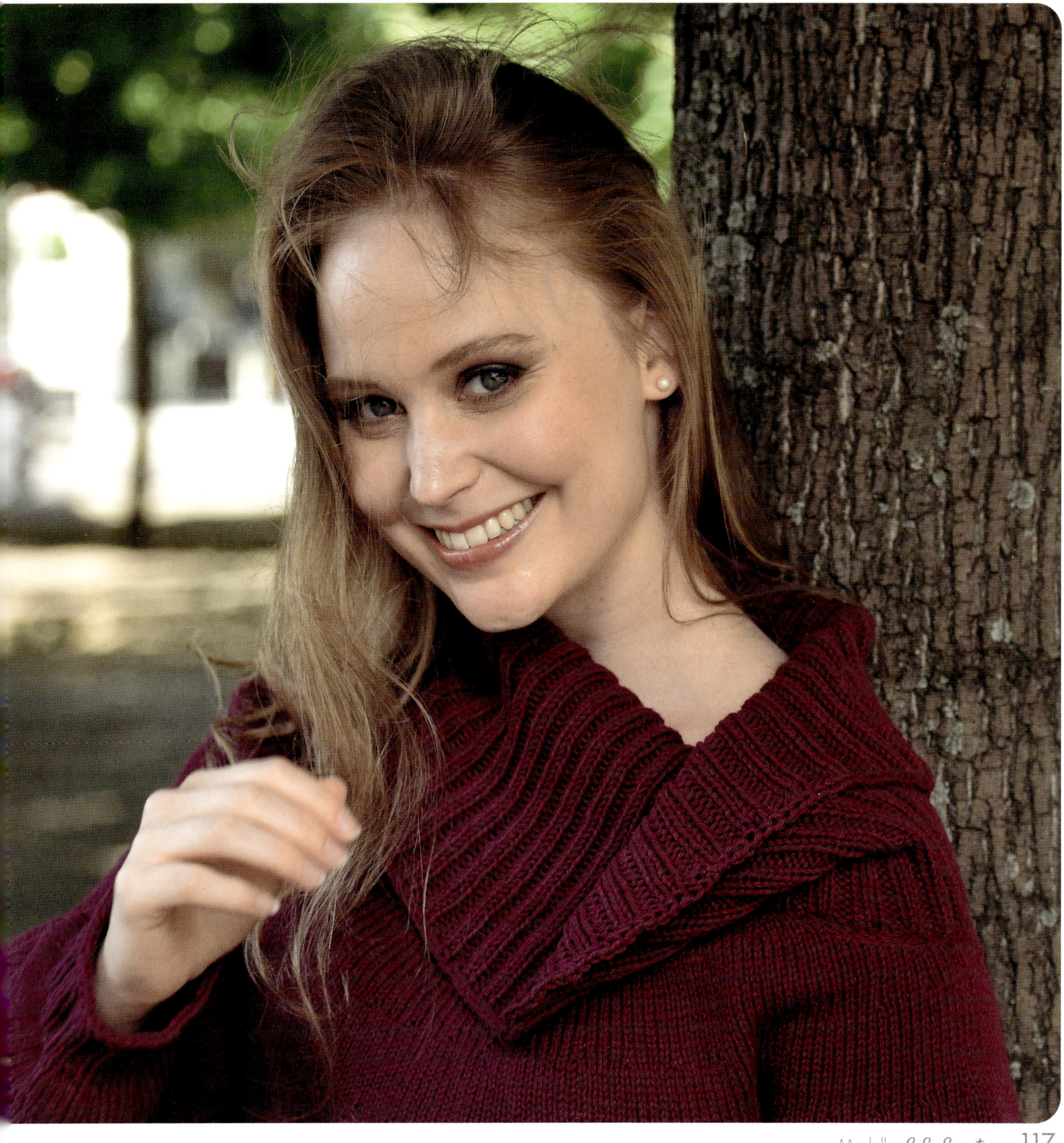

Who doesn't like lace?

GIBT ES JEMANDEN DER LACE NICHT MAG?

SCHWIERIGKEIT:

AUSSEHEN:

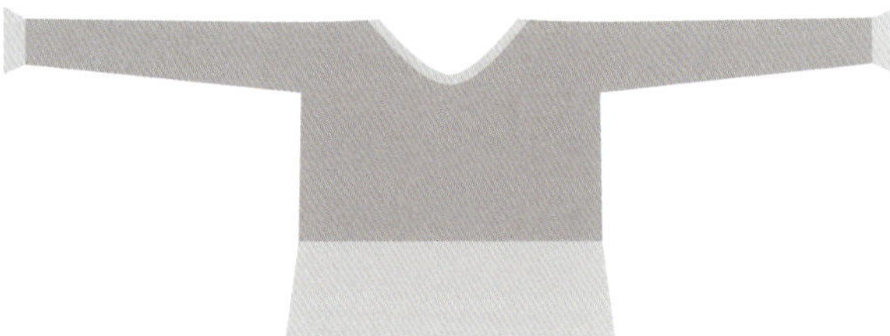

BENÖTIGTE FERTIGKEITEN:
- Lochmuster stricken
- Nach Strickschriften stricken

MATERIAL:
- Katia Concept Cotton Yak
  (60% Baumwolle, 30% Schurwolle, 10% Yak,
  LL 130 m/50 g)
  in Beige (Fb 100)
- Stricknadeln 3,5 mm

VERBRAUCH:
- 500 g reichen bei Größe 40,
  pro weitere Größe ca. 100 g mehr bzw weniger

Los geht's:

SCHRITT 1:
Der Anschlag

Du beginnst mit einem Garter Tab mit I-Cord, (siehe Seite 14) bestehend aus 14 Reihen, damit hast du 7 krause Knötchen. Nimm in der nächsten Reihe nun aus der Seite aus deinen krausen Knötchen 7 M auf, und stricke die andere Seite deines Garter Tab.

Wenn alle M aufgenommen sind, hast du 17 M auf deiner Nadel.

SCHRITT 2:
Die Zunahmen für den Ausschnitt

Du hast immer 5 M als Randmaschen, das sind die M aus dem Anfang und Ende vom Garter Tab mit I-Cord:

Reihe 1 (Rückreihe): 3 M wie zum Li-stricken abheben, Faden vorn, 2 M re, li M bis 5 M vor dem Ende stricken, 2 M re, 3 M wie zum Li-stricken abheben, Faden vorn.
Reihe 2 (Hinreihe): 5 M re, * MZ, 1 M re *, von * bis * bis 5 M vor dem Ende wiederholen, MZ, 5 M re = 8 M zugenommen.
Reihe 3: 3 M wie zum Li-stricken abheben, Faden vorn, 2 M re, MZ, li M bis 5 M vor dem Ende, MZ, 2 M re, 3 M wie zum Li-stricken abheben, Faden vorn = 2 M zugenommen.
Reihe 4: 5 M re, MZ, re M bis vor die letzten 5 M, MZ, 5 M re = 2 M zugenommen.
Reihe 5: 3 M wie zum Li-stricken abheben, Faden vorn, 2 M re, MZ, li M bis vor die letzten 5 M, MZ, 2 M re, 3 M wie zum Li-stricken abheben, Faden vorn = 2 M zugenommen.

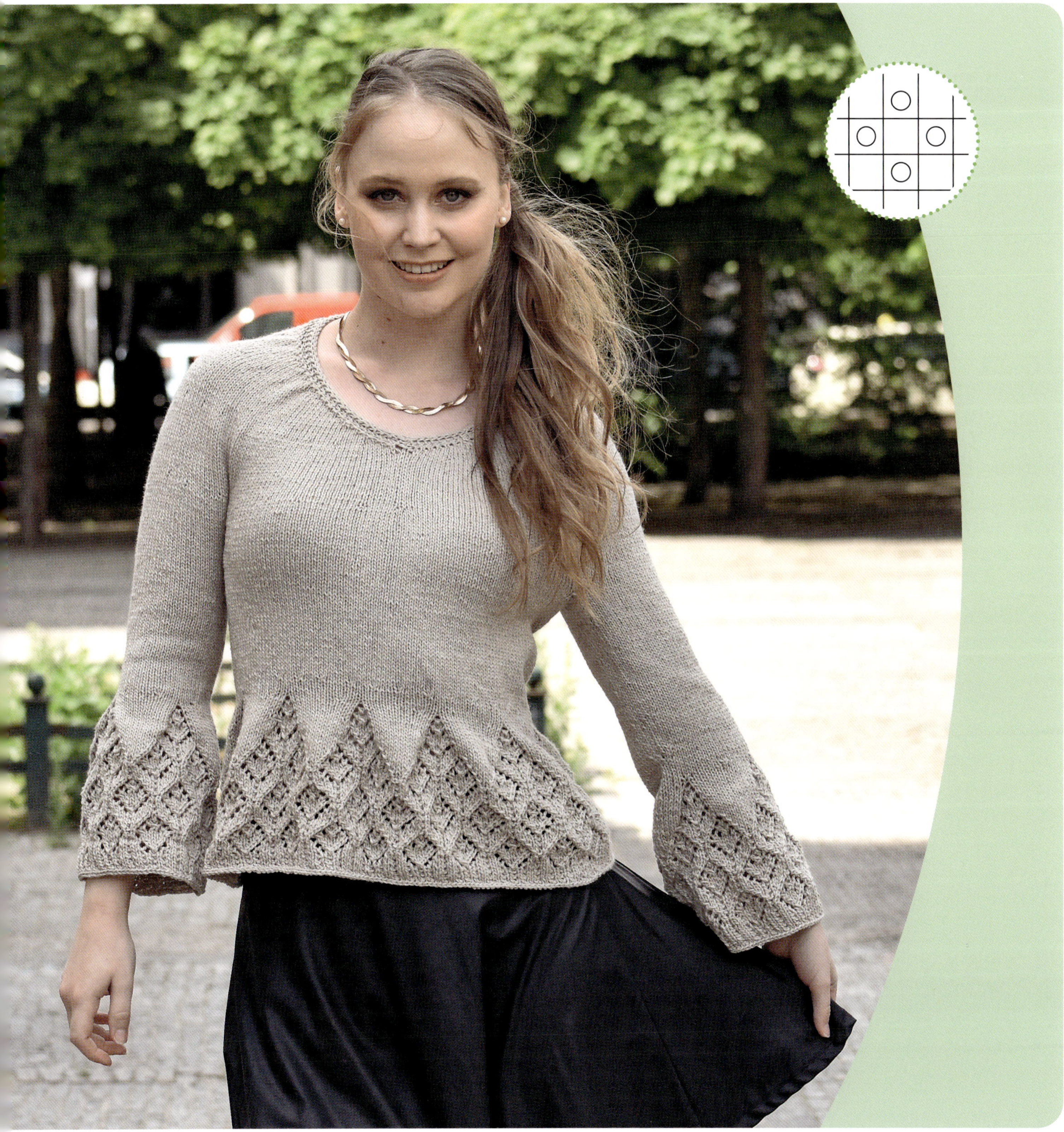

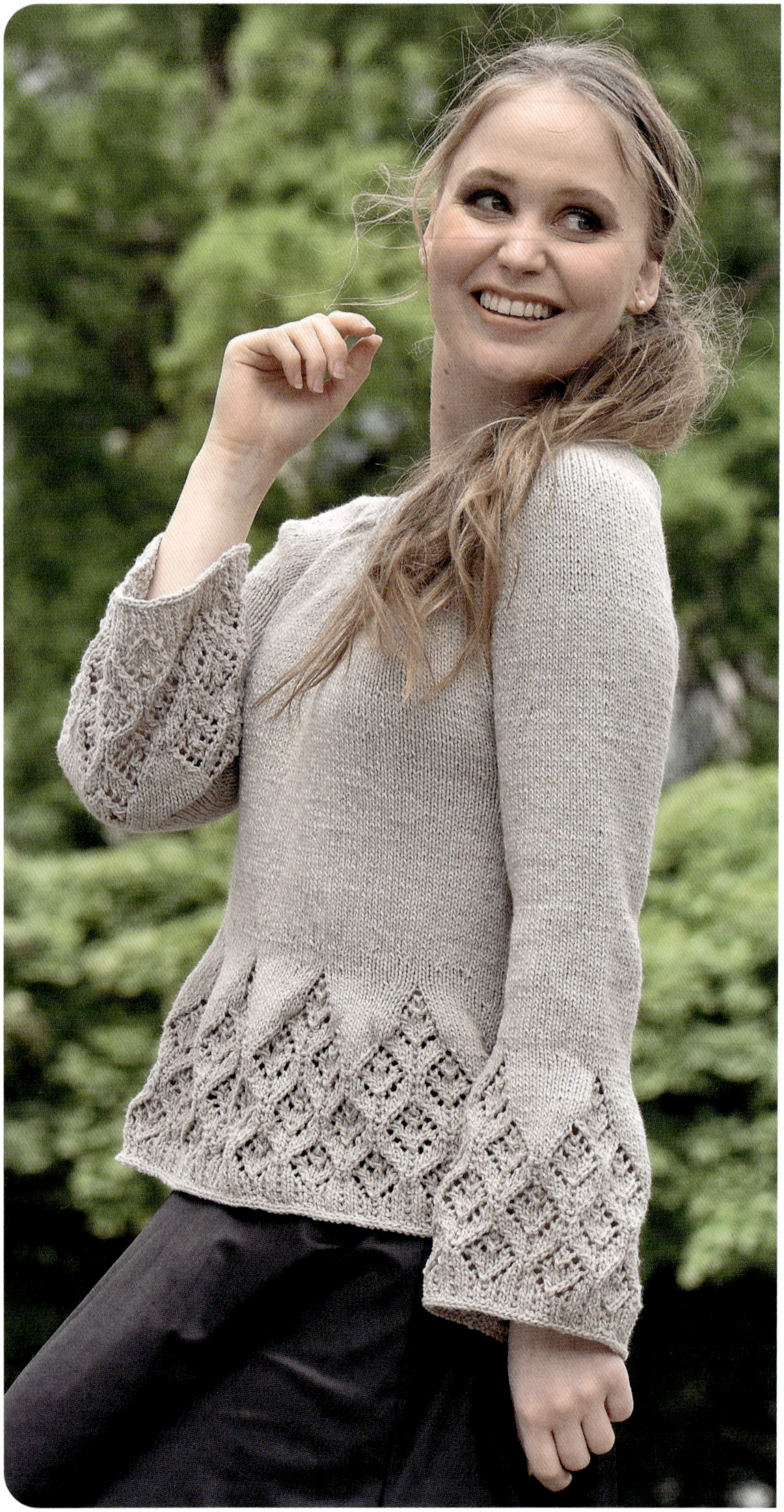

Reihe 4 und 5 wiederholst du nun zunächst 2 Mal, dann folgt eine Prozentreihe.

Prozentreihe (Hinreihe): 5 M re, * MZ, 5 M re *, von * bis * bis 5 M vor dem Ende wiederholen, MZ, 5 M re.

ACHTUNG – es passiert nicht immer, dass in der Prozentreihe am Ende auch 5 M vor den Randmaschen übrig bleiben, das kann auch weniger sein, das ist total in Ordnung, denn es ist ja eine prozentuale Zunahme 😉.

Nach der Prozentreihe strickst du einmal Reihe 5 und strickst dann Reihe 4 und 5 insgesamt 5 Mal (also 10 Reihen), dann folgt wieder eine Prozentreihe, gefolgt von einer Reihe 5. Nun strickst du Reihe 4 und 5 insgesamt 6 Mal gefolgt von einer Prozentreihe und einer Reihe 5.

Mit jeder Wiederholung strickst du also deine Wiederholungsreihen 4 und 5 einmal mehr. In jeder Wiederholung der Prozentreihe wird deine Maschenzahl prozentual erhöht. Die Tabelle und Auflistung auf Seite 32 gibt dir hier eine Hilfestellung für deine Zunahmen und Maschenzahlen.

SCHRITT 3:
Zur Runde schließen und bis unter die Arme stricken

Wiederhole deine Reihen 4 und 5 plus die Prozentreihe nach dem genannten Prinzip, bis dein Strickstück an der I-Cord-Kante einen Ausschnitt von 65 cm Weite hat. Im abgebildeten Pullover wurden 5 Prozentreihen gestrickt und 3 weitere Reihen, bevor zur Runde geschlossen wurde.

Dann schließt du zur Runde, indem du deinen I-Cord und deine krausen Randmaschen mit deinem 3 Needle Bind Off ankettest, dadurch entsteht eine geschlossene Rundung. Hänge dir hier einen MM als Rundenanfangsmarkierer ein.

Ab hier wird nur noch in den Prozentrunden zugenommen. Stricke nun zwischen den Prozentrunden glatt rechts. Nach dem Schließen zur Runde beendest du zunächst deine Zwischenreihen bzw. Zwischenrunden mit der gleichen Anzahl wie in der Wiederholung davor. Sprich: Schließt du nach Runde 52 sind es bis zur nächsten Prozentrunde insgesamt 15 Reihen bzw. Runden. Schließt du nach Reihe 70 zur Runde, so sind es 17 Reihen bzw. Runden bis zur nächsten Prozentrunde. Danach wird von Prozentrunde zu Prozentrunde immer eine Zwischenrunde mehr gestrickt. Möchtest du deine Maschenzahlen zwischendurch kontrollieren, dann kannst du den EaSy EfA Rechner auf www.crasy.world benutzen. Deine Prozentrunde sieht nun ein wenig anders aus und zwar wie folgt.

Prozentrunde: * 4 M re, MZ *, von * bis * wiederholen bis zum Rundenanfang.

ACHTUNG – es passiert nicht immer, dass in der Prozentrunde am Ende auch 4 M vor dem Rundenübergang übrig bleiben, das kann auch weniger sein, das ist total in Ordnung, denn es ist ja eine prozentuale Zunahme 😉.

Wiederhole deine Zunahmen bis dein Pullover unter den Armen locker zusammen geht. Kontrolliere die Passform durch regelmäßiges Anprobieren oder das Auflegen auf einen gut sitzenden Pullover. Beachte dabei die Hinweise zur Wolle und Passform auf Seite 10. Dann teilst du laut der Tabelle auf Seite 34 deine Ärmelmaschen vom Körper.

Wenn dir eine vollständige Prozentrunde mit dem entsprechenden Rundenabstand zuviel wird, dann kannst du nach der Hälfte der Runden eine halbe Prozentrunde (siehe Seite 28) stricken.

SCHRITT 4:
Die Ärmel abteilen

In der nächsten zu strickenden Runde legst du alle deine Ärmelmaschen still und teilst diese damit vom Körper ab. Versetze dabei den Rundenanfang seitlich unter den linken Ärmel, indem du einfach den Rundenanfangsmarkierer an dieser Stelle einsetzt. Die paar M fallen später nicht auf.

Für den mittig sitzenden Ausschnitt teilst du deine Ärmel wie folgt ab:

Stricke zuerst die Hälfte der M des Vorderteils, dann strickst du die Ärmelmaschen des linken Ärmels auf eine Nadel oder ein Nadelseil zum Stilllegen, nun strickst du die M deines Rückenteils ab, und danach wieder die M des rechten Ärmels auf ein Nadelseil oder eine weitere Nadel zum Stilllegen, zum Schluss noch die restlichen M des Vorderteils stricken.

In der nächsten Runde schlägst du unter den stillgelegten Ärmeln 5 M an (das sollten etwa 2 cm Breite sein) für einen guten Sitz und schließt damit unter den Armen deinen Pullover jeweils wieder zur Runde.

SCHRITT 5:
Den Körper stricken

Stricke nun in Runden glatt rechts für 15 - 20 cm. Dein Pullover sollte nun genau bis zur Taille reichen. Nun strickst du eine Abnahmerunde, indem du immer im Wechsel 2 Mal jede 4. und 5. M zusammenstrickst. Dadurch bekommst du am Ende eine durch 13 teilbare Maschenzahl. Passe das notfalls durch mehr oder weniger Abnahmen an. Nun strickst du 5 Runden glatt rechts. Folge nun der Strickschrift. Es sind nur die Musterrunden dargestellt. In den Zwischenrunden strickst du alle M, wie sie erscheinen also rechte M und Umschläge re und linke M li. In Runde 1-6 werden hierbei M zugenommen, wodurch das Schösschen entsteht. Stricke zunächst einmal die Runde 1 bis 44 einmal ab und wiederhole dabei die Strickschrift in der Runde. Wiederhole dann die Runden 21 bis 44 bis zur gewünschten Länge. Der zu wiederholende Mustersatz in der Runde sind nun die M im rot eingerahmten Bereich. In den Runden 19, 25, 43 und 49 wird die pink markierte Abnahme über den Rundenanfang gestrickt, so dass die Abnahme genau die Spitze der Raute bildet, wie du es bei den Rauten daneben erkennen kannst. Beende den Pullover mit den Runden über dem rot eingerahmten Bereich. Im abgebildeten Pullover wurde der rote Bereich in der Höhe 1 Mal gestrickt. Kette dann deine M locker oder mit einem I-Cord (siehe Seite 16) ab. Du bist nun bereit für die Ärmel.

SCHRITT 6:
Die Ärmel stricken

Nun nimmst du die stillgelegten Ärmelmaschen wieder auf und aus den 5 unter dem Arm angeschlagenen M nimmst du 7 M auf. Das sind die 5 angeschlagenen und je 1 rechts und links davon. So entstehen keine Löcher. Hänge dir in die Mitte unter dem Arm einen MM ein. Den Ärmel strickst du nun in Runden glatt rechts. Nimm dabei alle 8 Runden (3 cm) rechts und links der Mitte unter dem Arm je 1 M ab, indem du eine Abnahmerunde wie folgt strickst:

Abnahmerunde: 2 M re, REZ, re M bis 4 M vor dem MM, RÜZ, 2 M re.

Stricke dann den Ärmel für 20 - 25 cm. Du solltest nun leicht über dem Ellenbogen sein. Danach strickst du, wie zuvor beim Körper auch, fortlaufend 2 Mal jede 3. und 4. M zusammen. Achte auch hier darauf, dass deine Maschenzahl durch 13 teilbar ist. Nun arbeitest du wieder nach der Strickschrift wie beim Körper beschrieben bis zur gewünschten Ärmellänge. Kette dann genauso wie beim Körper ab und stricke den 2. Ärmel ebenso.

Dein Pullover ist nun fertig. Zum Schluss noch alle Fäden vernähen. Nun einmal in lauwarmem Wasser waschen und liegend trocknen, dann kann das gute Stück ausgeführt und direkt das nächste angeschlagen werden.

Strickschrift

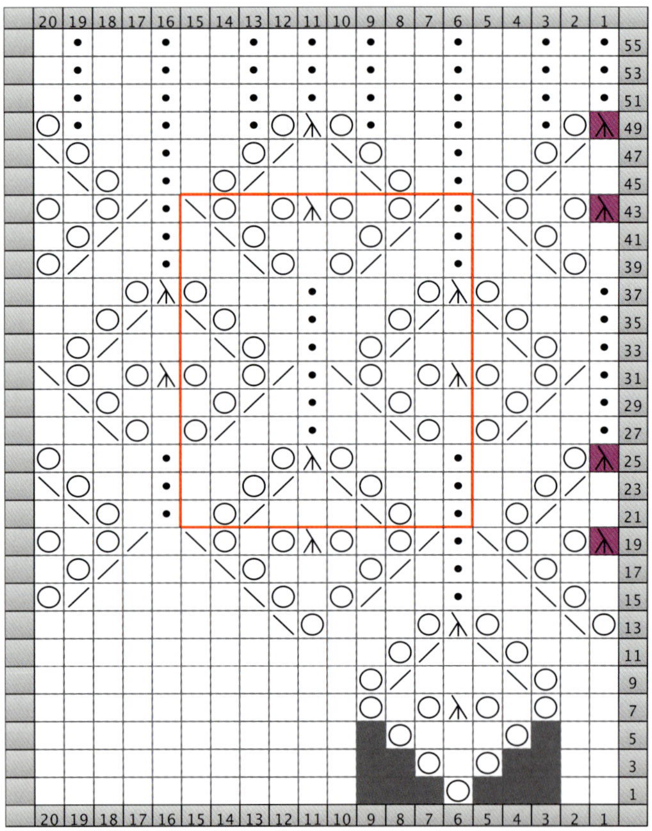

Zeichenerklärung

- □ = M re stricken
- ● = M li stricken
- ⁄ = rechtsgerichtete Abnahme – 2 M re zusammen stricken
- \ = linksgerichtete Abnahme – 2 M überzogen zusammenstricken (1 M abheben, 2. M stricken, abgehobene M überziehen)
- ○ = Umschlag – Faden über die Nadel legen
- ⅄ = doppelte Abnahme – 1 M abheben, 2 M re zusammenstricken, abgehobene M überziehen
- ■ = Platzhalter – keine M stricken

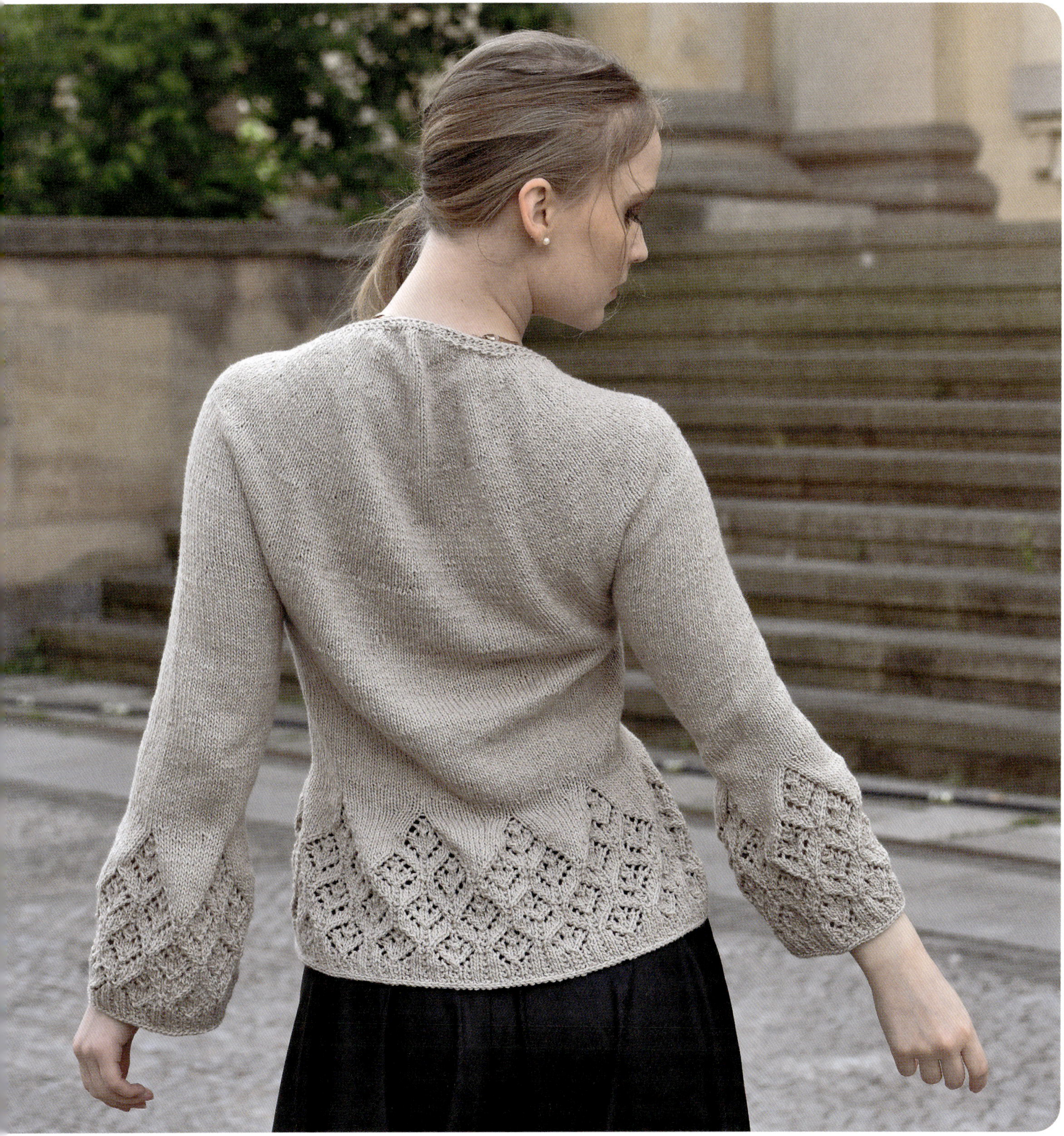

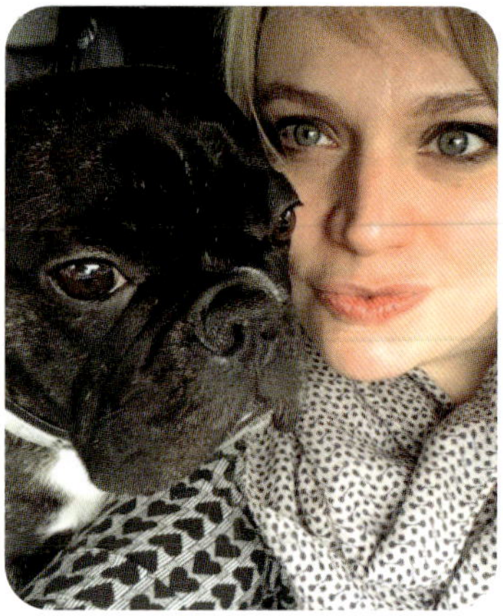

Sylvie Rasch ist einfach ein kreativer Tausendsassa. Egal, ob im Stricken, Nähen, Häkeln oder Kochen, neue Techniken und kreative Ideen sprudeln einfach so aus ihr heraus. Alles was sie macht, ist ein bisschen anders – rasch, witzig, spritzig und unkonventionell. So werden auch schwierige Techniken mit Leichtigkeit vermittelt. Zu Sylvie gehört untrennbar die französische Bulldogge Werner, ihr treuer Begleiter und unverzichtbarer Assistent bei Shootings, Auftritten und auch in ihren Büchern. Sylvie ist Trägerin des German Innovation Award, hält den Weltrekord für die größte Mütze (zusammengesetzt aus Einzelmützen) und ist seit neuestem auch von Burda (und Prym) frisch gekrönter Knowledge Master. Sylvie ist die Erfinderin des addiCraSyTrio, die das Sockenstricken revolutioniert haben.

Sylvie Rasch – CraSy ® – Creative Things
Youtuberin, DIY-Expertin, Bestseller-Autorin, Schauspielerin
www.crasy.world, https://www.youtube.com/user/SylvieRasch
https://www.instagram.com/crasy_sylvie/

Impressum

Text, Anleitungen, Strickschriften, Schrittbilder: Sylvie Rasch

Fotografie: Manja Elsässer, Berlin

Modells: Antonia Heisse, MaLou und Benny

Covergestaltung: Sabrina Kraft

Layout und Satz: Marion Kremer, Plein

Lektorat und Schlusskorrektur: Arnhilt Tittes, Rheinfelden

Produktmanagement: Stefanie Klapetek

Druck: Balto print, Litauen

Bibliografische Information der Deutschen Nationalbibliothek:
Die Deutsche Nationalbibliothek verzeichnet diese Publikation in der Deutschen Nationalbibliografie; detaillierte bibliografische Daten sind im Internet über http://dnb.dnb.de abrufbar.
ISBN 978-3-8307-2125-3

3. durchgesehene Auflage 2023

Wir produzieren unsere Bücher mit großer Sorgfalt und Genauigkeit. Trotzdem lässt es sich nicht ausschließen, dass uns in Einzelfällen Fehler passieren. Auf unserer Webseite finden Sie bei dem jeweiligen Titel eventuelle Hinweise und Korrekturen. Sollten Sie in diesem Buch einen Fehler finden, so bitten wir um einen Hinweis an verlag@stiebner.com. Für solche Hinweise sind wir sehr dankbar, denn sie helfen uns, besser zu werden.

www.stiebner.com

Danke!

Vielen Dank an die Sponsoren:
Buttinette (www.buttinette.de), Färberfädchen Andrea Simon, GGH (www.ggh-garn.de), JaWolle (www.jawolle.de), Katia (www.katia.com), LANGYARNS (www.langyarns.com/de), Langendorf & Keller (www.pro-lana.de), Masche and more (www.masche-and-more.de), Pascuali filati naturali (www.pascuali.de), Schoppel Wolle (www.schoppel-wolle.de), Schulana (www.schulana.de), Schachenmayr (www.schachenmayr.de)

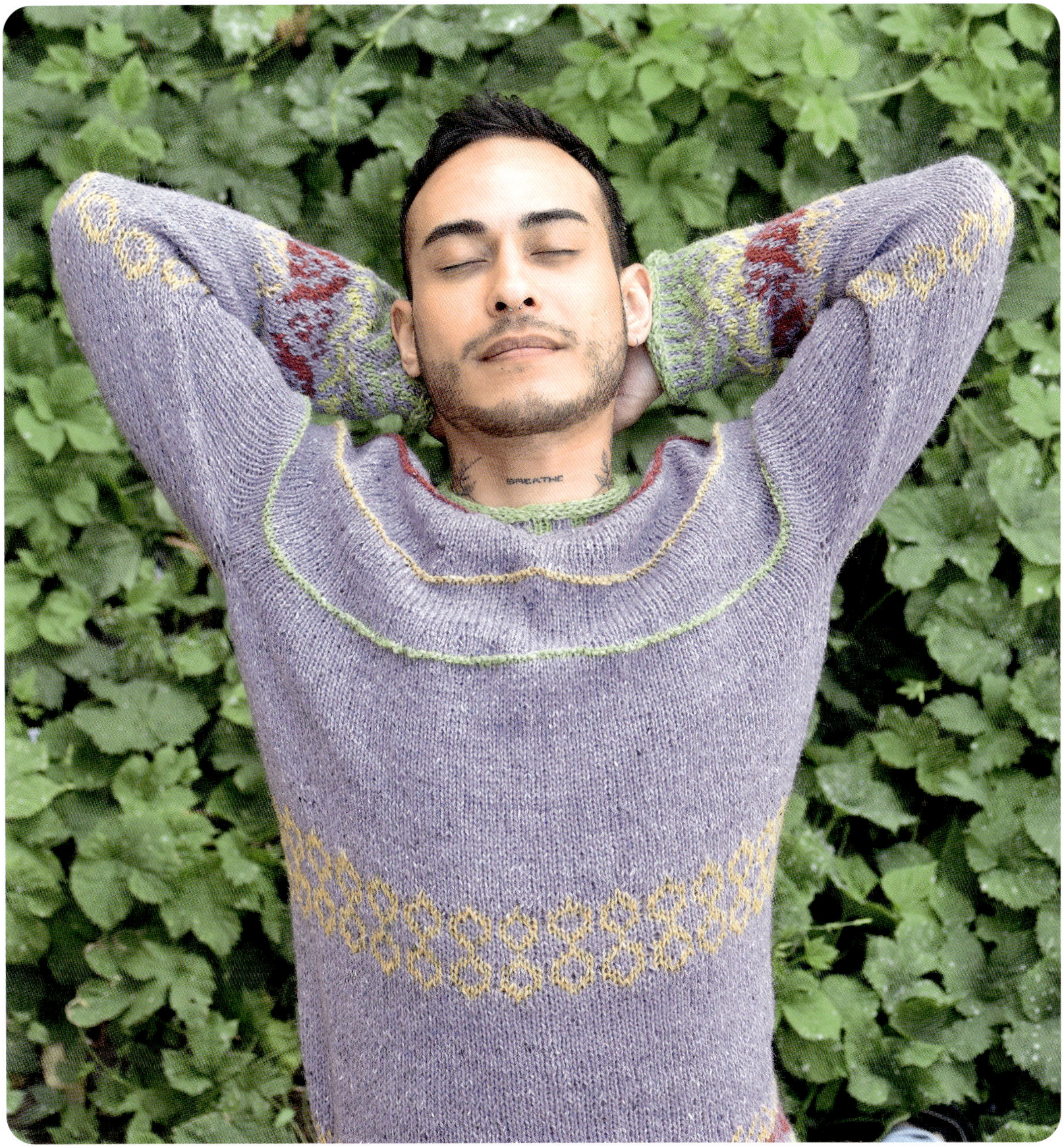

Das Buch entstand mit viel Herzblut und Liebe nicht nur von mir, sondern allen Mitwirkenden. Worte können nicht ausdrücken, wie dankbar ich bin und wie sehr sie alle in meinem Herzen sind. Danke Inga, Bri, Andrea, Sylvia, Alice, Kathi, Ginetta, Romy, Helga, Christina, Irmely, Nadja, Manja, Tony, MaLou, Marion, Arnhilt, Steffi, Sabrina und natürlich Jenny und Werner.